郑功成 / 主编

中国社会保障制度变革40年

（1978－2018年）

40 YEARS OF
SOCIAL SECURITY INSTITUTIONAL
REFORM IN CHINA
(1978-2018)

中国劳动社会保障出版社

图书在版编目(CIP)数据

中国社会保障制度变革40年. 1978－2018年/郑功成主编. -- 北京：中国劳动社会保障出版社，2020

ISBN 978-7-5167-4602-8

Ⅰ.①中… Ⅱ.①郑… Ⅲ.①社会保障体制-体制改革-研究-中国-1978-2018 Ⅳ.①D632.1

中国版本图书馆CIP数据核字(2020)第124307号

中国劳动社会保障出版社出版发行

（北京市惠新东街1号 邮政编码：100029）

*

北京虎彩文化传播有限公司印刷装订 新华书店经销

787毫米×1092毫米 16开本 20印张 225千字

2020年8月第1版 2020年8月第1次印刷

定价：68.00元

读者服务部电话：（010） 64929211/84209101/64921644

营销中心电话：（010） 64962347

出版社网址：http://www.class.com.cn

序

——为人类发展贡献新的社会保障制度文明

郑功成

从 1978 年拉开帷幕的中国改革开放，是 20 世纪下半叶发生的影响人类历史发展进程的重大事件，它不仅给中华人民共和国带来了翻天覆地的变化，而且改变了整个世界的经济版图与全球治理格局。在中国经济社会全面转型的过程中，社会保障作为十分重要的制度安排，也实现了全面而深刻的变革，并构成了整个改革开放事业浓墨重彩的篇章。

过去 40 年，中国的社会保障制度从与传统社会主义计划体制相适应的国家—单位（或集体）保障制逐渐转化成能够与市场经济相适应的国家—社会保障制，影响其进程的不仅是经济体制改革与经济发展，还有中国特色的政治体制、改革策略与艰辛探索。回顾 40 年来的改革进程，可以发现中国社会保障制度经历了从自下而上到自上而下、从被动应变到主动建设、从单项改革到整体推进、从效率取向到公平取向、从激进改革到理性回归的过程。尽管以往改革中的时代局限性甚至失误留下了一些后遗症，但这一制度事实上取得了巨大成就，实现了从过去城镇居民“专利”变成全体人民福祉的飞跃，为全体人民更多、更公平地分享国家发展成果和逐步走向共同富裕的社会提供了基本途径与制度保障，进而为全球社会保障的持续发展做出了卓越的贡献。

在国家步入全面建设社会主义现代化强国新征途和中国特色社会主义制度更加成熟的背景下，社会保障作为中国特色民生保障制度的重要构成部分也需要尽快走向成熟、定型，而总结以往的经验教训并直面现实中的问题与挑战无疑是重要的前提条件。本书正是在各位作者前期研究积累并于2018年分别发表的研究成果基础上，基于对40年来波澜壮阔的中国社会保障改革的回顾和未来理性发展之路的展望结集成著，它同时也为2018年中国教育电视台拍摄大型电视纪录片《中国社会保障纪实》（五集）提供了理论背景与学术指导蓝本。在结集出版时，只做少量修正，从而保留了2018年纪念改革开放时的原貌，它应当能够代表中国社会保障学界对改革开放40年来社会保障制度变迁的基本评价以及对这一制度体系未来发展的思考。

本书作者均是中国社会保障学会成员，各章作者如下：

第一章、第二章：中国社会保障学会会长、中国人民大学教授郑功成；

第三章：中国社会保障学会理事、中国劳动关系学院教授杨思斌；

第四章：中国社会保障学会副会长、华中科技大学教授丁建定；

第五章：中国社会保障学会社会救助分会会长、南京大学教授林闽钢；

第六章：中国社会保障学会常务理事、中国农业大学教授左停；

第七章：中国社会保障学会副会长兼养老金分会会长、浙江大学教授何文炯；

第八章：中国社会保障学会秘书长、中国人民大学副教授鲁全；

第九章：中国社会保障学会副会长兼医疗保障专业委员会主任、中山大学教授申曙光，张家玉；

第十章：中国社会保障学会青年委员会委员、中山大学助理教授彭宅文；

第十一章：中国社会保障学会理事、中国人民大学副教授乔庆梅；

第十二章：中国社会保障学会学术干事、德国慕尼黑大学绍尔兄妹政治学研究所博士后陈斌。

全书由郑功成做个别修订后定稿。

感谢国家发展改革委员会就业与收入分配司、中国教育电视台、清华大学社会治理与发展研究院的友好合作！

感谢中国劳动社会保障出版社为出版本书的付出！

中国的改革开放还在进行中，中国特色社会主义制度体系还在不断地走向更加成熟、更加完善，中国特色社会保障制度正在加快走向成熟、定型的发展时期。我们期望，在 40 年来制度变革所积累的经验基础上，有中国共产党的坚强领导和中国特色社会主义制度的有力支撑，中国社会保障制度一定能够在理性思考、智慧选择、健康发展的条件下，真正成为造福全体人民的牢靠制度安排和维护国家长治久安的重要治理工具，并为人类发展贡献新的社会保障制度文明。

目录

上篇　综论 …… 001

第一章　中国社会保障 40 年变迁：制度转型、路径选择、中国经验 …… 003

第二章　中国社会保障“十二五”回顾与“十三五”展望 …… 025

第三章　中国社会保障法制建设 40 年：回顾、评估与前瞻 …… 066

第四章　改革开放以来党对社会保障制度重大理论认识的发展 …… 088

下篇　专论 …… 111

第五章　中国社会救助体系发展 40 年：回顾与前瞻 …… 113

第六章　中国农村反贫困事业 40 年：历程、经验及启示 …… 129

第七章　中国养老保险制度改革 40 年：回顾与展望 …… 152

第八章　中国养老金制度改革 40 年：演变逻辑与理论思考 …… 172

第九章　中国医疗保险转型与发展40年：从“病有所医”走向“病有良医” …… 195
第十章　中国医疗保险改革40年：政策范式转移与制度约束 …… 222
第十一章　中国残疾儿童社会福利40年：发展、路径与反思 …… 255
第十二章　中国慈善事业发展40年：回顾与展望 …… 274

上篇　综论

第一章

中国社会保障40年变迁：制度转型、路径选择、中国经验

郑功成[①]

摘要：社会保障制度改革是中国整个改革事业的重要组成部分，也是维系经济改革与社会转型的必要且重要的条件。40年来，中国社会保障经历了全面而深刻的制度变革，走出了一条有中国特色的渐进改革与发展道路，与计划经济体制相适应的传统社会保障制度已经转化成了与市场经济体制相适应的新型社会保障体系，为全球社会保障制度变革创造了中国经验。但当前仍面临着诸多问题与挑战，需要通过深化改革来优化制度安排、均衡责任负担，真正构建能够满足人民美好生活需要的多层次社会保障体系。

关键词：社会保障　制度转型　路径选择　中国经验　前景展望

---

① 郑功成：中国社会保障学会会长，中国人民大学教授。本文曾发表于《教学与研究》，2018年第11期。

自 1978 年中国进入改革开放时代后，40 年来的国家发展历程既是国民经济持续高速增长、综合国力极大提升的进程，也是民生普遍获得大幅改善的进程，还是社会保障制度全面而深刻变革的进程。据统计，中国国内生产总值（GDP）自 2010 年开始稳居世界第二位，2017 年人均 GDP 超过 8 800 美元，已经达到中等偏上收入国家水平。城镇化率从 1980 年的 19.14%提高到 2017 年常住人口城镇化率 58.52%（其中户籍城镇化率为 42.35%）。[①]在民生方面，1981 年中国城镇居民恩格尔系数为 56.7%，农村居民为 59.9%；2000 年分别为 39.4%、49.1%；2010 年分别为 35.7%、41.1%。[②] 2017 年中国的恩格尔系数为 29.3%，其中，城镇为 28.6%，达到了国际上“富裕”水平；农村为 31.2%，接近国际上“富裕”水平。[③]居民人均预期寿命从 1981 年的 66.52 岁提高到 2017 年的 76.7 岁，居民主要健康指标总体上优于中高收入国家平均水平。[④] 这些关键指标表明，中国已经从一个发展不足、供应短缺的落后农业国转变成了一个物质丰裕、民生日益富足的工业化国家，共同贫穷已成为历史，中国正在向共同富裕的社会主义现代化强国快步迈进。与此同时，中国的社会保障制度经过艰辛探索，已经从适应计划经济体制的传统制度安排转型为适应市场经济体制与社会发展进步的新型社会保障体系，不仅极大地化解了城乡居民的各种生活风险，而且事实上成了全体人民共享国家发展成果的基本制度保障，为全球社会保障制度改革与发展提供了一个有价

① 国家统计局. 中华人民共和国 2017 年国民经济和社会发展统计公报. 国家统计局官方网站，2018-02-28. http://www.stats.gov.cn/tjsj/zxfb/201802/t20180228_1585631.html.

② 国家统计局. 中国统计摘要 2011 [M]. 北京：中国统计出版社，2011.

③ 新华社. 中华人民共和国 2017 年国民经济和社会发展统计公报 [N]. 人民日报，2018-03-01 (11).

④ 国家卫生健康委. 2017 年我国卫生健康事业发展统计公报. 国家卫生健康委员会官方网站，2018-06-12. http://www.nhfpc.gov.cn/guihuaxxs/s10743/201806/44e3cdfe11fa4c7f928c879d435b6a18.shtml.

值的正面范例。回顾总结中国社会保障的改革与发展进程，探索社会保障制度未来发展中的难点问题，对于新时代“全面建成覆盖全民、城乡统筹、权责清晰、保障适度、可持续的多层次社会保障体系”①具有特别重要的意义。

一、中国社会保障制度的转型与路径选择

（一）中国社会保障制度的转型

在中国的改革发展进程中，社会保障制度改革既是整个改革事业的重要组成部分，同时也是维系整个改革事业顺利进行、国民经济持续发展和社会基本稳定的关键性制度保障。从计划经济时代的传统社会保障制度到能够与市场经济体制和社会发展相适应的新型社会保障体系，中国社会保障制度走过的是一条并不平坦的改革与发展之路。整个社会保障体系已经实现了从国家—单位保障制到国家—社会保障制的转型。②“伴随制度体系日益健全和保障水平持续提升，中国的社会保障不仅事实上为全民共享国家发展成果提供了基本途径，而且客观上已经成为实现这一目标的基本制度保证，它也是带给人民群众获得感最强烈、最实惠的重大制度安排。”③

改革开放前，始建于20世纪50年代的中国社会保障制度可以称之为“国家—单位保障制”，呈现出国家负责、单位（集体）包办、板块结构、封闭运行等特征，基本上是城镇居民的“专利”，乡村人

① 习近平. 决胜全面建成小康社会，夺取新时代中国特色社会主义伟大胜利——在中国共产党第十九次全国代表大会上的报告（2017年10月18日）[M]. 北京：人民出版社，2017：47.

② 郑功成. 从国家—单位保障制走向国家—社会保障制：30年来中国社会保障改革与制度变迁[J]. 社会保障研究，2008（2）.

③ 郑功成. 中国社会保障发展报告 · 2016 [M]. 北京：人民出版社，2016.

口只有极为有限的国家救济，主要依靠农村集体组织内部成员之间的互助共济。现在的社会保障制度则是“国家—社会保障制”，呈现政府主导、责任分担、社会化、多层次特征，城乡居民均被社会保障制度覆盖，板块结构已经被完全打破，单位（集体）包办社会保障事务的格局已成历史。因此，经过 40 年特别是近 20 年来的改革与发展，传统社会保障制度已转型为新型社会保障体系。这种全面而深刻的制度变革主要表现在以下几个方面。

第一，从非缴费型走向缴费型，责任分担机制基本确立。在计划经济时代，社会保障是政府负责的非缴费型制度安排，包括救灾救济、退休金、劳保医疗与公费医疗，以及城镇居民住房、托幼事业等，均是完全免费型保障制度安排，它建立在以国家财政为物质支撑、以单位（或集体）“长生不死”为组织支撑、以劳动者就业终身制为实践条件的基础之上，为城镇居民提供了稳定的安全预期。但因受国家财力限制，农村居民（除极少数灾民及陷入生存危机者）基本上处于无保障状况。因此，传统社会保障制度固化了城乡壁垒与职业壁垒，也阻碍了劳动力市场统一和人员自由流动，也因单纯依靠国家财政负责而陷入不可持续性的困境。国家实行改革开放政策后，逐渐建立了责任分担机制，缴费成为享受相应社会保障待遇的条件。例如，养老保险、医疗保险、失业保险等社会保险制度实现了用人单位与个人分担缴费，同时政府给予相应的财政补贴，承担缴费义务构成参保人享受相应待遇的前提条件；城镇住房制度从过去的统一无偿分配走向了私有化、自有化，政府只负责保障困难家庭的住房配给或租金补贴；面向老年人、儿童、残疾人等群体的社会福利及相关公共服务，也开辟了多元化的筹资渠道。因此，新型社会保障制度事实上已由缴费型制度安排替代了原有的非缴费型制度安排，从而实质上重构了社会保障的权利义务关系。

第二，从单位或集体包办走向独成体系。在计划经济时代，城镇社会保障事务通常由机关事业单位与国营企业或集体企业直接举办，只有极少数孤老残幼被送进政府举办的福利院或给予直接救助；农村则由集体（生产队、生产大队）包办其成员的义务教育、合作医疗等福利事务，并负责“五保户”供养。因此，传统社会保障制度是典型的单位或集体包办制，这种制度安排的组织基础是单位或集体组织“长生不死”，组织内部的成员相对固化，劳动者及其家属也被贴上“单位人”或“集体人”的显著标签。进入改革开放年代后，农村承包责任制的全面推行，迅速消解了原来稳固的集体经济组织依托，城镇经济改革使国营单位也面临着破产风险，劳动合同制的全面建立则使劳动者失去了“铁饭碗”，这些重大改革在带来了效率与活力并赋予劳动者自由流动、发展空间扩张的权利的同时，也使原本由单位或集体包办的社会保障事务丧失了稳固的组织基础。在这样的条件下，社会保障制度便不得不逐渐脱离原有的组织机制与方式，用人单位或集体不再承担组织实施社会保障事务的责任，国家必须建立起独立于企事业单位和农村集体经济组织之外的社会保障体系，以便为统一劳动力市场和促进劳动者自由流动创造条件，并促进社会公平正义。例如，养老保险、医疗保险等社会保险事务由专门的社会保险经办机构负责实施，社会救助也建立了专门的实施机构并委托基层政权或者第三方负责经办，面向老年人、儿童、残疾人的相关福利及公共服务则由社会化的养老服务机构、儿童服务机构、残疾人服务机构等组织实施。因此，改革后的社会保障制度成了独成体系的庞大社会系统，它由政府主导、各类专业机构负责实施，在社会经济发展过程中扮演着不可替代的、极为重要的角色，这是对社会保障组织体系的重构。

第三，从板块结构、封闭运行走向社会化。在计划经济时代，社会保障因城乡分割、单位或集体分割、职业群体分割而采取各办其事、各负其责的板块结构，封闭运行的方式，形成的是户籍壁垒、单位或集体壁垒、职业群体壁垒，客观上限制了人员流动，也阻碍了社会保障的全面发展。改革后，新型社会保障制度首先打破了单位或集体分割、职业群体分割格局，于后逐渐走向社会统筹与城乡一体化，虽然这一任务还未最终完成，但职工社会保险早已打破了单位分割的格局，城乡居民养老保险、医疗保险也实现了制度整合，社会救助制度消除了城乡分割的制度痕迹，所有这些，均表明新型社会保障体系已经走上不可逆转的开放型、社会化发展之路，这是维护制度公平、进而促进社会公平的必由之路。

第四，从单一层次走向多层次化。在计划经济时代，各项社会保障只有一个层次的保障待遇，它虽然在同一群体内部体现了公平，但群体之间并不公平，也无法适应经济社会发展来满足城乡居民个性化的福利及服务需求。改革后，政府负责或主导的法定保障制度满足城乡居民的基本生活保障需要，市场主体提供的相关保障满足城乡居民的更高生活需求，慈善事业则提供着扶贫济困与相关公益服务的补充，多层次保障体系虽然还未最后成型并共同发挥作用，但已经呈现不可逆转的发展趋势。与单一层次保障相比，多层次保障体系不仅能够充分调动市场与社会的力量并持续不断地壮大整个社会保障制度的物质基础，而且可以分层次满足城乡居民的美好生活需要，从而是最具共识的世界社会保障改革与发展取向。

综上所述，40 年来的中国社会保障改革是全面而深刻的制度变革，它重构了社会保障制度的权利义务关系，重塑了整个制度的组织与运行机制，重建了能够满足不同群体不同需要的多层次结构体系，

从而实现了新旧制度的整体转型，这在人类社会保障发展史上是绝无仅有的现象。

（二）中国社会保障制度变革的路径选择

从近 40 年社会保障制度的改革与发展历程来看，中国选择的渐进改革路径，它起步于自下而上、试点先行，经过上下结合、渐次推广，再到顶层设计、自上而下全面推进，走过的是一条不平凡之路。概括而言，中国社会保障制度变革大体可以分为五个阶段。[①]

一是社会保障制度变革前的准备阶段（1978—1985 年）。在这一阶段，农村土地承包责任制全面推行，城镇进入了经济体制改革时期，它从根本上触动了传统的国家—单位保障制的经济基础，也动摇了赖以支撑国家—单位保障制的行政体系和单位组织结构，从而使社会保障制度变革成为必要。一些国营企业在这一阶段开始自发尝试让职工分担部分医疗费用，这实际上是后来建立缴费型医疗保险制度的初始试验；一些地区自发对某些行业（如纺织等）的退休费用进行跨单位统筹，这实际上是单位包办的退休金制度走向社会化的社会养老保险制度的初始尝试；但传统的国家—单位保障制的实质及其以单位保障为重心的格局并未改变，从而只能算是改革前的准备阶段。

二是为国营企业改革配套、新制度缓慢生长阶段（1986—1992 年）。1986 年是中国社会保障制度进入改革年代的标志性年份，同年第六届全国人大四次会议通过的《国民经济和社会发展第七个五年计划》首次提出了社会保障概念且单独设章阐述了社会保障制度改革与社会化问题，国务院颁布了《国营企业实行劳动合同制暂行规定》

① 郑功成. 中国社会保障 30 年［M］. 北京：人民出版社，2008；郑功成. 改革时期社会保障制度演变［G］//蔡昉，等. 中国经济改革与发展［M］. 北京：社会科学文献出版社，2018：251-282.

《国营企业职工待业保险暂行规定》，劳动人事部颁发了《关于外商投资企业用人自主权和职工工资、保险福利费用的规定》，这些事件成为中国社会保障制度发生根本性变革的关键性标志。此后，国家责任得到了适度的控制和调整，改变单位包办社会保障事务的做法成了制度变革的重要内容，个人亦开始承担有象征意义的缴费责任等，这预示着社会保障社会化开始替代社会保障单位化，从而可以理解为新型社会保障制度的因素在相对被动的条件下开始生长，但也不可避免地被打上深厚的为国有企业改革配套的烙印。

三是为市场经济服务、制度急剧变革阶段（1993—1998 年）。这一阶段以 1993 年 11 月召开的党的十四届三中全会通过的《关于建立社会主义市场经济体制若干问题的决定》为主要标志，社会保障制度被确定为市场经济正常运行的维系机制和市场经济体系的五大支柱之一，并首次明确了“建立多层次的社会保障体系”的目标取向，同时规定了“社会保障体系包括社会保险、社会救济、社会福利、优抚安置和社会互助、个人储蓄积累保障”及“城镇职工养老和医疗保险金由单位和个人共同负担，实行社会统筹和个人账户相结合”，中国社会保障社会化以及以“社会统筹与个人账户相结合”为代表的个人责任回归自此成为制度变革追求的主要目标。在这种理念与思路指导下，1994 年在江西九江、江苏镇江等地启动社会医疗保险、城镇住房制度改革试点；1995 年 3 月国务院发出《关于深化企业职工养老保险制度改革的通知》，正式确立社会统筹与个人账户相结合的养老保险制度试点模式；1997 年初步建立城市居民最低生活保障制度等。这些表明传统社会保障制度进入了权利义务关系重构的急剧变革时期，但原有的社会保障制度亦未明确宣布废除。因此，这一阶段是国家—单位保障制和国家—社会保障制双轨并存、此消彼长的时期。

四是建立独立于企事业单位的社会保障体系阶段（1998—2008年）。1998年3月，国务院新组建劳动和社会保障部并赋予其管理全国社会保险事务的职责，这使得原来多部门分割的社会保险管理体制得以统一，同年中央政府强力推进“两个确保、三条保障线”，并开始推进退休人员社会化管理；1999年国务院制定《城市居民最低生活保障条例》，摒弃原有的“谁家孩子谁家抱”（即凡有单位的困难职工只能向所在单位申请救助）政策，正式确立了面向全体城市户籍居民的最低生活保障制度，并随后向农村扩展；2000年中央启动辽宁综合社会保障制度改革试点，标志着个别项目突破发展到了统筹规划、整体推进。这些重大措施使社会保障改革从效率取向走向维护公平正义，社会保障从此全面走向社会化和去单位化，建立独立于企事业单位之外的社会保障体系、筹资渠道多元化、管理服务社会化成为改革旧制度和建设新制度的明确目标。进入21世纪后，国家继续在推进职工养老、医疗保险改革，完善以低保制度为核心的城乡社会救助制度的同时，先后启动了城乡居民医疗保险制度改革试点，并开始推动其他社会保障项目的改革。这一阶段社会保障逐渐摆脱了被动地为国有企业改革配套和为市场经济服务的附属角色，成为一项基本的社会制度并进入全面建设时期，国家—社会保障制的特色日益明显地得到了体现。

五是从长期试验性改革逐渐走向成熟、定型发展阶段（2009年以来）。以2008年美国次贷危机引发国际经济危机并影响中国经济发展为背景，为更好地通过改善民生和激发内需来应对危机，中国于2009年确立了建立全民医保制度的目标并着力全面推进，启动农村居民养老保险试点并于2012年实现了制度全覆盖，大规模推进保障性住房建设，这标志着中国社会保障制度改革与发展进入全面建设时期。2010年10月，全国人大常委会审议通过《中华人民共和国社会保险法》（以下简称《社会保险法》）并于2011年实施，规制了中国要建立的是以权利与义务相结合的社会保险为主体的新型社会保障体系；2013年，国务院发布政策性文件，全面推进养老服务业的发展；2014年，国务院颁布《社会救助暂行办法》，确立了城乡一体的综合型社会救助制度；2015年，国务院颁布《关于机关事业单位工作人员养老保险制度改革的决定》，标志着非缴费型机关事业单位退休金制度终止和社会养老保险成为全面覆盖的养老金制度安排；2016年，十二届全国人大制定了《中华人民共和国慈善法》（以下简称《慈善法》），使慈善事业的发展有了法律依据；2017年10月，党的十九大报告中明确社会保障改革的核心任务是“全面建成覆盖全民、城乡统筹、权责清晰、保障适度、可持续的多层次社会保障体系”；2018年3月，国务院机构改革，在保留民政部、人力资源社会保障部的同时新组建退役军人事务部、国家医疗保障局，使整个社会保障管理体制得以重构。因此，2009年以来的10年，是中国社会保障体系建设步伐明显加快、公共投入力度持续加大、社会保障惠及全民的广度显著扩大的时期，也是各项社会保障制度逐渐通过立法走向定型的时期，虽然新型社会保障体系还需要通过深化改革和优化制度才能最终定型，但近10年来的发展实践客观上表明了中国社会保障制度正在从长期试验性改革状态走向成熟发展的新阶段。

从上述简要线索可见，中国社会保障制度变革的路径是从被动变革到主动变革、从自下而上探索到自上而下推进、从个别地区试点到全面总结经验推广、从单项改革到综合改革、从服务并服从于经济改革到独成体系地发展、从注重效率取向到以维系和促进社会公正为己任的发展路径，虽然借鉴了国外的许多做法，但确实是中国特色的社会保障改革之路。

二、中国社会保障制度变革的主要成就与基本经验

（一）中国社会保障制度改革与发展的主要成就

从社会保障制度整体转型，到全体人民受惠于新型社会保障制度，证明了中国社会保障制度改革取得了巨大成就。概括而言，中国社会保障改革所取得的成就主要有以下几个方面。

第一，实现了社会保障观念革新。改革前，城镇居民普遍依靠国家与单位为自己的生老病死，以及教育、住房等提供保障，农村居民虽然不能指望国家负责但也完全依靠集体组织提供生计保障；改革后，人们逐渐接受社会保障责任分担，为养老保险、医疗保险等缴纳相应的费用变成了法定义务，其他社会保障项目也不再是完全免费供给，而是需要调动各方主体的积极性。这种观念的革新事实上为新型社会保障体系的建设与发展奠定了良性的思想基础，从而实质上扫除了社会保障制度变革最重要的观念障碍。

第二，实现了新旧制度的整体转型。一个政府主导、责任分担、社会化、多层次的新型社会保障体系，已经全面替代了原有的国家负责、单位包办、板块分割、封闭运行、全面保障型的传统社会保障制度。在新型社会保障制度下，劳动者不再是属于单位或集体的“单位人”或“集体人”，而是在获得了自主择业、自主发展权利后成为社会人，同时新制度因开放性与社会化而有力地促进了社会公平正义，使全民共享国家发展成果成为现实。

第三，为国民经济持续发展做出了不可替代的重要贡献。中国的经济改革既是对计划经济体制的革命，更是对利益格局的深刻调整，

加之融入全球化进程后还面临着国际风险，因而必然不是一帆风顺的。而社会保障制度改革与发展不仅成为化解市场经济风险和应对国际经济危机的有效工具，而且形塑了可以在全国范围内自由流动的统一劳动力市场，并在持续不断地增进国民福利的条件下极大地提振了城乡居民的消费欲望与消费能力，进而成为支撑中国经济持续高速增长的重要因素。特别是在 1998 年、2009 年两个关键时间节点，其共同背景是在不利的国际金融危机情况下，中国经济发展也遇到了危机，社会保障制度对化解危机、促进发展发挥了特别重要的作用。例如，面对 1997 年东南亚金融危机及其带来的负面影响，中国于 1998 年将社会保障制度改革与建设摆到各级政府工作头等重要的位置上，强力落实“两个确保、三条保障线”，即通过国家财政补贴来确保退休人员按时足额领取养老金，确保国有企业下岗职工按时足额领到基本生活保障金，同时建立面向低收入困难群体的最低生活保障制度，推进医疗保险改革与住房体制改革，还建立了应对未来人口老龄化高峰的社会保障战略储备基金等。通过全面落实这些重大的社会保障措施，不仅解决了城乡居民的现实困难，也重振了人们对社会保障制度的信心，提振了居民消费，有效地化解了当时的社会风险，创造了较为安定的社会环境，这是 1998 年后全面推进各项重大改革并实现国民经济再次持续高速增长的一个奥秘。在 2008 年，美国次贷危机引发全球经济危机，中国经济也深受其害，进出口额大幅下降，如果不能有效地解除城乡居民在养老、医疗、住房、教育等方面的后顾之忧，城乡居民的生活就会受到影响，内需也不可能调动起来，中国经济将面临步入低谷无法自拔的风险。在这样的背景下，中国逆可能出现的经济发展低潮而动，在 2009 年作出与一些发达国家紧缩福利相反的正确决策，即通过加大财政投入，强力推进包括城乡居民养老保险、医疗保险等在内的各项社会保障制度建设，使社会保障覆盖率与保障水平普遍地迅速得到大幅度提升。这些重大举措迅速安定了人心，减轻了城乡居民的生活后顾之忧，同时也直接增加了居民收入，促使居民消费快速增长，逐渐成了拉动国民经济增长的第一大引擎。中国经济与社会保障制度改革的共同发展，深刻地证明了发展社会保障和促进经济发展不仅不矛盾，而且可以相得益彰地共同发展。①

第四，社会保障制度惠及全民，已经成为全体人民共享国家发展成果的基本途径与制度保障。截至 2017 年，全国已有 9 亿多人被基本养老保险制度覆盖，2.6 亿多名老年人能够按月领取一笔数额不等的养老金，老年人群进入了人人享有养老金的时代；全民医保的目标基本实现，13 亿多人有了基本医疗保障②；综合型社会救助制度实现了应保尽保，面向老年人、儿童、残疾人的社会福利及相关服务亦在全面发展。因此，中国社会保障制度的变革与发展过程，既是维护经济增长、促进社会公平和实现全面发展的过程，更是惠及民生、改善民生和不断增加人民福祉的过程。

（二）中国社会保障制度改革与发展的基本经验

中国社会保障制度改革与发展成就不仅惠及全体人民，也得到了国际社会的高度认可。国际社会保障协会秘书长康克乐伍斯基就曾指出：“如果不算中国，全世界社保覆盖面只有 50%，算上中国就达到 61%，中国对世界社会保障的贡献是巨大的，为其他国家做出了表率。”③ 2016 年 11 月 17 日国际社会保障协会将“社会保障杰出成就

---

① 郑功成. 社会保障与国家治理的历史逻辑及未来选择［J］. 社会保障评论，2017（1）.

② 郑功成. 习近平民生思想：时代背景与理论特质［J］. 社会保障评论，2018（3）.

③ 参见《人民日报》2016 年 11 月 19 日题为《中国政府获国际“社会保障杰出成就奖”》的报道。

奖”授予中华人民共和国政府，亦是对中国近年来在扩大社会保障覆盖面工作中取得的卓越成就的高度认可。[①]概括起来，中国社会保障制度改革与发展的基本经验主要有以下几点。

第一，坚持经济增长与社会保障相互促进。中国的改革开放肇始于共同贫穷的年代，因此，改革初期即确立了一切以经济建设为中心的发展方略，而追求经济增长的目的是了快速摆脱贫困状态并持续不断地改善人民生活。进入 21 世纪后，国家明确将保障和改善民生作为经济社会发展的出发点和落脚点，而社会保障则被视为保障与改善民生的基本制度安排。在这种理念的指导下，政府持续加大对社会保障及公共服务的公共投入。正是由于财政投入的持续增长，养老保险、医疗保险才能迅速覆盖到全体城乡居民，社会救助才能成为对低收入困难群体的重要保障，教育事业才得以快速长足发展。因此，中国的经济增长成果通过社会保障制度惠及了全体人民，这一制度又反过来构成支撑中国经济摆脱困难并持续增长的重要因素。两者之间有机结合、良性循环，才能在共同发展之路上行稳致远。[②]

第二，坚持政府主导、共建共享。一方面，中国的社会保障制度改革是在政府强势主导下逐渐推进的。尽管改革初期基于一切以经济建设为中心，更多的是削减政府与企业的福利责任、强化个人责任，但从 1998 年开始，政府重新担负起建设社会保障制度的责任。从建立全面覆盖的最低生活保障制度开始，到 2009 年为农村老年人发放政府补贴的基础养老金，再到大幅度补贴城乡居民基本医疗保险、大规模兴建保障性住房和改造城乡居民危房，以及采取措施扶持民间资

① 国际社会保障协会会长埃罗尔·弗兰克·斯杜威（Errol Frank Stoové）向中国人力资源和社会保障部部长尹蔚民颁发授予中国政府的“社会保障杰出成就奖”。参见国际社会保障协会（ISSA）以及 https://www.youtube.com/watch？v=GIhKw6z_QEM 可获取更多信息。

② 郑功成. 中国社会保障改革与经济发展：回顾与展望［J］. 中国人民大学学报，2018（1）.

本进入养老服务等民生领域，政府肩负的都是强势主导社会保障制度建设的重大责任。特别是对弱势群体的保障高度重视，国家采取构建综合型社会救助制度和着力推进大规模扶贫开发并举的措施，动员社会慈善资源与市场资源投向贫困地区，中央还要求发达省市对欠发达地区实行对口支援，正是在政府强有力的推动下，中国才在消除贫困方面取得了举世瞩目的卓越成效。可见，没有政府财政日益巨大的公共投入和执行力，就不可能有今天社会保障发展的巨大成就。另一方面，坚持共建与共享相结合，强调人人参与、人人尽责、人人共享。例如，将养老、医疗等传统保障制度从非缴费型转向缴费型，从单一层次向多层次发展，实质上是追求共建共享；在最低生活保障制度的实践中，政府提供公益岗位，将消灭零就业家庭定为目标，也是追求共建共享；在养老服务领域，许多地方采取公建民营或者购买服务方式，亦是为了更多地调动社会资源进入，同样是追求共建共享。因此，在中国社会保障制度改革与发展进程中，政府的有效作为和推行共建共享不仅构成了两个重要的条件，而且使这一制度能够得到快速发展。

第三，采取渐进改革与收入增长替代策略。中国的社会保障制度改革不是在白纸上写字，而是在已有一整套传统保障制度的基础上进行重大变革，同时从计划体制转向市场体制也无现成的国际经验可以借鉴。国家采取了非常谨慎的试点先行、渐次推进的策略，即每一项社会保障制度改革都是先选择个别地区进行试验，然后总结经验，形成国家层级的改革方案，再自上而下进行推广。40 年来在中国社会经历重大变革而未出现社会动荡，整个社会保持了安定有序，还有力地促进了经济改革与经济增长，证明这种自下而上的渐进改革策略是成功的。同时，40 年的改革发展进程也是城乡居民收入不断增长的过程，这降低了城乡居民对社会保障制度的依赖性，收入替代效应较为明显。例如，20 世纪 80 年代初期农村合作医疗几乎崩溃，但农村居民并未因此而不满，因为推行土地承包责任制后给农民带来的收益增长明显地超过了合作医疗福利的损失。当然，进入 21 世纪后因种地成本上升和相对收益下降，再加上疾病医疗费用不断提高，农民对医疗保险制度的诉求也持续高涨，但这并不等于可以否定改革初期农村居民收入增长对福利削减的替代效应。在城镇也是一样，40 年来，城镇居民的收入水平是伴随国民经济的持续高速增长而不断增长的，这为社会保障制度改革创造了有利条件。因此，“渐进改革与收入增长替代作为推进社会保障改革中国方案，确实是优先方案”。①

第四，家庭保障与农村土地承包制发挥了缓冲作用。当社会成员因改革遭遇生活风险时，传统的家庭保障往往具有强大的互助韧性，从而避免了个体风险直接转化成社会风险，当国有企业改革导致数以千万计的职工失业或下岗，以及数以百万计的退休人员一度不能按时足额领取养老金时，基本上是依靠家庭成员的相互保障渡过生活难关。而农村土地集体所有制与承包制，既为农村居民提供了相应的生活保障，也为亿万农民工提供了风险庇护场所，当农民工在城镇遭遇失败时，还可以回到乡村继续务农并获得生活资料与相应收益，从而并未构成社会风险。可见，家庭保障与农村土地制度作为中国的传统优势与制度优势，为社会保障制度的变革提供了弹性空间，其贡献不容低估。

综上所述，中国社会保障制度改革走的是有自己特色的道路，它离不开坚强的政治决断魄力与执行力，更离不开独特的政策选择智慧

① 郑功成. 中国社会保障改革与经济发展：回顾与展望［J］. 中国人民大学学报，2018（1）.

与改革策略，还利用了传统的家庭保障与农村土地集体所有制优势。

三、中国社会保障问题存在的问题与发展取向

在充分肯定中国社会保障制度改革取得的巨大成就及其路径选择的正确性的同时，还必须承认，新型社会保障体系建设的任务尚未完成。现行制度安排还存在诸多缺陷或不足，因而需要继续深化改革，并加大改革力度、加快改革步伐，才能最终全面建成中国特色社会保障体系。

（一）现行制度安排存在的主要问题

从现实出发，社会保障权责不清、互助共济性不足、法治欠缺、制度短板构成了四大根本问题。

第一，主体各方权责不清带来责任失衡。从一般规律出发，主体各方责任边界清晰并合理分担责任是现代社会保障可持续发展的根本条件，一个成熟、优良的社会保障体系必定是主体各方责任边界清晰并能够有机协同的体系。然而，在现行制度安排中，作为责任主体的政府、企业、社会、市场、个人及家庭的责任边界是模糊的。以基本养老保险为例，虽然由用人单位与参保者个人分担缴费，但单位缴费相当于个人缴费的2倍以上，且个人缴费全部记入个人账户，这意味着参保人之间完全没有互助共济功能，而政府承担的也不是相对稳定的比例责任而是难以预计的兜底责任。同时，由于养老保险制度处于地区分割状态，不同地区的缴费基数与缴费率均因人口年龄结构不同而不同，缴费责任的调整处于地方控制之下，使得作为国家利益的基本养老保险沦为地方利益，其权责关系变得混乱无序。再以城乡居民基本医疗保险为例，2003年启动农村新型合作医疗试点时，确立的费

用分担比例是政府与个人为 2∶1，后来逐渐变成 3∶1、4∶1，个别地方甚至到了 8∶1 以上，政府责任越来越重，个人责任越来越轻；在儿童福利方面，托幼事业是全民关注的，但政府在这方面的投入极其有限。财政部提供的资料显示，2016 年度全国财政性教育经费支出中，学前教育支出仅占 4.2%，私立幼儿园占比高达 80%，公立托儿所在全国几乎是空白。类似现象在其他社会保障项目中也并不罕见。这种局面带来的是主体各方责任失衡、保障项目结构失衡和受益主体权益失衡，进而损害整个制度的健康持续发展。

第二，互助共济性不足放大制度风险。一方面，现行基本养老保险、基本医疗保险均采取社会统筹与个人账户相结合的财务模式，凡个人缴纳的保险费均记入归私人所有的个人账户，甚至用人单位缴纳的医疗保险费亦有 30%记入职工个人账户，使参保人之间完全丧失了互助共济性，不仅极大地弱化了共建共享，而且强化了利己倾向，进而衍生出一系列难以克服的发展障碍，导致个体风险与群体风险的增长。以基本养老保险为例，由于个人账户基金为私人所有，这一制度不仅要承担因参保人长寿带来的超额基金支付风险，即超过个人账户基金支付年限的长寿者的延续支付责任，而且决定了参保人去世后所结余的基金必须作为遗产由其法定继承人继承，这使得养老保险个人账户基金出现的超额支付风险成了制度财务的净风险。医疗保险因个人账户基金不能共享，即使有需要也得不到应有的保障，也导致基金大量闲置而贬值，从而严重地侵蚀了医疗保险基金，直接放大了整个医疗保险制度的财务风险。因此，个人账户的设置使本应共建共享的社会保险基金中的相当一部分私有化，这是导致互助共济性严重不足的根本原因。另一方面，社会保障的统筹层次低，直接限制了地区之间的互助共济。养老保险大都还停留在地市级统筹层次，医疗保险大多还停留在县级层次，社会救助以县级为本位，社会福利事业更以适用当地户籍人口为基本依据，这使得现行社会保障制度丧失了地区之间的互助共济功能，也从根本上限制了基本公共服务均等化进程，事实上已经导致了地区之间严重的差距并在持续放大。2016年年底广东省基本养老保险基金累计结余已超过7 000亿元而黑龙江省基本养老保险基金收支亏空200多亿元就是典型的例证。因此，地区分割的制度安排直接限制了大数法则的应用，也限制了风险分担的广度与力度，还直接带来了社会保障权益不公与待遇差异，并影响了市场经济的公平竞争，因而这是必须要加快解决的重大问题。

第三，法治欠缺损害制度公信力。立法先行是社会保障制度的基本规律，也是发达国家的普遍经验。然而，中国40年来采取的是自下而上"摸着石头过河"的改革策略，它虽并未明确废止原有的社会保障法律如《劳动保险条例》等，但确实是以新的改革方案而不是立法逐渐替代原有制度安排，这使得现行社会保障制度的法治水平低下，进而造成赋权不清晰，维权也有难度，制度运行也存在失范现象。一方面，目前仅制定了《社会保险法》《中华人民共和国军人保险法》《慈善法》等少数法律，社会救助、社会福利等尚未制定专门法律，主要依靠行政法规与政策性文件规制，实践中无法可依的现象并不罕见。另一方面，已有法律法规也因原则性过强而可操作性弱，在实践中无法真正解决现实问题，如《社会保险法》规定基本养老保险应当实施全国统筹，但迄今仍进展缓慢。法律规制的空白与模糊，制度运行也丧失了权威和有效的实施依据，进而直接损害社会保障制度的公信力，更造成人民群众对社会保障预期的不稳定。

第四，制度短板需要加快弥补。养老、育幼、助残等方面的基本公共服务发展不足，既影响了老年人、残疾人的生活质量和未成年人的健康成长，也成为家庭的沉重负担，还使得经济发展失去了一个具有巨大潜力的新增长点。以养老服务为例，中国自2000年跨入“老龄化社会”后，老龄化程度一直在加深，65岁及以上老年人占总人口比从1982年的4.9%上升到2001年的7.1%，2017年达到11.4%，达15 831万人。[①]我国人口老龄化速度之快、规模之巨均为世界所仅见，但养老服务的发展却相当滞后。截至2017年年底，全国各类养老服务机构和设施共15.5万个，其中，注册登记的养老服务机构2.9万个，社区养老机构和设施4.3万个，社区互助型养老设施8.3万个；各类养老床位合计744.8万张，比2016年增长2%（每千名老年人拥有养老床位30.9张），其中社区留宿和日间照料床位338.5万张。[②]可见，相对数以亿计的老年人口而言，目前的养老服务供给总量是严重不足的。不仅如此，养老服务的供给结构还严重失衡，虽然养老机构的床位数量在增长，空置率却居高不下，居家老年人普遍缺少所需要的养老服务。在育幼方面，根据教育部发布的规划，到2020年全国学前三年毛入园率将达到85%，普惠性幼儿园覆盖率达到80%左右。[③] 而2017年70%以上的幼儿园为私人举办且收费的幼儿园；能够保育3岁以下儿童的公立托儿所几近空白。在残疾人保障与服务方面，更主要依靠家庭照顾。因此，面向老年人、儿童、残疾人、妇女等群体的社会福利及相关服务事业发展严重滞后，成为整个社会保障体系发展不充分的短板。可见，面向“一老一幼一残”三大群体的基本公共服务处于供给短缺状态，这不仅直接影响了城乡居民的生活质量，也直接减损了城乡居民的社会保障权益，因而急切需要加快发展。

---

① 数据来自国家统计局《2017年国民经济和社会发展统计公报》。

② 数据来自民政部《2017年社会服务发展统计公报》。

③ 教育部. 到2020年幼儿园毛入园率达85%. 中国网，2017-05-17. http://edu.china.com.cn/2017-05/17/content_40832087.htm.

（二）未来发展取向①

2017年党的十九大报告提出全面建成中国特色社会保障体系的目标任务，为深化社会保障制度改革指明了方向；2018年，国务院机构改革极大地优化了社会保障管理体制，进而为深化社会保障改革提供了组织保障，但要促使新型社会保障体系成熟，还需要做好如下工作。

第一，厘清权责关系与均衡主体各方责任。当前迫切需要重点研究政府、市场、社会乃至个人与家庭的权责关系，核心是要明确政府责任边界和均衡主体各方的责任负担，同时明晰中央政府与地方政府的权责关系。政府应当切实维护底线公正，健全社会救助制度和提供基本福利保障，对社会保险中的养老、医疗保险分担相应的比例责任，保基本是合理的政策取向。对于超过基本保障之上的福利诉求，则需要紧紧依靠市场力量与社会力量来满足，政府重在政策导向与税收支持。对于参与社会保障的主体责任分担，应当逐步从失衡状态走向相对均衡，如社会保险的缴费责任，就宜在用人单位与参保者个人之间保持均衡性，缴费各半应当成为追求目标。

第二，遵循共建共享与强化互助共济。一是坚持人人参与、人人尽责、人人共享，做到权利与义务相结合。二是摒弃养老、医疗保险中的个人账户，真正实现参保人之间互助共济。三是加快制度整合，包括整合职工医保与居民医保，用一个医疗保险制度覆盖全民，真正构建统一的全民医保制度，这是强化医保制度互助共济功能的必由之

---

① 本书保留了一些文章在发表时所作出的有关未来发展的建议或展望等内容，其目的是与现实发展做比较印证。

路；消除社会救助、有关福利制度中的城乡分割现象，真正构建城乡一体的制度体系，这是城乡共建共享与互助共济的必由之路；消除社会福利服务中的官民分割现象，将政府负责的困难群体和为全民提供基本公共服务在具体实施中一体化，也是在更大范围内实现共建共享与互助共济的必由之路。四是提高统筹层次，包括加快实现基本养老保险全国统筹，将基本医疗保险提高到省级统筹层面，以使整个社会保障制度能够在更高层次直至全国范围实现共建共享与互助共济。

第三，加快法治建设步伐和提高信息化水平。在全面依法治国背景下，社会保障制度更需要尽快进入法治化轨道。为此，必须加快社会保障领域的立法步伐，加紧制定社会救助法、社会福利法等法律，用法律替代现有的行政法规与政策性文件。同时，加紧修订社会保险法等，用完善的法律为各项社会保障事业提供明确且具体的依据。同时，还需要重塑富有效率的运行机制，关键是尽快提高社会保障的信息化水平，包括建立统一的社会保险公共服务平台，运用互联网、大数据等信息技术，提升制度运行的预测、预警与监控能力。

第二章

中国社会保障“十二五”回顾与“十三五”展望

郑功成[①]

摘要：“十二五”“十三五”是新型社会保障体系建设至关重要的10年。我国社会保障制度改革在“十二五”期间取得了制度改革全面推进、法制建设明显加强、惠及民生快速提升等重要成就，已经成为全民共享国家发展成果的基本途径与制度保障。但也存在社会保障理念迷雾、缺乏科学的顶层设计、公平性不足与效率不高并存、责任不清与责任失衡等问题，还面临公信力不足、地区发展不平衡、人口老龄化、福利刚性增长与政府财力增长减缓的矛盾。“十三五”期间特别需要立足于国家治理现代化与国计民生的长远发展，实现对中国特色社会保障体系的理性建构。

关键词：中国社会保障　“十二五”回顾　“十三五”展望

① 本文曾发表于《社会政策研究》，2016年第1期。

一、引言

社会保障是关乎基本民生福祉和国家长治久安的重大制度安排，也是公众关注度最高、反应最敏感、聚焦最持久的重要民生领域。在中国新型社会保障体系建设走向定型的“十三五”关键时期，有必要完整理解并准确把握其价值、结构与功能，通过全面优化现行制度，最终完成对这一制度体系的理性建构。

回顾历史，中国社会保障思想与实践的源头异常久远，数千年文明的一脉相承，就包含了自古以来历代统治者对百姓承担的社会保障责任，尽管历史上的社会保障主要是救灾济贫等有限措施，但采取的确实是政府主导的方式并通过柔性传承得以延续和发展。[①]在20世纪50年代中华人民共和国成立初期，就曾经建立过一整套与计划经济体制相适应的社会保障制度，为城乡居民特别是城市居民提供了水平虽低但稳定、安全的预期。随着20世纪80年代进入大规模的经济改革时期，社会保障也进入了全面而深刻的制度变革年代。

经过30多年来的改革与发展，中国的社会保障体系已经从计划经济时代的国家负责、单位（集体）包办、板块结构、单一层次、封闭运行格局转化成为现在的政府主导、责任分担、社会化、多层次化。[②]“十二五”（2010—2015年）可以说是中国新型社会保障体系从长期渐进的试验性改革状态走向成熟、定型的重要过渡期，“十三五”（2016—2020年）必定要步入成熟、定型发展的新阶段，即全面建成中国特色的社会保障体系，并真正踏上更加公平、更有效率、更可持续的中国式福利国家台阶，这既是全面建成小康社会的应有之义，更

① 郑功成. 中国社会保障演进的历史逻辑［J］. 中国人民大学学报，2014（1）.

② 郑功成. 中国社会保障30年［M］. 北京：人民出版社，2008.

是这一制度在经历长时期变革后的内在要求。因此，在“十二五”收官和“十三五”起步之际，客观回顾前一个时期社会保障制度改革与制度建设过程并评估其得失，理性展望“十三五”期间社会保障制度改革与制度建设取向，具有非常重要的意义。

二、对“十二五”社会保障制度改革与体系建设的回顾

客观而论，“十二五”（2010—2015 年）是改革开放以来社会保障制度改革力度最大、投入规模空前、发展速度最快、惠及民生最广的时期，但因多种原因的影响，也留下了不少缺漏与遗憾。作为从计划经济体制下的社会保障向适应市场经济的新型社会保障体系全面转型的重要过渡时期，“十二五”期间的社会保障改革与制度建设进展，主要可以概括为制度改革全面推进、法制建设明显加强、惠及民生快速提升等方面。

（一）社会保障制度改革与制度建设全面推进

以 2014 年国务院制定并实施《社会救助暂行办法》为主要标志，综合型社会救助制度基本形成。社会救助是整个社会保障体系的基础性制度安排，是由政府负责并以免除城乡居民生存危机为目标的社会机制。在以往改革的基础上，国务院于 2014 年 2 月 21 日公布、同年 5 月 1 日实施的《社会救助暂行办法》（以下简称《办法》）正式确立了中国综合型的社会救助制度。《办法》将“托底线、救急难、可持续”作为社会救助工作的基本原则，明确了以最低生活保障与特困人员供养制度、受灾人员救助以及医疗救助、教育救助、住房救助、就业救助和临时救助为主体，以社会力量参与为补充的社会救助制度体系框架，并明确由民政部主导。这是中国第一部统筹各项社会救助

制度的行政法规，在打破部门分割、城乡分割、项目分割等方面有了重大进展，是中国社会救助事业发展的一个里程碑，对保障公民的基本生活、促进社会公平、维护社会和谐稳定具有重大现实意义。2015年，国务院又决定全面建立临时性的急难救助，使综合型社会救助制度进一步健全。因此，“十二五”是中国新型社会救助制度得到全面发展并走向制度基本定型的关键时期，已经为这一制度最终成熟、定型奠定了相应的制度基础、组织基础与财政基础。

以 2012 年实现基本养老保险制度全面覆盖城乡居民和 2015 年国务院发布《机关事业单位工作人员养老保险制度改革的决定》为主要标志，普遍性养老金制度得以确立。养老保险是最重要的社会保障制度安排之一，也是社会保障改革中费力最多、费时最长的重大制度变革。“十二五”期间，在继续推进职工基本养老保险制度建设的同时，以 2009 年启动并于 2010 年加速推进的农村居民养老保险试点为先导，2011 年启动城镇居民养老保险试点，到 2012 年年底时实现了基本养老保险制度对城乡居民的全覆盖。2014 年 2 月 21 日，国务院下发《关于建立统一的城乡居民基本养老保险制度的意见》（以下简称《意见》），在总结试点经验的基础上，将新型农村社会养老保险和城镇居民社会养老保险合并实施，建立全国统一的城乡居民基本养老保险制度。《意见》对城乡居民基本养老保险制度的参保范围、基金筹集、个人账户建立、养老保险待遇及调整、转移接续与制度衔接、基金管理运营以及经办管理服务与信息化建设等重点问题作出了规定。2015 年 1 月 14 日，国务院发布《关于机关事业单位工作人员养老保险制度改革的决定》，实现了机关事业单位传统的退休金制度向社会养老保险制度转型，并与企业职工基本养老保险制度的原则、框架及实质内容保持了一致性，这一改革决定对于消除公职人员与企业职工养老金差距巨大的“双轨制”根源，并最终形成统一的社会养老保险制度，具有十分重大的进步意义。至此，中国普遍性养老金制度全面建立，它由职工基本养老保险、机关事业单位工作人员基本养老保险和城乡居民基本养老保险三大制度组成，能够覆盖所有适龄人口，中国在“十二五”期间全面进入了老年人可以人人享有养老金的时代，这是向中国式福利国家迈进的关键性指标之一，剩下的改革任务就是如何通过深化改革来优化各种养老保险制度安排，并促使其最终成熟、定型。

以基本医疗保险制度覆盖全民和 2015 年全面推进大病医疗保险为主要标志，全民医保体系基本建成。疾病医疗是城乡居民最大的后顾之忧之一，医疗保险是关乎全民切身利益的社会保障制度。一方面，“十二五”期间，在继续推进职工基本医疗保险制度改革的同时，中共中央、国务院持续加大投入，全面推进城镇居民基本医疗保险制度建设与新型农村合作医疗（实质上是与城镇居民一样的基本医疗保险）发展，这三项基本医疗保险制度在“十二五”期间覆盖了全国 95%以上的人口，实现了基本医疗保险制度覆盖全民的基本目标。另一方面，针对城乡居民重特大疾病缺乏保障并导致因病致贫等不良社会效应的现实，2012 年 8 月，国家发展改革委等六部委联合发出《关于开展城乡居民大病保险工作的指导意见》，推行大病保险试点；2015 年 8 月，国务院办公厅印发《关于全面实施城乡居民大病保险的意见》，明确提出在 2015 年年底大病保险覆盖所有城乡居民基本医保参保人群，大病保险支付比例应达到 50%以上，这是对全民医疗保险制度的完善。全民医保体系的初步建立是向中国式福利国家迈进的又一关键性指标。剩下的改革任务就是进一步优化制度安排，尽快通过制度整合与责任优化来促使全民医保制度定型，以为全民从根本上解除疾病后顾之忧并向健康中国迈进提供稳定可靠的制度保障。

以2013年国务院发布《关于加快发展养老服务业的若干意见》和2015年国务院发布《关于全面建立困难残疾人生活补贴和重度残疾人护理补贴制度的意见》为主要标志，社会福利事业在稳步发展。在老年福利方面，这一时期最重要的政策就是2013年9月国务院发布的《关于加快发展养老服务业的若干意见》。该意见明确提出了加快发展养老服务业的总体要求、主要任务和政策措施，对于积极应对人口老龄化，满足老年人多样化、多层次的养老服务需求，保证养老服务业持续健康发展具有重要意义，同时也标志着养老服务业将进入全面发展时期，老有所养制度体系中服务保障不足的短板有望逐步得到缓解。在儿童福利方面，2014年4月18日，民政部印发了《关于进一步开展适度普惠型儿童福利制度建设试点工作的通知》，为全面建立与中国经济社会发展状况相适应、与儿童发展需要相匹配、与社会福利制度相衔接的适度普惠型儿童福利制度提供了基本依据，并部署了试点工作的目标、内容和工作要求，这对于扩大儿童福利范围，推动儿童福利由补缺型向适度普惠型转变，建立健全惠及所有儿童的儿童福利制度和服务体系具有重要意义。在残疾人福利方面，2014年4月23日由财政部、民政部、住房和城乡建设部、人力资源社会保障部、国家卫生计生委以及中国残疾人联合会6个部门联合印发的《关于做好政府购买残疾人服务试点工作的意见》及同时下发的《政府购买残疾人服务试点项目目录》是重要的政策性文件。该意见明确了政府购买残疾人服务试点工作的基本原则、工作目标、试点任务和工作要求，并提出力争到2020年在全国基本建立比较完善的政府购买残疾人服务机制，形成残疾人公共服务资源高效配置的服务体系和供给体系，显著提高残疾人公共服务水平和质量。2015年9月22日，国务院印发《关于全面建立困难残疾人生活补贴和重度残疾人护理补贴制度的意见》，决定自2016年1月1日起，在全国实施困难残疾人生活补贴和重度残疾人护理补贴制度（以下简称“残疾人两项补贴制度”）。残疾人两项补贴制度是国家层面创建的残疾人专项福利补贴制度，它不仅有利于加强残疾人民生保障，补上全面建成小康社会中的短板，而且是建立面向残疾人的社会福利制度的重大进展。在住房福利方面，2013年12月6日由住房和城乡建设部联合财政部、国家发展改革委发布通知，从2014年起各地公共租赁住房和廉租住房实行并轨，统称为“公共租赁住房”，此项政策有助于优化保障性住房的资源配置，是改善住房保障公共服务质量、完善中国住房保障体系的重要举措。综上所述，尽管社会福利事业还未惠及全民，但中国社会福利事业确实在“十二五”期间得到了较大发展，也为“十三五”期间全面推进以老年人、儿童、残疾人为主要对象的社会福利事业的全面发展奠定了相应的基础。

以2013年财政部、人力资源社会保障部、国家税务总局联合发布《关于企业年金 职业年金个人所得税有关问题的通知》和2014年国务院先后发布《关于加快发展现代保险服务业的若干意见》《关于促进慈善事业健康发展的指导意见》为主要标志，发展补充保障的政策已经明朗。一是发展补充养老保险的政策已经明朗。在继2013年7月由人力资源社会保障部、民政部联合发布《关于鼓励社会团体、基金会和民办非企业单位建立企业年金有关问题的通知》，2013年12月由财政部、人力资源社会保障部、国家税务总局联合发布《关于企业年金　职业年金个人所得税有关问题的通知》等政策性文件后，国家在推进机关事业单位养老保险制度改革的同时确立了建立职业年金制度，并自2014年1月1日起实施企业年金、职业年金个人所得税递延纳税优惠政策，这意味着补充层次的养老保险将得到健康发展。二是国务院于2014年8月10日印发《关于加快发展现代保险服务业的若干意见》。该意见肯定了改革开放以来中国保险业对促进社会经济发展和改善人民生活做出的重要贡献，同时指出中国保险业还处于初级发展阶段，尚不能适应全面深化改革和经济社会发展的需要。为加快发展现代保险服务业，该意见提出了构筑保险民生保障网、完善多层次社会保障体系、发挥保险风险管理功能、完善保险经济补偿机制等9方面29条政策措施，明确了保险业发展的总体要求、重点任务和政策措施，对建成与中国经济社会发展相适应的现代保险服务业，实现向保险强国转变具有重大意义。三是国务院于2014年12月18日发布《关于促进慈善事业健康发展的指导意见》。该意见肯定了改革开放以来中国慈善事业在灾害救助、贫困救济、扶老助残等公益事业领域所发挥的积极作用，并针对进一步加强和改进慈善工作，更好地保障和改善民生提出了指导思想、基本原则和发展目标。该意见提出要鼓励和支持以扶贫济困为重点的慈善活动，培育和规范各类慈善组织，并加强对慈善组织及慈善活动的监督管理和对慈善工作的组织领导。这是国家层面的第一个专门规范慈善事业的文件，对中国慈善事业的健康发展具有重大意义。这一政策性文件的出台，也为国家立法机关制定《慈善法》提供了有利的条件。可以肯定，“十二五”期间确定的上述重大政策已经为各项补充保障的发展发出了十分明确的政策信号。

此外，国务院还于2015年8月17日发布了《基本养老保险基金投资管理办法》，这意味着养老保险基金长期贬值的困局将得以解脱，基金保值增值的目标可以通过更加宽松的投资方式与投资渠道得到保证。

上述事实表明，“十二五”时期确实是中国社会保障制度改革与制度建设全面推进的时期，也是中国社会保障从长期试验性改革状态逐渐走向成熟、定型发展的重要过渡时期。

（二）社会保障法制建设与立法机关的作用明显加强

法制化是一国社会保障制度定型的客观标志，而立法机关介入社会保障改革与制度建设的程度则构成了法制化的重要条件。在“十二五”期间，中国社会保障制度改革与制度建设的一个重大进步，就是专门的社会保障法律得以制定与实施，相关社会保障法律得以完善，行政机关向立法机关报告社会保障事项并接受其监督逐渐走向常态化。特别是党的十八大以来，全面依法治国成为新时期治国理政的基本手段，立法先行、于法有据成为执政党执政与各级政府施政的基本条件，从而为社会保障法制化创造了更加有利的环境。过去那种由行政部门垄断社会保障制度改革与制度建设决策、管理、经办、监督等事务的格局正在成为历史，立法机关、行政机关、司法机关与各种社会保障组织等依照法定职责各司其职的新格局正在形成。

“十二五”期间，社会保障法制化建设取得的重要进展有：

第一，实施《中华人民共和国社会保险法》（以下简称《社会保险法》）。2010 年 12 月 28 日，由第十一届全国人民代表大会常务委员会第十七次会议通过的《社会保险法》，于 2011 年 7 月 1 日正式实施。这部法律不仅对中国社会保险制度的框架及基本内容进行了规范，为各项社会保险制度实际运行提供了基本的法律依据，而且确立了中国特色社会保障体系是以权利和义务相结合的缴费型社会保险为主体的制度，因而是中国社会保障体系建设走向法制化的重要标志。

第二，制定与实施《中华人民共和国军人保险法》。2012 年 4 月

27 日，第十一届全国人大常委会第二十六次会议表决通过了《中华人民共和国军人保险法》，它是新中国成立以来国家专门就军人保险事务制定的第一部法律。该法弥补了《社会保险法》中对军人保险规范不足的缺憾，为维护军人社会保险权益、构建中国特色军人保险制度提供了法律依据与保障。

第三，制定新的有关社会保障的刑法解释。2014 年 4 月 25 日，第十二届全国人大常委会第八次会议表决通过了《关于〈中华人民共和国刑法〉第二百六十六条解释》的法律案。根据该解释，以欺诈、伪造证明材料或者其他手段骗取养老、医疗、工伤、失业、生育等社会保险金或者其他社会保障待遇的，属于刑法第二百六十六条规定的诈骗公私财物的行为。这是在社会保障立法方面的又一重大进展，为打击社会保险及其他社会保障领域中的违法犯罪行为提供了明确的法律依据，对于维护社会保险基金安全、促进社会保障事业健康发展具有重要意义。

第四，大幅度修订《中华人民共和国老年人权益保障法》。2013 年 7 月 1 日，由第十二届全国人大常委会新修订的《中华人民共和国老年人权益保障法》正式实施，该法的两部配套性规章《养老机构设立许可办法》和《养老机构管理办法》同步施行。该法以积极应对人口老龄化为基本理念，确立了中国特色社会养老服务体系的基本框架，它的实施对于保障老年人的权益具有重要意义。2015 年 4 月 24 日，第十二届全国人民代表大会常委会第十四次会议通过了《中华人民共和国老年人权益保障法》第四十四条修正案，允许设立经营性养老机构并明确了设置养老机构的具体规范，这一修订扫除了民间资本进入养老服务业的法律障碍，预示着养老服务业发展将进入官民并重的新时代。

第五，国务院还制定或修订了一批社会保障行政法规。例如，国务院、中央军委颁发修改后的《军人抚恤优待条例》于2011年8月1日正式实施，修改后的条例进一步明确了烈士、因公牺牲、残疾等军人及其家属的抚恤标准和抚恤优待条件。2014年5月1日起实施的《社会救助暂行办法》是一部十分重要的行政法规，它对社会救助制度的框架、项目、管理体制及政府责任等做了较为系统的规范。国务院还根据《社会保险法》修订了原有的《工伤保险条例》并于2011年1月1日正式实施，进一步完善了工伤保险制度。

此外，国家立法机关也在加速制定《慈善法》，2015年10月、12月先后经第十二届全国人大常委会第十七次、十八次会议两次审议，并决定提交2016年3月举行的第十二届全国人民代表大会第四次会议审议通过。

“十二五”期间国家立法机关对社会保障监督职能的强化，是社会保障制度逐渐步入法制化轨道的又一客观标志。除了继续从关注民生的角度听取政府的社会保障工作报告，这一时期的进展主要有二：一是将社会保险基金纳入国家立法机关监督范围。2013年3月8日，财政部向第十二届全国人大一次会议报送了社会保险基金预算，首次将社会保险基金纳入中央预算口径管理，接受国家立法机关监督，从而有助于加强对社会保险基金的监督管理，促进其规范运营，为社会保险基金的可持续发展提供保障。二是开展社会保障专题询问，推进立法机关组成人员对政府部门组成人员的直接对话并让其接受公开监督。2014年12月28日，第十二届全国人大常委会第十二次会议举行联组会议，审议国务院关于统筹推进城乡社会保障体系建设工作情况的报告并开展专题询问。此次会议由张德江委员长主持，国务院副总理马凯和七个部门负责人就如何增强养老保险基金可持续性、强化养老保险制度顶层设计、推动基本养老保险制度实现全国统筹、渐进延迟退休年龄等重要议题回答了专题询问。开展专题询问是全国人大及其常委会依法履行对“一府两院”工作监督职责的重要形式，其目的是推动中共中央关于社会保障事业发展决策的贯彻落实，从根本上保障人民群众的切身利益。与此同时，国家立法机关几乎每年都要听取国务院有关社会保障领域的工作报告，行使相应的监督权。

综上所述，社会保障制度改革与制度建设不再单纯是政府部门的事情，而是伴随着立法机关越来越深的介入，已经进入了法制化时代的初级阶段。

（三）公共投入的力度和惠及民生的广度前所未有

“十二五”期间社会保障制度改革与制度建设发展最为重要的成果，就是在持续加大政府公共投入力度的条件下，这一制度体系惠及民生的广度前所未有，整个社会保障水平有了大幅度的提升，越来越多城乡居民的生活后顾之忧得到解除或者减轻，亿万人民开始通过这一重大制度安排不同程度地分享到国家发展的成果。

根据财政部 2016 年 1 月 7 日向全国人大预算工作委员会报告，在“十二五”期间，国家财政用于社会保障与就业的一般公共预算支出（主要是社会保障支出）合计达到 7.2 万亿元（2011—2013 年为决算数，2014 年为执行数，2015 年为预算数），是“十一五”期间累计支出 3.3 万亿元的 2.2 倍，年均增长 15.0%；用于医疗卫生和计划生育的一般公共预算支出（主要是医疗保障与公共卫生支出）合计为 4.6 万亿元，是“十一五”期间累计支出 1.7 万亿元的 2.7 倍，年均增长 17.1%。上述两大类指标的增长幅度均快于全国公共财政支出 13.8%的增长速度。进入“十二五”后，国家对社会保障的公共投入保持了逐年大幅增长的态势。以 2014—2015 年为例，2014 年全国财政对社会保险基金补助支出（主要是基本养老保险补助支出）的决算数为 5 042.83 亿元，2015 年预算数为 5 957.21 亿元；2014 年全国财政对最低生活保障的支出决算数为 1 557.57 亿元，2015 年预算数为 1 793.06 亿元；2014 年全国财政对医疗保障的支出决算数为 4 835.17 亿元，2015 年预算数为 5 902.48 亿元。此外，2015 年全国财政预算安排抚恤补助支出 766.58 亿元、退役安排支出 567.84 亿元、自然灾害生活救助支出 225.81 亿元，分别比 2014 年决算数增长 10.3%、19.9%和 7.3%。上述指标综合起来，大大高于 2015 年的经济增长指标与财政收入增长指标。

正是由于公共投入的力度持续加大，社会保障惠及民生的广度也前所未有，各项社会保障的待遇亦持续提高。以社会保险为例，“十二五”期间各项社会保险的参保人数均较“十一五”期末有较大幅度增加，其中养老保险参保人数增长近 5 亿人，医疗保险基本实现了全民覆盖，社会保障卡持卡人数超过了 8.6 亿人。

具体而言，社会保障待遇提升的主要指标有①：

第一，普遍性养老金制度使全体符合退休条件的老年人均能够按月领取数额不等的养老金，该项制度惠及全国 2.2 亿多老年人。退休人员养老金已经实现 11 年连续增长 10%，约 8 000 万企业退休人员养老金水平在 2010 年是人月均 1 362 元，2015 年达到了人月均 2 200 多元。城乡居民基础养老金也在 2015 年首次实现了全国普遍性增长，从原来最低的人月均 55 元增长到人月均 70 元。

---

① 数据来自人力资源和社会保障部社会保险事业管理中心编《2014 社会保险运行报告》，全国人大常委会预算工作委员会、财政部编《政府预算解读》（2015）。此外，个别数据系作者向有关部门调研获得。

第二，全民医保体系的保障水平持续提高。13亿人被纳入不同的基本医疗保险制度中，医疗保险成为覆盖面最广、惠及人数最多的社会保险制度。而伴随政府对城乡居民医保补助额的不断提高（2013年人均补助280元，2014年为320元，2015年达380元，而在2003年该指标为20元），医保水平也在稳步提升，医保范围内的报销比例已达70%。对贫困家庭患者的医疗救助在2014年达到1亿人次。据财政部向全国人大报告，2014年中央一般性公共预算中补助城乡居民基本医疗保险1 757亿元，支出城乡居民医疗救助146亿元。2015年，中央对城乡居民基本医疗保险补助的预算为2 233亿元，以确保居民医保待遇持续提升。

第三，新的农村扶贫标准确定为农民人均纯收入2 300元。2011年11月，中央扶贫工作会议以2010年不变价为依据，将贫困线标准提高到2 300元，较2009年上涨92%。新的贫困线标准意味着更多的低收入家庭被纳入扶贫与社会救助范围，会有更多的贫困人口分享到我国经济发展的成果。根据这一指标，2010年的贫困人口规模扩大到了16 567万人，占农村人口总数的17.2%。2011—2014年，按照现价计算的贫困标准分别为2 536元、2 625元、2 736元、2 800元，贫困人口数量分别降低到12 238万人、9 899万人、8 249万人、7 017万人。2015年11月，中共中央、国务院印发《关于打赢脱贫攻坚战的决定》，明确了一系列重大举措，决心要在2020年前消灭区域贫困并解决好绝对贫困人口问题，其中突出强调最低生活保障制度要为最困难的2 000万群众兜底脱贫。与此同时，2011年3月、5月，国家发展改革委、民政部、财政部等部委先后发出《关于建立社会救助和保障标准与物价上涨挂钩的联动机制的通知》和《关于进一步规范城乡居民最低生活保障标准制定和调整工作的指导意见》，标志着中国城乡低保标准动态调整机制正式建立。中国社会救助制度惠及的城乡居民逾亿人。根据财政部向全国人大报告，2014 年中央财政支出城乡最低生活保障资金 1 002 亿元、自然灾害救助支出 101 亿元、抚恤补助支出 339 亿元、扶贫资金 432. 87 亿元；2015 年上述支出的预算分别为 1 213 亿元、131 亿元、379 亿元、467. 45 亿元；可见面向困难群体的社会保障支出保持了较高速的增长，它带来的是救助水平的稳步提高。

第四，保障性住房建设进展较快，越来越多的中低收入家庭得到实惠。住房保障是重要的民生工程，也是整个社会保障体系中较为特殊的制度安排。在“十一五”以前，中国的保障性住房主要面向一部分低保户，供给数量极为有限。自 2009 年启动大规模的保障性住房建设以来，“十二五”期间取得的进展巨大。不仅城镇中逾千万套的公共房屋提供给低收入家庭，而且大规模的城镇棚户区改造和农村危房改造工程也为千万户城乡住房困难的居民从根本上改善了居住条件。据财政部向全国人大的报告，2014 年全国共完成 740 万套保障性安居工程形式建设任务，其中，改造各类棚户区 506 万套，基本建成保障性住房 511 万套，完成 266 万户农村危房改造。2014 年全国一般公共预算保障性安居工程支出 3 368 亿元，比 2013 年增长 11. 8%。2015 年，全国城镇保障性安居工程计划新开工或预购住房约 700 万套，基本建成 480 万套，基本完成林区、垦区棚户区改造任务。2015 年全国一般公共预算保障性安居工程支出 3 602 亿元，其中中央补助城乡保障性安居工程资金预算安排 2 384 亿元。按照原计划，到 2015 年年末，公共房屋应当满足 15%的城镇居民住房需求，这意味着住房保障已经成为一项重大的社会保障制度安排，其惠及的人口亦以亿计。

此外，在老年人福利方面，养老服务业快速发展，养老机构床位数从“十一五”期末的 200 多万张快速增长到 2015 年的 600 万张，老年或高龄津贴在一些地区纷纷建立；在残疾人福利方面，残疾人康复事业在发展，困难残疾人生活补贴与重度残疾人护理补贴制度已经建立，残疾预防事业正在引起高度重视；在儿童福利方面，对孤残儿童的救助制度得到了完善，国家正在启动对困境儿童的全面福利保障制度建设，适度普惠型儿童福利制度已在一些地区开始试点。

综上所述，“十二五”期间的社会保障已经成为全民参与分享国家发展成果的基本制度安排，其必要性、重要性更加显现，对整个经济社会的发展乃至政治、文化具有十分广泛的影响。

三、社会保障制度改革中的问题与新时期面临的挑战

在充分肯定“十二五”期间社会保障领域取得重大进展的同时，还必须看到，这一领域的改革由于受到多种因素的制约仍然处于滞后状态，并面临着必须妥善应对的诸多问题与挑战。

（一）社会保障制度改革与制度建设中存在的主要问题

目前，中国社会保障领域存在的主要问题可以概括为如下四个方面：

第一，社会保障发展理念出现迷雾。“理念优于制度，制度优于技术”是笔者一直以来的主张，因为若发展理念不先进，不可能设计出合理的制度安排，没有合理的制度安排，再优良的技术方案也很难发挥作用，有时甚至与发展目标南辕北辙。党的十八届五中全会通过的《关于制定国民经济和社会发展第十三个五年规划的建议》就明确提出必须牢固树立创新、协调、绿色、开放、共享的发展理念，这些

先进的理念如果能够贯穿于“十三五”规划并在行动中得到充分体现，中国必定步入快速的、健康的现代化轨道。然而，在社会保障领域，近年来发展理念却出现了迷雾。当前有一种令人担忧的现象：在制度变革过程中往往因过度关注经济指标而迷失了社会保障制度建设应当追求的社会公平、分配正义与文明进步的目标，因过度关注个人得失与崇尚利己而忘记社会保障制度建设应当坚守的互助共济与公益本色，因过度关注当下与短期应对而忽略社会保障制度发展应当重视的历史经验与长久的稳定预期，因过度关注局部与细节问题而罔顾社会保障制度实践应当发挥的完整功能与综合效应，还有期望政府包办一切的“泛福利化”思潮和主张个人自我负责的“反福利”等极端取向。一方面，基于社会保障实践面临着福利刚性增长与财力增速减缓的矛盾，加之国际上因美国次贷危机与欧债危机等导致一些地区经济发展陷入低迷状态而对福利制度看法出现分歧，国内出现了一种反福利倾向。一些人不正视中国社会保障供给总量依然不足、保障水平总体依然偏低、保障权益结构依然失衡等客观事实，而是渲染所谓“福利病”“福利国家病”“福利陷阱”和社会保险财政崩溃论调，主张限制甚至削减公共福利、基本养老保险采取大账户制、社会医疗保险实行商业保险化等，这些主张可能动摇社会保障互助共济与公益制度的根基，背离国民共享发展成果和走共同富裕道路的国家发展取向。另一方面，公众对社会保障制度的期望值越来越高，不仅要求持续提高养老金、医保等社会保障待遇，而且要求免费医疗、普遍性福利的呼声高涨，一些地方亦将福利项目作为短期政绩工程，这种现象并不罕见。反福利与泛福利思潮并存且各有市场，这必然直接影响人们对社会保障制度的认识与评价，也会对制度变革产生复杂的影响，还会掩盖现行制度安排中的结构失衡、权益不公等问题，导致政府、市场及个人责任边界不清，造成社会保险与商业保险职能紊乱，从而不利于社会保障体系建设的健康发展。在国家发展理念已经清晰的背景下，中国急切需要拨开社会保障发展理念的迷雾，在充分尊重社会保障制度客观规律与发展变化中的国情基础上，坚守社会保障制度的本色，同时与时俱进地促进其持续健康发展。

第二，缺乏科学的顶层设计。中国的社会保障改革，是伴随经济领域的渐进改革而采取自下而上、局部试验的方式来推进的，尽管这种策略激发了地方的改革创新积极性，但缺乏统筹考虑与顶层设计的改革必定陷入改革方案五花八门、改革举措莫衷一是的泥潭，并且会在制度不成熟、不理性的条件下形成和固化利益分割的格局，进而形成制度整合的巨大阻力。当前多项社会保障项目面临难以深化改革的现实，已经充分证明了这一点。近年来，中共中央、国务院开始重视对社会保障制度的顶层设计，组织开展养老保险改革顶层设计，“十二五”期间中央政府还出台了深化医改、促进养老服务业发展、建立现代保险业体系、促进慈善事业发展的综合性改革方案等，这些政策方案的共性是强化了统筹性、突出了中央政府的主导地位，但仍未能真正实现对中国社会保障体系的通盘考虑与科学的顶层设计。

首先，宏观层面缺乏对完整社会保障体系的顶层设计。除社会保障学界于 2007 年组织实施中国社会保障改革制度与发展战略研究并于 2008 年、2011 年先后拿出针对整个社会保障体系建设的顶层方案①，在政策层面迄今仍未见到对整个社会保障体系发展目标及应持发展理念的清晰界定，仍未见到对社会保障体系及其主要制度安排的

① 郑功成. 中国社会保障改革与发展战略：理念、目标与行动方案［M］. 北京：人民出版社，2008；郑功成. 中国社会保障改革与发展战略（总论卷、养老保险卷、医疗保障卷、救助与福利卷）［M］. 北京：人民出版社，2011.

结构与功能进行合理定位。一些人将“福利国家”“福利社会”视为敏感词甚至贬义词，全面建设小康社会又只是国家发展进程中的阶段性发展目标，而社会保障制度影响的是国家的长远发展与人民的世代福祉，没有对整个社会保障体系的通盘考虑与最高层次的顶层设计，这一制度的变革就可能迷失目标与方向，各项社会保障制度安排也难以真正实现合理定位与健康发展，因为现代社会保障体系是一个庞大的、复杂的、综合的系统工程，总体的思路与方案设计不仅不可缺少，而且对制度建设与发展起到至关重要的作用。以社会救助、社会保险、社会福利三大基本制度体系为例，就必须有合理的功能定位与责任分工，必须站在超越上述单一制度体系之上的视角来通盘考虑；再以多层次保障体系而论，也必须通盘考虑政府主导的法定保障制度与市场机制主导、社会机制主导的补充保障之间的合理分工与协同，既要确保社会保障体系的物质基础通过对市场机制、社会机制的利用不断壮大，又不能违背市场规律与社会组织运行规律。中国多层次社会保障体系建设提出了多年并采取了多种举措，但因缺乏顶层设计与协同推进，迄今仍是停留在纸面上的空中楼阁。

其次，中观层面缺乏对基本社会保障制度类别的顶层设计。实际上，每一类社会保障制度类别都是由若干保障项目构成的，并需要和与之相关的制度安排协同推进，而当前仍然缺乏对主要的社会保障类别的通盘考虑与合理设计。以老年保障为例，中国早在 2000 年就进入了老年型社会，人口老龄化在持续快速发展中，应对老龄化事实上已经成为重大的国家发展战略，而老有所养作为老年型社会最基本、最重要的民生目标，需要一系列制度安排才能实现。然而，在现实中，就缺乏对老年人的经济保障、服务保障、精神保障的统筹考虑与顶层设计，普遍性养老金制度的建立与待遇持续提升，只解决了老年人的经济保障问题，而养老服务、老年护理及关乎老年人尊严的文化服务、社会参与、临终关怀、殡葬事业发展的滞后，正在日益影响着数以亿计老年人的生活质量。更为严重的是，目前人们已经形成了对养老金制度的过高期望与依赖，公共资源配置失衡，这都是没有针对完整的老年人保障体系进行顶层设计的结果。再以医疗保障为例，国务院在 2009 年、2012 年先后启动的医改方案，可以看成中央政府层面的顶层设计，但该设计中并未体现“三医”联动的先后顺序、时间节奏以及协同措施。因此，尽管“三医”联动是医改的最大共识，现实中各地医改仍是各部门分割推进、各地区分散试点，结果是无法找到全面深化医改的纵横交错着力点，从而也就无法实现“三医”之间的良性互动和同向集中攻关，甚者还造成了效果对冲。患者分流不理想，医卫资源向上集中，医疗费用控制乏力，医疗、医药系统正在大规模地耗损着医保资源，也使患者承担的医疗成本不断攀升；而医保作为所有参保人的代表，虽然购买力惊人，却无法对医疗、医药改革的完善给予有效助力。不仅如此，“三医”分割推进、分散试点还导致各自都无法独善其身。在医保方面，制度分割、责任失衡、统筹层次低、可持续性不足等缺陷是影响医保制度健康发展、损害公众安全预期的四大致因。在医疗服务方面，核心问题是公私混杂、医药不分：公立医院日益走向自利化、经济实体化，成为公私混杂的“市场怪物”，也陷入社会公益目标落空、经济自立不稳的进退两难境地，公益性与营利性的内在冲突不仅困扰着医院的发展取向，而且直接影响到医患关系与医保、医药系统，既动摇了患者对医院与医生的信任根基，又损耗着公共投入与医保资源，助长了医药领域的失范。在医药方面，关键问题是市场化并不成熟：国家对医药市场的法律规制不足、监管措施不到位，竞争手段存在失范现象，灰色区间太大；医药市场的扭曲，致使医药生产与流通领域乱象丛生，从一些药品的生产品种花样百出、药品价格畸高等现象可窥一斑。可见，即使是以顶层设计的名义出台的重大政策，也未能够充分考虑周全。

最后，微观层面对各个社会保障项目的顶层设计仍然欠缺。养老保险、医疗保险、最低生活保障等重要保障项目都采取了各地试点先行、渐次推进的策略，也均留下了深刻的“摸着石头过河”痕迹，还存在着责任失衡、层次不清晰、管理体制与经办机制欠合理、与相关制度之间缺乏协同等缺陷，这些缺陷均涉及复杂的利益关系。儿童福利、残疾人福利等项目更是还未有系统考虑与设计，等等。因此，“十三五”期间的社会保障顶层设计任务异常艰巨。

第三，公平性不足与效率不高并存。一方面，“十二五”期间已经取得了普遍性养老金制度得以确立、医保制度覆盖全民基本实现等成就，初步具备了普惠全民的特色，奠定了起码的制度公平基础，但公平性不足仍然是各项社会保障制度的共同特征。养老金待遇在机关事业单位与企业退休人员之间的差距依然巨大，医疗保险的城乡分割、群体分割背后实质上是待遇差异，以最低生活保障为核心的社会救助制度在城乡之间、地区之间差异偏大，即使较为单纯的政府救灾同样在灾种之间、受灾地区之间、灾民之间存在着差异，等等，这些差异带来的结果是应当以创造起点公平、维系过程公平、缩小结果不公平为本源职责的社会保障在实践中却并不公平，这使得其在解决一些社会问题、化解一些社会矛盾的同时，也引起了部分群体的不满。除了社会保障权益存在不公现象，承担义务方面也具有不公平性，这是另一种类型的权益不公。例如，养老保险缴费，广东等地区缴费偏低，基金结余多，保险待遇高；而东北地区缴费高，基金结余少，保险待遇低；这种地区差异是由于制度的地区分割导致的结果。另一方面，社会保障制度实践中的浪费与低效现象惊人。例如，在医疗保险中，职工基本医疗保险因个人账户的存在导致45%以上的资源处于低效状态，严重损害了这一制度的互助共济功能，也造成统筹基金负担日益沉重。由于医院的营利性与医药供应失范，医疗服务过程中过度诊断、过度检查、过度用药几乎是一种普遍现象。公立医院中出现了床位上万张、年营业收入高达数十亿元的“航空母舰”，患者看病日益向高等级医院集中，近几年全国年就诊平均增长约8亿人次，2013年达到73.1亿人次，2014年超过76亿人次，隐藏在这一数据背后的还有向上集中，县级医疗机构就诊只有9.2亿人次，三级医院占了大头。[①]这表明患者在向城市医院、向大医院集中，有的医院日均门诊量超万人次，大医院“超级繁荣”与一些基层医院“门庭冷落”形成鲜明对照，不仅造成了医生“苦乐不均”，而且加剧了医疗卫生资源与医保基金的浪费现象。在医疗保险中，还存在着医患合谋侵蚀医保基金的现象，《人民日报》就曾披露，在贵州部分地区，从县医院到乡镇卫生院、村卫生室再到私立医院均查出存在套骗新农合资金的行为，甚至医患合谋骗保。例如，六盘水市抽查定点医疗机构135家，发现存在涉嫌套取新农合基金及基金管理不规范的有107家，占比高达76.30%；安顺市抽查定点医疗机构41家，均不同程度存在套取新农合资金的行为，问题查出率达100%。检查中发现，侵蚀医保基金的手段有农民“被住院”、无病当有病治、虚增患者住院天数、假用药、假手术、过度检查、小病大治、重复收费、未提供服务而收费（空收费）、把本不属于报销范围的手术治疗费用列入报销范围并由医患双方分享等。[②]类似现象在全国其他许多地区都存在。再如养老保

① 王东进．“三医联动”是深化医改的不二方略［J］．中国医疗保险，2015（11）．

② 赵敬菡．新农合资金这样遭蚕食［N］．人民日报，2015-08-17（14）．

险，由于制度的地区分割，在部分地区养老保险基金不足当年支付的同时，全国累计结余的基金却高达3万多亿元，但受无法集中运营和投资政策的限制，处于贬值状态，损失同样惊人。由于现行制度规范不严密、监管不到位、技术手段不完善，社会保障实践中的许多漏洞亦让冒领养老金、骗取低保待遇等现象并不罕见。还有社会保障管理体制尚未完全理顺，各项制度的经办机制分割，亦造成了行政资源的浪费。因此，制度欠公平与缺乏效率，是必须引起高度重视并需要认真应对的重大问题。

第四，责任不清与责任失衡。社会保障制度的可持续发展，只能建立在责任清晰并合理分担的基础之上。然而，现行社会保障制度几乎都未能切实厘清主体各方的责任，无论是养老保险、医疗保险等社会保险制度，还是社会救助及各项福利事业，政府责任的边界均缺乏明确界定，中央政府与地方政府的责任还没有明确划分，可供市场主体与社会组织作为的空间具有不确定性。这种状态带来的结果，就是政府的责任与压力会持续加重，而市场主体、社会力量却又无法顺利进入并发挥应有的作用，最典型的莫过于灾害救助，商业保险在自然灾害损失补偿中几乎可以忽略不计。在现行制度的责任分担中，养老保险的单位缴费率为20%、个人为8%，医疗保险的单位缴费率为6%、个人为2%，反映的是单位责任大、个人责任小；在城乡居民医保中，政府补贴相当于个人缴费的3倍以上，反映的是政府责任大、个人责任小；在社会救助中，中央政府承担着主要责任，地方政府责任小；等等。这种责任分担失衡的格局，必然动摇社会保障制度发展的理性，很容易产生压缩福利与扩张福利的极端取向。

（二）新时期社会保障体系建设面临的主要挑战

“十三五”是中国社会保障体系走向成熟、定型的关键时期，除了要积极、稳妥地解决好前述问题，客观上还面临着如下四大挑战：

第一，制度公信力不足。解除人们后顾之忧、增强社会安全感是社会保障制度的基本目标，实现这一目标的前提条件则是社会保障制度必须具有公信力，并且能够真正提供稳定的安全预期。然而，自改革开放以来，伴随社会保障改革进程的曲折起伏，这一制度的公信力事实上受到了损害，公众对社会保障制度的信任度不断下降，怀疑或质疑的声音不断高涨，这一本来应当给人以安全感的制度安排却让人不安甚至焦虑。例如，全国基本养老保险基金积累日益增加，政府应当承担的财政责任还未完全到位，退休年龄具有较大的延长空间，这些相对这一制度起源国——德国采取现收现付财务机制仍然实现了持续发展而言，中国的情况显然应当让人更加乐观，但许多人不关注这一制度因地区分割造成的一系列不良效应，而是怀疑这一制度的可持续性，以致越来越多的人担心领不到养老金，不参保、停保或者尽可能少缴费的现象有蔓延之势。再如 2013 年国务院出台发展养老服务业的重要政策文件，结果被媒体与公众简化成“以房养老”并被进一步演绎成政府要推卸责任。还有小步渐进延迟退休年龄、医疗保险终身缴费等政策思路出台均遭遇多数人的质疑与反对，等等。所有这些，反映的其实是公众对社会保障制度的不信任感在增强。导致这种现象的原因是多方面的，主要有：一是 20 世纪 90 年代因社会保障制度改革未合理兼顾到相关群体的利益，导致数以百万计的退休人员不能按时领取养老金，许多人实际丧失了法定的医疗保障待遇，这种切身利益的受损，动摇了人们对制度的信任，1998 年以后尽管中共中央、国务院通过强力推进“两个确保”“三条保障线”来重振公众对制度的信心，但仍然留下了不良的心理印记。二是长期渐进改革、不断试验、遍地试点，导致相关社会保障制度迄今不能最终成熟、定型。各地改革举措花样百出，不同“模式”层出不穷，既损害了社会保障制度的统一性、严肃性、权威性，也丧失了公众心理认同的可靠性，始终处于变化中的社会保障政策带来的结果必然是缺乏稳定的安全预期，这恰恰是社会保障制度建设的大忌。三是一些制度在实践中被扭曲，也对制度公信力造成损害。如果公众对社会保障制度丧失信心，也就丧失了认同和参与的积极性。因此，信任危机与预期不稳是必须妥善应对的巨大挑战。

第二，地区发展不平衡。中国社会发展进程中的一个重大问题是地区经济发展不平衡，以及由此导致的各种差距。尽管进入 21 世纪后国家开始采取多种措施来促进西部大开发、东北振兴、中部崛起，在经济发展与基础设施建设方面取得了重要成效，但由于历史差距较大，改革开放后奉行从沿海到内陆递次发展战略，这种发展差距仍非短期内可以改变。地区发展不平衡对社会保障制度的统一性、公平性带来了巨大挑战。从理论上讲，社会保障应当是缩小地区差距和促进地区均衡发展的重要制度安排，而现实中却往往表现为屈从地区发展差距，有的制度在某种程度上成为固化甚至放大地区发展差距的负面因素。例如，珠江三角洲、长江三角洲是改革开放最早、经济最发达的地区，它吸引了中西部地区大量年轻的农村劳动者，在养老保险制度地区分割的条件下，这些最发达的地区因劳动队伍的年轻化而出现缴费低且养老保险基金大量结余的现象；东北地区发展滞后，退休人员多，年轻劳动力外出多，结果缴费率高还出现收不抵支的财务危机。这种发达地区负担轻、待遇高，欠发达地区负担重、待遇低的格局，无疑与地区间的协同与均衡发展目标相悖。因此，如何利用社会保障制度来促进地区之间的协同、均衡发展，是“十三五”期间必须明确回应的问题。

第三，人口老龄化。中国是世界上人口老龄化速度最快、规模最大且家庭保障功能因少子高龄化而持续弱化的国家。从 2000 年进入老龄化社会，2014 年年底 60 岁以上老年人口达 2.12 亿人，占总人口的 15.5%；65 岁及以上人口 1.38 亿人，占总人口的 10.1%；失能半失能老年人达 3 750 多万人，占总人口的 2.8%。预计从现在到 2035 年，全国老年人口年均增长约 1 000 万人，总量将达 4 亿人左右，其中 80 岁以上的高龄人口年均增长 100 万人以上。如此快速的老龄化，迅速壮大的老年人口规模，必定对民生保障、经济发展、社会治理、文化乃至政治生态等方面产生全面、深刻而持久的影响。其中，对社会保障的影响最为直接，人口老龄化不仅需要适时调整制度结构与财力投入结构，而且需要更多类型的专业人才和更具人文关怀的各种公共服务，还会导致养老保险缴费人数下降和待遇领取人数上升，增加养老保险制度的财政压力。调查表明，养老问题已经成为牵涉面最广且公众反映日益强烈的重大民生问题，而各地事实上还未做好充分的准备。养老金虽已实现制度全覆盖，但责任分担失衡、互助共济弱化、多元并举格局并未形成，其不确定性损害了人们的安全预期。养老服务业虽在发展，但供给总量依然严重不足，供需脱节现象普遍，正面临着“谁来为中国老人养老”的质疑。此外，能够满足老年人精神保障诉求的社会机制缺失，对老年人的人文关怀与精神慰藉还未真正纳入制度安排。面对数亿老年人持续高涨的民生诉求和钱从何来、谁来服务的疑虑，如果不能尽快完善社会保障制度及相关服务，必定导致老年人群体生活质量下降，造成整个社会民心不安。因此，老龄化对民生保障的挑战十分严峻。

第四，福利刚性增长与政府财力增长减缓的矛盾。当社会保障制度建立后，几乎每一项制度都会呈现出刚性增长的态势，且很难逆转，这是普遍规律。“十二五”期间公共投入规模急剧放大，年均增长在15%以上，有的项目投入在20%以上，直接带来了各项社会保障制度待遇的显著提升，而城乡居民还在期盼着养老金继续提高、个人疾病医疗负担持续减轻、各项社会福利事业能够持续发展。然而，伴随经济发展进入新常态，国民经济增长速度已经从两位数下降到一位数，近年来更从8%以上降低到7%左右，国家财政收入的增长幅度也从曾经的20%以上的年增长率降低到个位数。因此，国家财政收入增速减缓与国民福利快速增长已经成为现实矛盾。在这样的背景下，如何优化现行社会保障制度安排，如何调动市场力量与社会力量参与，以便确保整个社会保障制度的物质基础不断得到壮大，无疑是一个巨大的挑战。

此外，统计数据显示，中国目前的流动人口规模在2亿~3亿人之间，数以亿计的人口处在不稳定的流动状态，对社会保障制度构成了重大挑战。是让社会保障制度追随流动人口不断转移接续，还是降低人口流动性、促进安居乐业来适应社会保障制度，是“十三五”时期需要做政策权衡的重要问题。

综上所述，中国社会保障制度改革的任务远未完成，各项社会保障制度均未成熟。因此，“十三五”时期将是整个社会保障制度改革更为关键的时期。

四、“十三五”展望：全面建成新型社会保障体系

（一）“十三五”的目标任务

“十三五”是全面建成小康社会的冲刺期与决胜期，也应当是中国特色社会保障体系从长期试验性改革状态经过全面深化改革走向成熟、定型的决定性时期，因为成熟、定型的社会保障体系无疑是全面小康社会的题中应有之义。为此，不仅需要统筹考虑、顶层设计、强力推进，而且需要理性思维、路径清晰且正确。“十三五”期间社会保障改革与发展的目标任务，就是具有先进的建制理念、明确的发展目标、完整的体系结构、合理的责任分担机制，真正建成符合制度客观规律、适应中国国情的更加公平、更有效率、更可持续的现代社会保障体系。

一方面，先进的理念是正确行动的先导，明确的目标是制度实践的指南，完整的体系结构是全面发挥社会保障积极功能的依托，而合理的责任分担则是可持续发展的基本条件。因此，从理论角度研究和回应上述问题，应当成为当前社会保障学界最为紧迫的宏大任务。另一方面，中国要建成的社会保障体系，应当是包括了各项法定社会保障制度与各项补充保障在内的完整体系，既要符合社会保障制度的基本规律，又要适应发展变化中的中国国情，还必须更加公平、更有效率，能够可持续发展。因此，这一时期的社会保障改革特别需要立足国家治理的视角与国计民生的长远发展，特别需要保持理性并综合考量政治、社会、经济而不能将社会保障制度经济政策化，更不能以短视的目光来设计制度安排。

（二）重塑社会保障发展理念

自20世纪80年代中期以来，中国社会保障制度改革已经历30余年，迄今仍然难言任何一项社会保障制度已经真正成熟、定型，并面临着诸多分歧与公众信任危机，这表明“十三五”期间树立新思维、重塑新理念具有必要性、重要性与紧迫性。[①]

第一，为福利正名，承认福利是个好东西。中国需要建立一个完整的、能够惠及全民并不断提升人民福祉的新型社会保障体系，并在全面建成小康社会的同时走上中国式福利国家的初级台阶。享受相应的社会保障是人民的基本民生诉求，也是宪法赋予公民的基本权利；保证人民福祉不断得到提升则是政府的当然责任，也是执政与施政合法性的重要来源。社会保障制度的存在与不断发展，既源自人民的内生需求，也是国家化解社会矛盾、增进国家认同、维护社会公正、促进社会团结、实现社会进步与文明发展的必由之路。然而，在中国，福利在一定程度上被污名化了，一些人将福利视为“福寿膏”，将福利国家等同于“福利病”，这不仅有违社会保障制度造福人民和促进社会经济正常发展的常识，也侮辱了人民对福利的合理诉求与期望，还低估了先进国家发展社会保障的集体智慧与能力。目前，中国需要的不是否定福利或反福利，而且承认福利是个利国利民的好东西，并本着积极、理性的态度来加快构建完整的社会保障体系。同时，还应当看到，福利国家不是西方世界或者资本主义社会的专利品，而是人类社会发展进步的文明成果，中国作为社会主义国家更不应当例外。当然，说福利是个好东西，并不是社会保障水平越高越好，就像人参

① 郑功成. 用新思维推进社保改革走向深化［DB/OL］. 人民网，2014-03-07. http://opinion.people.com.cn/n/2014/0307/c1003-24557444.html.

是好东西但吃多了反而会损害身体一样，中国的社会保障也要符合国情并与所处时代保持适应性。因此，应当全面认识社会保障制度的完整功能与综合效应，坚定建设中国式福利国家的目标，并积极、稳妥地向前迈进。“十三五”期间让主要社会保障制度理性地走向定型，就是为社会保障制度发展百年基业奠基，也是为国家长治久安和人民福祉不断增长奠基。

第二，牢固确立公平的价值取向，并将效率融入公平之中，以促进制度走向公平为首要任务。没有公平就没有现代社会保障，这一制度与生俱来的使命，就是创造起点公平、维护过程公平、缩小结果不公平。在“十二五”期间社会保障制度已经初步普惠全民的条件下，促使其更加公平便成为新时期深化社会保障制度改革的首要任务。为此，必须从守住底线公正入手，推动整个社会保障制度从普惠走向公平。近年来，中共中央、国务院重点是推进社会救助制度改革，提高城乡低保水平，全面实施临时救助制度，为特殊困难群众基本生活提供保障，同时全面推进脱贫工程，这意味着每个城乡居民在遭遇生活困境时都能够得到相应的救助，它体现的正是底线思维，奠定的是底线公正。但仅有底线公正是不够的，还应当尽快消除因制度分割带来的养老、医疗保险权益不平等与身份标识，并同步发展养老服务、儿童福利、残疾人事业等，使不同群体的社会保障权益走向相对公平。能否促进并实现社会保障制度的公平，应当成为评价“十三五”期间社会保障改革与发展的重要标尺。

第三，牢固树立责任共担意识，构建合理的责任分担机制，确保制度可持续发展。让人民过得一年比一年好，是政府工作的核心使命，而社会保障的发展则通常被看成这一使命完成质量的客观标志。国民福利的发展呈刚性增长态势，而政府财力却无法持续扩张，这一矛盾决定了必须树立责任共担的意识，在政府、企业、社会、个人之间构建合理的责任分担机制，尽可能地调动社会力量与市场资源，不断壮大社会保障的物质基础。当前，在社会保障领域，政府、企业的负担偏重，社会、个人的负担偏轻，市场力量很少得到发掘；在政府责任中则是中央偏重、地方偏轻；在企业负担中，也因相关制度的地区分割而呈现出地区不平等现象。这种失衡的责任分担格局必然会危及制度的可持续发展。因此，必须统筹考虑均衡责任分担机制，既要在明确划分中央与地方责任和匹配相应财力的条件下继续扩大政府的公共投入，又要适度提高个人应负的责任，还要通过积极的财政税收政策与购买服务等方式直接调动社会力量与市场主体参与社会保障体系建设，并发挥其应有的作用。唯有如此，才能确保制度发展的理性，避免不良的制度安排影响到可持续发展。

总之，促进社会公正、增进人民福祉在党的十八届三中全会被明确定位为全面深化改革的出发点与落脚点，改善民生则被明确为政府工作的根本目的，加快社会保障改革步伐时不我待，而摒弃旧的思维定式，代之以发展福利、公平取向、责任共担的新思维，无疑会增进社会保障深化改革的积极性与理性，一个普惠、公平、可持续的社会保障体系的成熟与定型，一定是人民之幸，同时也是国家持续、健康发展之福。

（三）做好社会保障体系的顶层设计

由于传统的体制性障碍犹存、渐进改革的历史局限、利益失衡格局的路径依赖，以及牵一发而动全身的复杂社会生态，现行社会保障制度客观上存在着目标缺失、制度分割、权益不公、效率偏低的缺陷。例如，医疗改革的目标似乎是为了控制医疗费用膨胀与政府责任，结果却因医疗、医保、医药“三医”之间不能有机联动，导致了严重的浪费现象，也使政府的责任不断加重，并损耗着有限的医疗保险基金，扭曲了医疗卫生事业与医药生产健康发展的环境与秩序。城乡医保制度分割，带来了重复参保、重复补贴、经办机构重复、信息系统重复等一系列不良后果；养老保险与养老服务的不协调，带来的是养老保险金11年连续增长，而养老服务却始终未能得到很好的发展，越来越多的老年人随着年龄增长与自理能力弱化而陷入生活质量下降的困境。因此，深化社会保障制度改革必须牢固树立统筹、协同观，即同一制度应当通过优化与整合来提高统一性，不同制度之间则应当通过统筹规划与合理的资源配置实现协同推进。为此，应当尽快开展社会保障体系建设的顶层设计，特别是超越单项制度之上、超越部门之上、超越一届政府之上的宏观规划。

在宏观层面，应当将社会保障总体设计纳入中央全面深化改革和国家治理体系的总体设计中，科学定位社会保障体系及其功能。现代社会保障制度自产生以来就是现代国家治理体系的重要构成部分，是基于国家发展目标进行定位的制度安排。如果说经济发展可以依靠市场机制，那么社会发展则需要依靠社会保障，社会保障不能脱离经济发展，与经济政策密切关联，但绝对不是经济政策，而是以追求社会公正与和谐为主要目标的公共政策。只有站在国家治理体系现代化的角度来完整地看待社会保障体系，才能明确这一制度的建立初衷与发展目标，并厘清制度发展的方向与路径。这方面的设计还需要解决好社会救助、社会保险、社会福利三大基本制度体系的统筹安排与合理定位，解决好法定的基本保障层次与市场化、社会化的其他层次之间的统筹安排与合理定位。

在中观层面，应当解决不同社会保障类别或主要项目的结构、功能定位与资源配置方式，以及与相关制度安排的关系。其主要内容包括：医疗保障体系的结构优化及其与医疗、医保、医药“三医”之间的协同推进，老年保障体系中经济保障与服务保障之间的协同推进与结构优化，社会救助与扶贫开发之间的协同推进与结构优化，养老保险与企（职）业年金及人寿保险之间的协同推进与结构优化，法制建设、体制改革、机制创新的协同推进等。

在微观层面，应当细化具体保障项目的顶层设计，重点是优化制度结构，合理分配责任，保证制度公正、有效且可持续。单项制度的顶层设计已经启动，包括养老保险、医疗保险等实际上正在由中共中央、国务院主导制定，其他一些社会保障项目也在由主管部门组织研究，可以预期“十三五”时期最初的两三年将是相关制度深化改革方案密集出台的时期。然而，是否能够真正优化制度结构和合理分配责任，还有待观察。以医疗保险的顶层设计为例，在切实推进“三医”联动的背景下，不仅需要整合现行制度安排，还需要同步优化筹资机制与合理分担责任，并对分组诊疗、支付方式、信息系统与智能监管等做出具体而明确的制度安排，同时清晰划定社会医疗保险的边界以便让真正意义的商业医疗保险有发展空间，最终向全民统一的健康保险制度迈进。

（四）构建完整的社会保障体系

衡量“十三五”时期社会保障制度改革与制度建设目标任务完成的基本指标，是全面建成覆盖城乡居民的新型社会保障体系。其主要内容具体包括以下几个方面。[①]

---

① 郑功成. 全面建成覆盖城乡居民的社会保障体系——展望“十三五”时期的中国社会保障［J］. 中国社会保障，2015（1）.

第一，实现基本保障制度全覆盖，让全民共享国家发展成果。全面建成覆盖城乡居民的社会保障体系，首要目标就是要实现基本保障制度全覆盖。因为社会保障覆盖面直接反映这一制度的普惠性与公平性，虽然具有普惠性的社会保障制度不一定能够同时实现公平性，但没有普惠性的社会保障制度却绝对不可能有公平性。因此，普惠性是决定社会保障制度公平性的首要指标，也是让全民共享国家发展成果的第一步。将基本保障制度全覆盖确定为全面建成覆盖城乡居民的社会保障体系的首要目标，至少包括两个方面的含义。（1）面向全民的制度安排能够真正覆盖全民。在中国特色社会保障体系中，医疗保险与养老保险无疑是面向全民的支柱性制度安排，检验医疗保险制度全覆盖的指标是将城乡居民全部纳入医疗保险制度，检验养老保险制度全覆盖的指标是所有适龄人口全部参加了基本养老保险和所有老年人都能够按月领取养老金。迄今为止，中国已经实现了所有老年人都能够按月领取养老金的初步目标，但还有 5%左右的城乡居民因各种原因被落在医疗保险制度外，更有 1 亿多适龄劳动人口还未被基本养老保险制度覆盖，一些参保职工因各种原因亦出现漏保或脱保的现象。因此，“十三五”期间医疗保险、养老保险的重大任务，就是在巩固已经加入医疗保险、养老保险人群的基础上，将落在制度外的未参保人群全部纳入进来，这是“十三五”期间的硬任务，也是必须啃下的“硬骨头”。（2）面向特定群体的保障制度安排能够真正覆盖到该群体全体成员身上。其主要内容包括：工伤保险、失业保险等应当覆盖所有职业劳动者，以确保劳动者能够真正解除职业伤害与失业风险的后顾之忧；社会救助应当全面托底，将贫困线以下以及有急难救助需求的城乡居民悉数纳入并施以援助，不再有任何人因生计困难而陷入绝境，这一目标的实现意味着低收入群体与不幸者能够合理分享到国家发展成果；面向老年人、儿童和残疾人的社会福利及相关服务体系建成，并能够覆盖所有有需要的老年人、儿童和残疾人，这一目标的实现意味着让这些群体合理分享到国家发展成果；保障性住房能够满足那些既买不起私人住房也租不起房的人的需要，这同样是收入有限者参与合理分享国家发展成果的途径。与医疗保险、养老保险制度相比，上述制度无疑不具有全民性或者普惠性，但同样需要根据制度安排覆盖到应当覆盖的全体对象。从现实出发，这些制度对特定群体还未做到全覆盖。例如，在工伤保险与失业保险中，规模庞大的农民工群体的大多数未被覆盖；在社会救助中，低保制度虽然号称已经实现了应保尽保，但因实践中存在着冒领现象、优亲厚友现象，一些地方客观上存在符合条件者却还未申请到低保的现象；至于医疗救助、教育救助、住房救助、急难救助等均还存在缺漏现象；老年人社会服务、儿童与残疾人服务的供给更是与实际需求相差甚远。综上所述，中国基本保障制度离全覆盖的目标均还存在差距，“十三五”期间的任务依然非常繁重，但这又是必须要完成的工作任务。

第二，促使法定保障制度走向定型，真正实现公平、可持续发展。社会保障是用确定的制度安排来应对人生不确定的生活风险，这一制度的卓越功能集中体现在通过定型的制度安排来为全体人民提供稳定的安全预期，而定型的制度安排应当是能够真正实现公平、可持续发展的制度安排。联系到中国的现实，基本养老保险制度、基本医疗保险制度、综合型社会救助制度、其他法定制度安排如军人保障制度、老年人福利制度、残疾人福利制度、儿童福利制度等，均还在改革探索中，几乎没有一项制度安排能够称得上是成熟的、定型的。正因为法定保障制度长期处在试验性改革状态，责任分担不清晰、结构不稳定、预期不明确，不仅损害了制度的权威性与可靠性，也引发了公众的不安与焦虑情绪。因此，“十三五”期间要全面建成覆盖城乡居民的社会保障体系，必须加快立法步伐，通过法律来明责赋权，促使整个社会保障制度体系走向成熟、定型，真正能够为全民提供稳定的安全预期，基本或主要的社会保障制度均应当步入法制化轨道。

第三，大力发展各种补充保障，全面建成多层次的社会保障体系。构建多层次的社会保障体系是各国社会保障制度改革的共同取向，实质是通过多层次体系的构架来进一步合理划分不同主体的责任分担，更加合理地配置社会保障资源。要全面建成覆盖城乡居民的社会保障体系，必然要以全面建成多层次的社会保障体系为条件。以养老保险为例，基本养老保险由用人单位或雇主、劳动者与政府三方分担责任，职业年金、企业年金通常由用人单位或雇主与劳动者分担缴费责任，而商业性的人寿保险则纯粹是参保者个人自负缴费责任，三个层次三种责任承担方式。如果只有单一层次，就可能因保障水平低而难以保障老年人的基本生活，或者因保障水平高而陷入难以自拔的财政危机之中，这已经是许多国家证明了的现象。特别是进入人口老龄化社会后，单一层次的养老保险更难以持续发展。因此，发展第二、第三层次的养老保险就具有了必要性和重要性。再以医疗保险为例，基本医疗保险、大病医疗保险、医疗救助所解决的都是城乡居民的普遍性疾病医疗问题，不可能解决疾病医疗中的全部问题，做得再好也难以全面满足高收入者的需要。因此，要全面解决疾病医疗的后顾之忧，要想获得更为便捷、高效的医疗服务，还需要有补充医疗保险或者商业性的健康保险加以补充，这就是第二层次的医疗保险，它不会损害第一层次参保人的权益，却可以满足有需要、有条件者的更高要求。以社会救助与社会福利服务为例，仅有政府供给是难以满足城乡居民有需要者的全部需求的，而慈善事业恰恰是最好的补充。例如，慈善事业所募集的资源能够弥补政府社会救助资源的不足，慈善组织的服务更可以满足有需要者的个性化需求，这是政府无法做到的。因此，没有慈善事业的配合，社会救助与社会福利事业的功效会大打折扣。以灾害补偿为例，政府救灾通常只能解决灾民的基本生计问题，而商业保险、政策性保险在各国灾害损失补偿中都扮演着十分重要的角色。伴随经济改革的深化，中国的举国救灾体制也不可持续，政府救灾改革的正确方向就是充分利用保险机制，通过发展政策性农业保险、农房保险与巨灾保险等来壮大整个灾害损失补偿的物质基础，进而达到更有效地弥补灾害损失的目的。对政府救灾而言，政策性保险与巨灾保险可以视为第二层次。还有雇主责任保险可以补工伤保险之不足，等等。综上所述，多层次社会保障体系不仅体现在养老保险与医疗保险等社会保障制度安排中，也体现在社会救助、灾害救助、社会福利服务中，中国需要的是整个社会保障制度的多层次化。只有这样，才能更好地由社会各界分担起社会保障的责任，才能动员更多的社会资源与市场资源，才能源源不断地壮大社会保障制度的物质基础，这是实现国民福利持续增长的前提条件。不过，联系现实情况可以发现，多层次社会保障体系中的第二、第三层次并未得到发展，这无疑是国家在“十三五”期间必须要努力完成好的工作任务。

（五）全面建成适合国情的社会保障决策、监管与运行机制

全面建成新型社会保障体系，必然要求全面建成适合中国国情的社会保障决策、监管与运行机制。现阶段的事实是，社会保障制度从决策到监管、经办，都是行政机关主导，立法机关还未真正到位，司法机关则处于缺位状态，经办机构因完全从属于行政机关而难以根据

需要发展并对制度运行负责。这种状态显然是不成熟的，也是不正常的，这在过去“摸着石头过河”的年代还情有可原，但在国家发展站在更高起点并进入全面推进依法治国的时代后就必须做出重大调整。调整的方向是让立法机关、行政机关、司法机关与经办机构各司其职、各负其责。

党的十八届三中全会不仅明确了要发挥市场在资源配置中的决定性作用，而且强调重点领域关键环节的制度安排要走向成熟、定型，还提出了要加快转变政府职能并充分调动社会力量办理社会事务的积极性；十八届四中全会则确立了全面推进依法治国的方略，明确了立法机关主导立法、重大改革要于法有据，并突出了公正司法等；十八届五中全会不仅提出了完整的国家“十三五”规划建议，更清晰地阐述和强调了实现“十三五”时期发展目标，必须牢固树立并切实贯彻创新、协调、绿色、开放、共享的发展理念，并对实现目标与贯彻五大理念做出了周密部署。所有这些都表明，中国已经走过了“摸着石头过河”的年代。

在这样的背景下，基于社会保障制度的公共性与利益主体的多元性，以及对国家发展全局与长远的巨大影响，由国家立法机关通过制定、完善社会保障法律来实现社会保障制度定型并加以监督，由行政机关督促并监察社会保障法律的实施，由具有独立法人地位的经办机构来具体运行各项社会保障制度，由司法机关负责对社会保障领域违法犯罪的最后裁判，将是中国社会保障制度发展的新常态。虽然会有一个过程，但这个过程宜加快步伐，在“十三五”期间全面建成上述分工明确、责任明确的决策、监管、运行机制。

总之，“十三五”时期将是中国社会保障制度走向成熟、定型的关键时期，这一时期的社会保障改革特别需要立足于国家治理的视角与国计民生的长远发展，特别需要保持理性并综合考量政治、社会、经济，而不能将社会保障制度经济政策化，更不能以短视的目光来设计制度安排。

五、2016 年值得期待的进展

2016 年是“十三五”开局之年，伴随国家“十三五”规划由第十二届全国人民代表大会第四次会议审议通过，社会保障制度改革与制度建设也会进入到一个新的发展时期。综合各方面信息加以判断，2016 年值得期待的社会保障发展进展，至少包括如下几个方面：

第一，立法方面的进展。《慈善法》将于 2016 年 3 月获得国家立法机关最终审议通过。这是社会保障领域继 2010 年制定《社会保险法》、2012 年制定《军人保险法》之后又一部重要的法律，它为慈善事业的全面发展提供了法律依据，也是让民间或社会力量参与社会保障体系建设并发挥积极作用的重大促进措施。国家立法机关还将审议《国务院关于研究处理老年人权益保障法执法检查报告及审议意见情况的反馈报告》，跟踪监督老年保障领域的法律实施情况。

第二，养老保险改革总体方案出台。中共中央、国务院正在制定养老保险制度改革总体方案，内容主要包括职工基本养老保险基础养老金全国统筹方案、渐进式延迟退休年龄方案、完善职工养老保险个人账户政策、遗属待遇和病残津贴政策等。其中，职工基本养老保险基础养老金全国统筹是《社会保险法》规定的法定目标，也是国家“十二五”规划中明确的工作任务；对职工养老保险个人账户的完善，将最终确立个人账户的规模大小和是否继续做实个人账户；而制定遗属待遇和病残津贴政策则是对现行养老保险制度缺漏进行修补。因此，养老保险制度改革总体方案的出台，将意味着中国基本养老保险制度基本定型。

第三，城乡居民基本医疗保险制度加速整合。国务院已经于2016年1月印发《关于整合城乡居民基本医疗保险制度的意见》，就整合城镇居民基本医疗保险和新型农村合作医疗两项制度，建立统一的城乡居民基本医疗保险制度明确提出了统一覆盖范围、统一筹资政策、统一保障待遇、统一医保目录、统一定点管理、统一基金管理的“六统一”要求，同时鼓励有条件的地区理顺医保管理体制，统一基本医保行政管理职能，整合城乡居民医保经办机构、人员和信息系统，提供一体化的经办服务，鼓励有条件的地区创新经办服务模式，以政府购买服务的方式委托具有资质的商业保险机构等社会力量参与基本医保的经办服务。可以预期，城乡居民医疗保险制度整合将在2016年加速推进，争论多年的医保管理体制、经办机制、统筹层次等问题将得以基本解决，从而为居民医保制度的成熟、定型创造有利条件。

第四，社会保险基金投资新政付诸实施。2015年8月17日，国务院颁布了《基本养老保险基金投资管理办法》，但受养老保险制度地区分割等因素的制约，当年并未实施，这一办法可望在2016年实施。据人力资源社会保障部、财政部2016年1月向全国人大预算工作委员会报告，2015年各项社会保险基金累计结余达5.7万亿元，2016年年末将超过6万亿元，其中职工与居民基本养老保险基金累计结余预算额约为近4万亿元。如此巨额的养老保险基金过去只能存入银行或购买国债，长期处于贬值状态。伴随投资新政的实施，不仅可望实现基金的保值增值，而且能够对中国的资本市场产生相应的影响。

第五，养老服务业政策相应调整。养老服务是实现老有所养重要民生目标的支柱性制度安排。“十二五”期间是中国养老服务业发展最快的时期，养老机构的床位数从200多万张快速增长到了约600万张。但面对数以亿计老年人的服务需求，一个最基本的判断，仍然是养老服务总量供给不足、有效供给不足，供需脱节现象比较普遍。“十三五”将是应对老龄化挑战的最为宝贵的时机，但政策应当作出相应的调整，包括从偏重机构养老转向偏重居家养老，为民间资本进入养老服务业扫清政策障碍，研究并出台护理保险政策将是促进养老服务业发展的重要配套。

此外，在儿童福利方面亦可能出台相应的政策，以便配合人口政策的调整与“全面两孩”政策的实施，促使面向孤残儿童的福利保障向更多的儿童扩展。

第三章

中国社会保障法制建设40年：回顾、评估与前瞻

杨思斌[1]

摘要：改革开放40年的中国社会保障法制建设经历了改革起步、重构、深化改革和全面建设四个阶段。社会保障法制建设成效显著，体现为：社会保障体系建设的法制框架初步形成；法律制度不断优化，公平性显著增强；法律实施取得了良好的效果，权利救济有了明确的法律依据；立法机关对社会保障制度运行的监督作用明显加强。社会保障法制建设面临框架性法律亟须构建，法律制度有待完善、权利救济机制需要健全等挑战。在新时代全面推进依法治国和全面建成多层次社会保障体系的背景下，社会保障法制建设需要树立新的理念，健全和完善法律体系，强化法律的实施机制，发挥司法的应有作用。

关键词：社会保障　法制　社会保障权利

① 杨思斌：中国社会保障学会理事，中国劳动关系学院公共管理系教授。本文主要内容曾发表于《北京行政学院学报》，2018第3期。

中国社会保障由社会保险、社会救助、社会福利、慈善事业等组成。社会保障法制是调整社会保障关系的法律制度的总称。社会保障法制是实现社会保障制度良性运行的必要保证，为社会保障制度建设、运行管理、纠纷解决等提供制度基础和保障。在新时代全面推进依法治国和全面建成多层次社会保障体系的背景下，有必要对中国社会保障法制建设 40 年的历史发展进行回顾，对社会保障法制建设取得的成就与面临的挑战进行评估，通过评估对社会保障法制建设的前景进行展望。

一、中国社会保障法制建设 40 年的历史回顾

1949 年以来的中国社会保障法制建设是从社会保险法制开始的。1951 年 2 月，中央人民政府政务院公布实施《中华人民共和国劳动保险条例》，这是新中国第一部综合性的社会保险行政法规。该条例的颁布实施，标志着中国除失业保险外，包括养老、工伤、疾病、生育、遗属等的职工社会保险制度已初步建立。与此同时，国家也建立了针对机关和事业单位职工的社会保险制度。

1956 年 6 月，第一届全国人民代表大会第三次会议通过了《高级农业生产合作社示范章程》，自此农村“五保”制度得以确立，并成为农村最重要的社会保障制度。

1969 年至改革开放前，受“文化大革命”的影响，社会保障法制建设出现倒退。从中央到地方的劳动保险管理机构被撤销或停止工作，企业职工社会保险费用统筹制度被废止。这一时期的社会保障活动基本上处于无法可依、无章可循的状态。

自 20 世纪 70 年代末起，我国开始实行改革开放政策。伴随着改革开放的实践，社会保障法制也进行了改革、重构和建设。“十二五”

时期是中国新型社会保障体系开始从长期渐进的试验性改革过渡为成熟、定型的时期，社会保障法制得到了快速发展，社会保障法制化程度明显提升。改革开放40年来的中国社会保障法制建设可以分为以下四个阶段。

（一）社会保障改革起步阶段（1978—1992年）

1978年2月，第五届全国人大第一次会议恢复了劳动部门的工作，并重新设立民政部，主管全国的社会福利、社会救济等事务。在这样的组织保障下，中国社会保障法制进入恢复和重建阶段，并对如何改革传统社会保障制度进行了初步探索。

20世纪80年代中期后，中国进入对社会保险制度的改革探索期。1986年，国务院颁布《国营企业实行劳动合同暂行规定》，规定对劳动合同制职工的退休养老基金实行社会统筹，开启了社会保险社会化的改革。同年7月，国务院颁布《国营企业职工待业保险暂行规定》，失业保险制度开始建立。1991年6月，国务院发布了《关于企业职工养老保险制度改革的决定》，提出要建立多层次养老保险的目标，基本养老保险实行社会统筹。随着20世纪80年代国有企业改革的深入，城市涌现出大批贫困职工。为了保障这类群体的基本生活，稳定社会秩序，政府主要采取了“送温暖工程”等救济措施。

这一阶段中国社会保障法律制度设计的目标主要是为当时国有企业改革配套，为国有企业与国有职工服务以及缓解农村贫困现象。

（二）社会保障重构阶段（1993—2003年）

1993年11月，中共中央十四届三中全会通过《关于建立社会主义市场经济体制若干问题的决定》，将推动社会保障改革作为社会主义经济体制改革的配套措施。1994 年，全国人大常委会通过了《中华人民共和国劳动法》，对社会保险和社会福利作了专章规定。1996 年，第八届全国人大第四次会议批准《国民经济和社会发展“九五”计划和 2010 年远景目标纲要》，明确提出加快养老保险、失业保险以及医疗保险制度的改革，初步形成多层次的社会保障制度。1998 年 3 月，第九届全国人大第一次会议批准组建劳动和社会保障部，统管全国的劳动和社会保障事务，民政部继续主管全国的社会救助、社会福利、优抚安置事务，基本理顺了社会保障监管体制。这一阶段社会保障法制建设的重要成就可以总结为以下几个方面。

在养老保险方面，1995 年，国务院发布《关于深化企业职工养老保险制度改革的通知》，确立了社会统筹与个人账户相结合的养老保险制度改革方案。1997 年，国务院颁布了《关于建立统一的企业职工基本养老保险制度的决定》，规定到 20 世纪末，要基本建立起适应社会主义市场经济体制要求，适用城镇各类企业职工和个体劳动者，资金来源多渠道、保障方式多层次、社会统筹与个人账户相结合、权利与义务相对应、管理服务社会化的养老保险体系。

在医疗保险方面，1993 年经国务院批准，国家发展改革委、财政部、劳动部、卫生部印发了《关于职工医疗保险制度改革的试点意见》，明确提出要建立社会统筹医疗保险基金和个人账户相结合的医疗保险制度。1998 年，国务院发布《关于建立城镇职工基本医疗保险制度的决定》，要求在全国范围内建立覆盖全体城镇职工、社会统筹和个人账户相结合的基本医疗保险制度。

在失业保险方面，1999 年，国务院发布了《失业保险条例》，与市场经济体制相适应的失业保险制度得以定型。

在生育保险方面，1994 年，劳动部发布了《企业职工生育保险试行办法》，城镇职工生育保险制度全面推行。

在工伤保险方面，1996 年，劳动部发布了《企业职工工伤保险试行办法》，首次将工伤保险作为单独的社会保险制度实施。2003 年，国务院颁布了《工伤保险条例》，对工伤保险进行了比较全面的规范。

在社会保障基金管理方面，1999 年，国务院颁布《社会保险费征缴暂行条例》，对社会保险费的征收、缴纳作了明确规定。同年 7 月，财政部、劳动和社会保障部联合制定《社会保险基金财务制度》和《社会保险基金会计制度》。2001 年，劳动和社会保障部颁布《社会保险基金监督举报工作管理办法》和《社会保险基金行政监督办法》。2003 年，劳动和社会保障部发布《社会保险稽核办法》和《社会保障基金现场监督规则》。

在社会救助方面，1993 年，上海市率先建立了城市居民最低生活保障制度，中国社会救助制度由此拉开了变革的序幕。1999 年，国务院颁布《城市居民最低生活保障条例》，标志着中国城市居民最低生活保障进入法制化的轨道，城市居民的生活安全网正式构筑。1994 年，国务院颁布《农村五保供养工作条例》，由此农村五保户供养工作走向规范化。除了生活救助以外，中国在其他社会救助制度建设方面也取得了很大成效。例如，在医疗救助方面，2003 年，民政部等部门颁布了《关于实施农村医疗救助的意见》。在住房救助方面，2003 年，建设部颁布了《城镇最低收入家庭廉租住房管理办法》。针对城市生活无着的流浪乞讨人员，2003 年，国务院颁布《城市生活无着的流浪乞讨人员救助管理办法》，标志着传统的强制性收容遣送制度“寿终正寝”，以自愿受助、无偿援助为原则的人性化的救助制度正式确立。

在慈善事业方面，1999年，第九届全国人大常委会第十次会议通过了《中华人民共和国公益事业捐赠法》，规范了慈善捐赠活动。

这一阶段的社会保障法制建设，主要是围绕社会主义市场经济制度的确立而展开，“效率优先、兼顾公平”成为制度建设的主导理念。通过国务院的行政法规和系列规范性文件，我国城镇职工的社会保险制度和城市居民的最低生活保障制度基本建立。

（三）社会保障深化改革阶段（2004—2010年）

2004年，党的十六届四中全会提出了构建社会主义和谐社会的目标，社会保障成为国家的基本社会政策。同年，第十届全国人民代表大会第二次会议通过的《中华人民共和国宪法修正案》提出“国家建立健全同经济发展水平相适应的社会保障制度”。社会保障制度载入宪法。2010年10月28日，全国人民代表大会常务委员会通过了《社会保险法》，奠定了社会保障法律体系的基石。

这一阶段的社会保障法制建设取得的主要成就还有：2004年，劳动和社会保障部颁布的《企业年金试行办法》对建立补充养老保险制度进行了规范。2005年，国务院颁布《关于完善企业职工基本养老保险制度的决定》，进一步扩大了基本养老保险覆盖范围，对个人账户、基本养老金的计发办法及其调整机制等予以规范。2006年，国务院颁布《关于解决农民工问题的若干意见》，提出了积极稳妥地解决农民工社会保障问题。2009年，国务院常务会议审议并原则通过了《关于开展新型农村社会养老保险试点的指导意见》。

随着最低生活保障制度在城市的推广和普及，农村的社会救助制度建设也被提上议事日程。2006年，国务院对《农村五保供养工作条例》进行了修改，将农村五保供养经费的来源由传统的集体统筹改为财政支付，强调国家在其中的救助责任，体现了现代社会保障制度的典型特征。2007 年 7 月，国务院发布《关于在全国建立农村最低生活保障制度的通知》，标志着农村最低生活保障制度正式建立，自此，社会救助制度建设着力于追求城乡社会救助制度的一体化。

（四）社会保障全面建设阶段（“十二五”以来）

“十二五”以来，中国社会保障法制建设进入新的发展阶段，这一阶段的重大进步就是专项的社会保障法律得以制定与实施，相关社会保障法律和制度得以完善。

1. 社会保险法制

2011 年是我国“十二五”规划的开局之年，这一年社会保险法制建设的标志性事件是《社会保险法》于 7 月 1 日正式实施。《社会保险法》颁布实施标志着中国社会保障制度走向定型和稳定，有关社会保险的基本制度框架体系已经形成，社会保险制度运行进入依法推进的新阶段。2012 年，国家出台《中华人民共和国军人保险法》，军人社会保险制度得以建立。

为配合《社会保险法》的实施，2011 年，人力资源社会保障部发布了《实施〈中华人民共和国社会保险法〉若干规定》《社会保险个人权益记录管理办法》和《社会保险基金先行支付暂行办法》三个部门规章。同年，人力资源社会保障部还发布了《在中国境内就业的外国人参加社会保险暂行办法》。2012 年，人力资源社会保障部出台了《关于开展社会保险基金社会监督试点的意见》。

为发挥商业保险对基本养老、医疗保险的补充作用，2014 年，国务院发布了《关于加快发展现代保险服务业的若干意见》。同年，全国人大常委会将以欺诈、伪造证明材料或者通过其他手段骗取社会保险金或者其他社会保障待遇的行为，归为《刑法》第二百六十六条规定的诈骗公私财物的行为，为打击社会保障欺诈提供了刑法保障。

2016年，全国人大常委会授权国务院通过试点的方式来推进生育保险和基本医疗保险的合并实施，实质上是对《社会保险法》的局部修订，这表明《社会保险法》开始进入适应制度变革的调整阶段。同年，人力资源社会保障部、财政部发布《关于阶段性降低社会保险费率有关事项的通知》，提出阶段性降低养老保险、失业保险费率。国务院颁布《全国社会保障基金条例》，社会保障基金管理趋于法制化。

2. 社会救助法制

"十二五"期间，社会救助法制不断完善，其取得重大进展的标志是2014年2月国务院颁布的《社会救助暂行办法》，这部行政法规确立了我国社会救助模式是生活救助与专项救助相结合的救助体系，标志着我国综合型社会救助制度基本形成。

《社会救助暂行办法》颁布后，社会救助的各项制度建设进一步推进：

2014年10月，国务院发布《关于全面建立临时救助制度的通知》，提出要全面建立临时性的急难救助。同年11月，住房和城乡建设部、民政部、财政部发布《关于做好住房救助有关工作的通知》。

2015年3月，民政部、国家统计局发布《关于进一步加强农村最低生活保障申请家庭经济状况核查工作的意见》。同年4月，民政部、财政部、人力资源社会保障部、国家卫生计生委、保监会联合发布《关于进一步完善医疗救助制度全面开展重特大疾病医疗救助工作的意见》。

2016年2月，国务院发布《关于进一步健全特困人员救助供养制度的意见》。同年10月，民政部发布《特困人员认定办法》。

3. 社会福利法制

以 2013 年国务院发布《关于加快发展养老服务业的若干意见》、2015 年国务院发布《关于全面建立困难残疾人生活补贴和重度残疾人护理补贴制度的意见》、2014 年民政部印发《关于进一步开展适度普惠型儿童福利制度建设试点工作的通知》等为标志，社会福利制度建设稳步发展，也为“十三五”期间全面推进以老年人、儿童、残疾人为主要对象的社会福利制度的全面发展奠定了基础。2012 年、2015 年、2018 年先后修正、修订了《中华人民共和国老年人权益保障法》。该法的修正、修订以积极应对人口老龄化为基本理念，确立了有中国特色的社会养老服务体系的基本框架，同时修订后的法律允许设立经营性养老机构，扫除了民间资本进入养老服务业的法律障碍。2016 年，国务院办公厅发布《关于全面放开养老服务市场提升养老服务质量的若干意见》。

在儿童福利方面，2016 年，国务院发布《关于加强农村留守儿童关爱保护工作的意见》和《关于加强困境儿童保障工作的意见》。

在残疾人福利方面，2016 年，国务院印发《“十三五”加快残疾人小康进程规划纲要》。

4. 慈善事业法制

在慈善事业方面，民政部颁布的《中国慈善事业发展指导纲要（2011—2015 年）》，对“十二五”期间中国慈善事业的发展进行总体规划。2014 年，国务院发布《关于促进慈善事业健康发展的指导意见》，对促进慈善事业健康发展做出了系统部署。2016 年 3 月 16 日，第十二届全国人大第四次会议表决通过《中华人民共和国慈善法》，自此，中国慈善事业开始进入法制化轨道。

二、中国社会保障法制建设的成就与挑战

中国社会保障法制曾长期处于试点和探索阶段，“十二五”以来，伴随着各项制度逐步定性、定型、定局，社会保障立法、执法、司法并进，社会保障逐步进入法治化轨道。[①] 伴随着社会保障制度体系的日益健全和保障水平的持续提升，社会保障为全民共享国家发展成果提供了基本途径，已经成为保障与改善民生的基本制度保证。社会保障法制建设是社会保障事业发展的前提和保障。中国社会保障法制建设迈出了重要步伐，但相较于“全面推进依法治国，建设社会主义法治国家”对社会保障法制的要求还相距甚远，社会保障法制建设依然任重道远。

（一）社会保障法制建设取得的主要成就

法制建设是社会保障可持续发展的重要保障。经过40年的发展，特别是“十二五”以来，中国社会保障法制的顶层设计与协同发展得到了重视，专门的社会保障法律开始制定并实施，社会保障制度得到了优化，社会保障法制建设取得了明显进展。

1. 社会保障体系建设的法制框架初步形成，“无法可依”的状态基本结束

伴随着我国社会保障体系走向成熟和定型，“十二五”期间我国社会保障法制建设明显加强，诸多社会保障制度更加完善。

在社会保险法制方面，《社会保险法》确立了中国特色的社会保障体系是以权利和义务相结合的缴费型社会保险为主体的制度，成为

① 林嘉. 中国社会保障法治建设的成就与期待［J］. 中国社会保障，2015（2）.

中国社会保障体系建设走向法制化的重要标志。《军人保险法》的出台弥补了《社会保险法》关于军人保险规范不足的缺陷，为构建中国特色的军人保险制度提供了法律依据。上述两部法律加上其他的社会保险法规规章政策，覆盖城乡居民的社会保险体系的法制框架已基本形成，社会保险发展的法制基础基本奠定，社会保险领域“无法可依”的状态基本结束。在养老保险法制方面，城乡居民基本养老保险制度实现统一，机关和事业单位职工的养老保险制度进行了并轨改革。由企业职工基本养老保险、居民基本养老保险和机关事业单位基本养老保险共同构成的法定养老保险体系正式形成。在补充社会保险方面，企业年金和职业年金的建制以及覆盖城乡居民的大病医疗保险制度的全面建成，为保障相应参保人员的合法权益奠定了制度基础。在医疗保险方面，随着城镇职工基本医疗保险、城乡居民医疗保险制度的发展和完善，全民医保体系已经基本形成。在工伤保险方面，《工伤保险条例》根据《社会保险法》进行了修改，工伤保险制度进一步完善。在失业保险方面，《失业保险条例》的修改已经列入议程。在生育保险方面，生育保险和医疗保险的合并实施开始试点。此外，长期护理保险的全面建制也指日可待。2014 年全国人大常委会关于社会保险欺诈的立法解释为社会保险欺诈的刑法治理提供了依据。

在社会救助法制方面，《社会救助暂行办法》推动了社会救助体系的整合与完善，标志着中国社会救助制度体系的基本形成。

在社会福利领域，《老年人权益保障法》的修订，《家庭寄养管理办法》《养老机构设立许可办法》《养老机构管理办法》，以及《“十三五”加快残疾人小康进程规划纲要》等法律政策的陆续发布，使得面向老年人、孤儿、残疾人等特殊困难群体的各项社会福利制度都得到了不同程度的发展与完善。

在慈善事业领域，慈善领域的基础性、综合性法律《慈善法》的颁布实施，开启了依法行善的新时代，慈善事业开始步入法制化轨道。

2. 社会保障法律制度不断优化，公平性显著增强

公平是社会保障法律制度的基本原则和价值追求。“十二五”以来，中国社会保障法制建设一直努力追求提高公平性，对此前社会保障制度存在的公平性不足的问题不断进行改进，强调发挥社会保障制度在促进收入再分配，维护社会公平正义方面的功能。养老保险的全覆盖和全民医保制度的建立，使得“老有所养、病有所依”不再停留于一种理想或宣示，公民养老保险和医疗保险权益的实现有了明确的制度保障，体现了社会保障制度的公平性。基础养老金全国统筹虽然没有实现，但是《社会保险法》的规定为通过高层次的全国社会统筹来体现养老保险方面的公平性指明了方向。机关事业单位养老保险制度改革后，基本养老保险实行与企业相同的基本制度模式和政策，体现了制度公平和规则公平。

随着各项社会保障法制的完善和优化，农民、农民工、灵活就业人员在社会保障方面遭到忽视的问题正在逐步地得到有效化解，越来越多的人被社会保障制度所覆盖且待遇水平不断提高，不同群体社会保障待遇的差距在不断缩小，每个人能够更加公平、快捷地享受社会保障资源和公共服务。

3. 社会保障法律实施取得了良好的效果，权利救济有了更明确的法律依据

随着社会保险法律法规的贯彻落实，社会保障的制度覆盖范围从城镇扩大到农村，从国有企业扩大到各类用人单位及灵活就业人员和非就业群体。依据《2016 年度人力资源和社会保障事业发展统计公报》，2016 年年末，全国参加基本养老保险人数为 88 777 万，城乡居民基本养老保险参保人数为 50 847 万；参加城镇基本医疗保险人数为 74 392 万（加上新型农村合作医疗的参保人数，我国医疗保险覆盖已经超过了 13 亿人），参加失业保险人数为 18 089 万，参加工伤保险人数为 21 889 万，参加生育保险人数为 18 451 万。从参加人数看，中国已经建成了世界上覆盖范围最大的社会保障网。2016 年，国际社会保障协会（ISSA）第 32 届全球大会将“社会保障杰出成就奖”（2014—2016 年）授予中华人民共和国政府，这是对我国社会保障制度改革发展和法制建设的充分肯定。

随着社会救助法制的实施，制度层面的“应保尽保”已经实现。依据《2016 年社会服务发展统计公报》，截至 2016 年年底，全国有城市低保对象 855. 3 万户、1 480. 2 万人，农村低保对象 2 635. 3 万户、4 586. 5 万人，农村特困人员救助供养 496. 9 万人，临时救助累计救助 850. 7 万人次，资助参加基本医疗保险 5 560. 4 万人，实施住院和门诊医疗救助 2 696. 1 万人次。

在社会保障权利救济方面，社会保险管理经办、行政监督等机构依照《社会保险法》及相关法规的规定履行职责，更加规范、公开、透明。社会保险纠纷分别适用行政争议和劳动争议二元救济程序的相关情形，通过《社会保险法》以及其他的法律得以明确。例如，2014 年修改后的《中华人民共和国行政诉讼法》，把公民、法人或者其他组织提起的认为行政机关没有依法支付抚恤金、最低生活保障待遇或者社会保险待遇的诉讼纳入行政诉讼的范围，公民社会保障权利的司法救济有了更加明确的法律依据。

4. 立法机关对社会保障制度运行的监督作用明显加强

“十二五”期间，国家立法机关——全国人大及常委会除了通过听取政府的社会保障工作报告对社会保障进行监督外，对社会保障的监督方式又有了新进展：社会保险基金被纳入国家立法机关的监督范围。2013年，社会保险基金被纳入中央预算口径管理，接受国家立法机关的监督。2014年，全国人大开展社会保障专题询问，立法机关组成人员与政府部门组成人员进行直接对话并让其接受公开监督。专题询问是宪法规定的立法机关对行政部门进行工作监督的方式，有利于推动社会保障法律和政策的贯彻实施，有利于公民社会保障权利的实现。

由此看出，中国社会保障法制通过40年的建设特别是“十二五”以来的建设，在立法、执行、监督、权利救济等方面都取得了可喜的成就，各项社会保障制度得到了不同程度的完善，社会保障法制建设取得重大成就，其法制化程度不断提高。

（二）社会保障法制建设的挑战

中国社会保障的诸多改革往往是政策先行，以政策作为主要的治理手段。随着依法治国的推进，法治理念、权利意识、公平正义的价值观念等逐步深入人心。但政策治理模式的稳定性、可预期性与强制性缺乏，存在的地方本位、部门本位等弊病逐步凸显。中国社会保障的法制化水平有待进一步提高，支架性法律亟须构建，法律制度需要进一步完善，权利救济机制需要健全等。

1. 支架性法律亟须构建，社会保障法律体系有待完善

良法是善治之前提，完善的法律体系是实现社会保障法治的必要条件。社会保障法律制度只有由立法机关来确立而非通过行政法规、行政政策等方式确定，才能从法律层面明确社会保障各方主体的权利义务和责任，保证社会保障制度的有效实施。未来社会保障的改革和

法制建设，需要运用法治思维和法治方法，用法治来凝聚社会保障改革的共识，不仅要尊重既有的社会保障法律，还要通过立法创建与社会治理现代化相适应的社会保障新制度。社会保障法律体系是由《社会保险法》《社会救助法》《社会福利法》《慈善法》等几大支柱构成的一个法律系统。在社会保险和慈善领域，中国有了《社会保险法》《慈善法》等法律。但是，在社会救助、社会福利等领域仍以低位阶的行政法规、规章甚至位阶更低的政策文件等作为运行的依据，缺乏高位阶的法律规范，立法仍处于较低的水平。

社会救助法律位阶亟待提高。2014年颁布的《社会救助暂行办法》，将分散在不同法规、文件中的最低生活保障、特困人员供养、受灾人员救助以及医疗、教育、住房、就业、临时救助等方面的救助措施统筹起来，以综合性行政法规的形式对社会救助体系进行了顶层设计，这是我国社会救助法制建设的巨大进步。但是，社会救助作为保障公民基本社会权利实现和国民收入再分配的重要制度安排，理应由法律进行规定，“社会救助立法仍以行政法规的形式来承载，不仅立法位阶较低且权威性也有待提升”①。

社会福利法律缺位。目前，我国已形成了一个由《未成年人保护法》《老年人权益保障法》《残疾人保障法》《妇女权益保障法》《收养法》等多部相关法律组成的保护特定群体合法权益的制度体系。但是，迄今为止，还没有一部真正意义上的完整、系统的法律对社会福利问题进行系统的规范，社会福利工作基本上依靠政策来指导，稳定性相对不够，无法适应民生福利升级而带来的福利法治需求。此外，社会保险和社会救助等制度解决的主要是收入保障问题，对于服务保

---

① 蒋悟真，尹迪. 社会救助法与社会保险法的衔接与调适［J］. 法学，2014（4）.

障并未涉及。而中国面临人口老龄化、少子化、失独和空巢家庭等人口结构快速变化的现实，数千万残疾人也需要社会能够提供更多的服务，这些都需要社会福利法制进行有效的回应，但这方面尚缺乏必要的法律规范。

2. 现有的社会保障法律制度需要进一步完善

《社会保险法》确立了中国基本的社会保险体系，规定了社会保险法的原则、框架和基本制度。但是，《社会保险法》的一些具体法条存在一定的争议。

（1）存在一些法律条文制定后出现突破情形，需要及时修订。例如，公务员参加养老保险办法、社会保险费率的调整、新型农村合作医疗制度等已经发生了很大变化，相应的法条和配套法规应予修订或完善。

（2）一些内容滞后于法律实践。例如，从社会保险制度改革实际来看，农村社会养老保险和城镇居民养老保险已经合并为城乡居民养老保险，城乡居民医保制度的整合已经逐步落地，医疗保险与生育保险的合并实施试点等，《社会保险法》的一些规定亟须跟上社会保险改革的实际；从管理上看，《社会保险法》规定的养老保险、医疗保险制度由多个板块构成，其管理方式和信息系统不统一，信息不能共享，实际工作中存在着城乡居民重复参保的现象。社会保险法相关内容应予及时调整，否则会与社会保险深化改革的实践脱节。

（3）《社会保险法》的一些规定还未得到有效实施。例如，“社会保险费实行统一征收，实施步骤和具体办法由国务院规定”，但是，因各地情况有较大差别，社会保险费到底由哪一个机构进行统一征收的问题并没有得到有效解决。[①]《社会保险法》规定的养老保险基金全国统筹、其他社会保险项目实行省级统筹，还没有落实到位，需要进一步改革深化。

《慈善法》是中国社会保障领域又一具有里程碑意义的法律。然而，《慈善法》的一些规定是原则性的，尽管目前已陆续出台一些配套政策，但是一些规定仍然不够具体、可操作性较差，执行有难度。例如，《慈善法》第十条规定，慈善组织的登记机关为县级以上民政部门，并未规定"双重管理"制度，这被认为是《慈善法》创设了慈善组织的直接登记制度。然而，《慈善法》的配套法规——《社会团体登记管理条例》（修订草案征求意见稿）、《社会服务机构登记管理条例》（征求意见稿）规定可申请直接登记的慈善组织主要是以传统的慈善为宗旨的社会组织，与《慈善法》确立的"大慈善"的概念相矛盾，给慈善组织的登记管理工作带来了困惑。

3. 一些地区法律实施存在违反法制原则和损害公民社会保障权益等问题

社会保险法的实施过程中存在低位阶的规范与高位阶的规范相冲突的情形，既损害了《社会保险法》的权威，也破坏了社会保障法制的统一原则。例如，《社会保险法》规定的医疗保险制度是通过缴费的方式进行筹资，强调权利和义务的关联性。然而，个别地方推行的"全民免费医疗"，尽管有利于提高当地居民的医疗福利水平，却破坏了国家法制的统一性。

社会救助法律制度的实施也存在地区差异较大、瞄准机制不够精确、"应保尽保"的目标很难全面落实、申请人或救助对象的权利得

---

① 现在已由税务部门统一征缴。

不到充分保障等问题。

4. 社会保障的权利救济机制不健全

权利需要法律救济，没有救济的权利不是完整的权利是现代法治的基本理念。社会保障权利在实现过程中可能受到不同主体的侵害，导致权利减损，这时应该启动权利的救济机制。

中国关于社会保障权利救济的法律没有穷尽所有的权利，一些社会保障权利如儿童福利权并没有得到法律的确认。社会救助权利虽有行政法规作依据，但是并没有上升到法律层面，更没有以公民的社会救助需求为法律的出发点和归宿。《社会保险法》对社会保险权益救济采用了二元机制：社会保险纠纷中一方主体为社会保险征收或经办机构的，属于行政争议，通过行政复议或诉讼解决；社会保险纠纷中一方主体为用人单位的，通过劳动争议机制解决。这种权利救济机制，实际上忽略了社会保险纠纷和权利救济的特殊性，不利于公民社会保险权利的救济和保障。

三、中国社会保障法制建设的发展前瞻

在党的十九大报告中，习近平总书记系统论述了新时代中国特色社会保障制度建设的新方向，提出要加强社会保障体系建设。按照“兜底线、织密网、建机制”的要求，全面建成覆盖全民、城乡统筹、权责清晰、保障适度、可持续的多层次社会保障体系。社会保障法制是社会保障权利的规范基础，是建设中国特色社会主义法治体系的重要组部分。在新时代全面推进依法治国和全面建设社会保障体系的背景下，社会保障法制建设必须树立新的理念，与社会保障制度改革和顶层设计相衔接，统筹协调推进，同时还需要通过强化社会保障法律的实施机制来让各项社会保障制度得以充分落地，必要时应该发挥社

会正义的最后一道防线——司法的作用来保障公民的社会保障权利。

（一）树立社会保障法制建设的新理念

“法治”不仅是“规则之治”，而且是“良法善治”，彰显法律的目的价值，蕴含人权保障、公平正义、正当程序等核心要素。社会保障法制建设是当代“法治中国”建设的一个重要方面，是推进国家治理体系和治理能力现代化的不可或缺的一个重要领域，自然需遵循依宪立法、法律至上、依法行政、严格执法和公正司法等基本原则和理念。“十三五”期间，我国社会保障法制建设的全面推进应该秉承法治的理念，坚持法治的原则，遵循社会保障发展的基本规律，做好顶层设计。

全面推进社会保障法制建设需要进一步强化社会保障法的公平价值，以建立更加公平的社会保障制度为法制建设的目标。社会保障法制不仅要确立底线公平，还要注重创造起点公平，维护过程公平，保证结果公平。

全面推进社会保障法制建设需要强化责任意识，确保社会保障制度的可持续发展。“国民福利的发展呈刚性增长态势，而政府财力却无法持续扩张，这一个矛盾决定了必须树立责任共担的意识”。[①] 社会保障法制建设中的责任共担机制包括：政府、企业、社会、个人之间的合理的责任分担，以及中央和地方政府的合理的责任分担。合理的责任分担，一方面需要达成共识，确立责任分担机制并通过立法把责任变成相关主体的法定义务；另一方面，需要通过法律和制度激励社会力量和社会主体参与社会保障制度建设，构建多层次的社会保障

① 郑功成. 中国社会保障：“十二五”回顾与“十三五”展望［J］. 社会政策研究，2016（1）.

体系。

（二）健全和完善社会保障法律体系

社会保障法律体系建设的最终目标是实现所有保障事务全面纳入法律规范的轨道，任何新保障项目的设立及对原有社会保障制度的修订，均必须由立法机关通过立法、修法或释法的方式来确立。由于中国社会保障改革的渐进性和复杂性，制定一部统一的全面规范社会保障关系的社会保障法典的条件并不成熟，《社会保险法》和《慈善法》的出台也预示着中国社会保障立法将采用“多法并行”的模式，即分别制定《社会保险法》《慈善法》《社会救助法》《社会福利法》等来完成社会保障法律体系的构建。

健全社会保障法律体系，当务之急是加快《社会救助法》《社会福利法》的立法进程，解决相关领域的基本法律缺位问题，补齐社会保障法律体系的“短板”。《社会救助法》已经有了《社会救助暂行办法》的立法基础，需要通过立法程序修改完善后上升为法律，为社会救助提供高位阶的法律依据。《社会福利法》尚未进入立法议程，需要引起立法机关的高度重视，尽快启动立法议程。

社会保险法律体系需要进一步完善。《社会保险法》实施已有近七年的时间，其实施过程所反映的制度缺陷亟须通过法律的修订来解决，因此，应该适时启动《社会保险法》的修订工作，增强可操作性与执行力，让它真正成为规范社会保险关系的基本法律。

社会保障法律体系的完善还需要注意与其他法律的协调，以保持国家法律体系的和谐，发挥法律的整体功能。例如，《社会保险法》与《中华人民共和国劳动法》《中华人民共和国劳动合同法》《中华人民共和国公务员法》等的协调，社会福利立法与《中华人民共和国老年人权益保障法》《中华人民共和国未成年人保护法》《中华人民共和国残疾人保障法》等的协调。

（三）强化社会保障法律的实施机制

行政部门是否依法履行职责、提供服务或进行监管，都直接影响着社会保障法律法规的实施效果。《社会保险法》《慈善法》《社会救助暂行办法》等法律法规的颁布实施，为社会保障行政部门依法行政提供了依据。社会保障行政部门应该以国家的法律法规为依据，坚持合法行政、合理行政、程序正当、高效便民、诚实守信、权责统一的原则，全面履行社会保障法律法规赋予的职责。社会保障法律法规的运行大都是围绕着社会保障的给付与服务这一根本目标而开展的，因此，在社会保障行政执法中需要突出行政机关及相关主体的保障和服务理念，强化执法的绩效评价机制，建立问责制，形成有效激励和约束机制。社会保障行政执法还有必要强调法律的平等原则，制度面前没有特权，制度约束没有例外，坚持实体合法与程序合法的有机统一。

（四）发挥司法在社会保障法制建设中的应有作用

司法是社会正义的最后一道防线，对社会保障相关法律法规的实施和社会保障权利救济方面具有重要作用。司法的意义在于通过裁判来保证公民社会保障权利的享有，赋予各种社会保障制度以强制效力并能够通过其活动的反馈来完善社会保障制度。只有发挥司法机关对社会保障纠纷的最终裁判和对违法犯罪行为的惩戒作用，才能维护社会保障法制的权威，守住社会保障法制的底线。

目前，在社会保障相关法律法规的实施中，司法机关的功能和作用没有得到应有的发挥。例如，社会保险纠纷立案受理的概率不高，“劳动、行政二元分离”的纠纷解决机制严重影响法律的实施效果，劳动者的社会保险权益受到损害得不到法律的及时救济。在社会救助、慈善事业等领域，司法在纠纷解决中的“定分止争”功能以及对违法犯罪的惩戒功能也并没有得到充分发挥。

在发达国家，社会保障权利救济除了非常重视行政程序的作用外，普遍设有专门的机构，例如，建立专门法院或授权普通法院设立社会保障法庭进行处理。我国有必要根据社会保障纠纷的特点和规律，在现行法院系统内设置社会保障法庭，独立审理社会保障案件。同时，社会保障争议处理程序应尽可能简易、便捷、高效。此外，社会保障领域司法功能的有效发挥还需完善法律援助和司法救助制度，以保障公民社会保障权利的实现。

第四章

改革开放以来党对社会保障制度重大理论认识的发展

丁建定[1]

摘要：改革开放以来，中国共产党对社会保障制度重大理论的认识逐步发展和深化。在社会保障功能方面，逐步从推进国有企业改革的重要条件发展到保障人民生活、调节社会分配的一项基本制度；在制度目标方面提出了保障和改善民生，全面建成小康社会和满足人民对美好生活的需要；在制度理念方面提出了就业是民生之本，促进社会公平正义和共享发展；在制度发展道路方面强调中国特色、城乡统筹发展和可持续发展。这些认识构成中国特色社会主义理论体系的重要内容，是中国共产党对马克思主义社会保障制度理论的重要贡献。

关键词：社会保障理论　社会保障功能　社会保障目标　社会保障理念　社会保障道路

---

① 丁建定：中国社会保障学会副会长，华中科技大学社会学院教授、院长。本文曾发表于《社会保障评论》，2018年第4期。

一、对社会保障制度功能认识的发展

（一）建立合理的个人收入分配和社会保障制度

改革开放初期，中国共产党的工作重心开始转移到以经济建设为中心，从而开始了中国经济体制改革的进程。打破平均主义、提高经济效率成为经济体制改革的最初目标与基本途径，反对平均主义成为中国共产党在这一时期的经济主张的核心内容，这在1984年的《中共中央关于经济体制改革的决定》中得以集中和明确的体现。该决定指出，“历史的经验告诉我们：平均主义思想是贯彻执行按劳分配原则的一个严重障碍，平均主义的泛滥必然破坏社会生产力。当然，社会主义社会要保证社会成员物质、文化生活水平的逐步提高，达到共同富裕的目标。但是，共同富裕决不等于也不可能是完全平均，决不等于也不可能是所有社会成员在同一时间以同等速度富裕起来。如果把共同富裕理解为完全平均和同步富裕，不但做不到，而且势必导致共同贫穷。只有允许和鼓励一部分地区、一部分企业和一部分人依靠勤奋劳动先富起来，才能对大多数人产生强烈的吸引和鼓舞作用，并带动越来越多的人一浪接一浪地走向富裕”①。

20世纪90年代初期，中国经济体制改革经历10年进程，其在促进经济快速发展的同时所引发的社会问题开始显性化，促使我国政府必须思考和阐述经济体制改革与收入分配、社会保障制度之间的关系，从而使得中国共产党对社会保障制度的功能的认识开始发生变化，这在1993年的《中共中央关于建立社会主义市场经济体制若干

① 中共中央文献研究室. 十二大以来重要文献选编［M］. 北京：人民出版社，1986：577-578.

问题的决定》中得以明确的体现。该决定提出，要“建立合理的个人收入分配和社会保障制度”，并对社会保障制度的功能作出比较明确的表述：“建立多层次的社会保障体系，对于深化企业和事业单位改革，保持社会稳定，顺利建立社会主义市场经济体制具有重大意义。”“重点完善企业养老和失业保险制度，强化社会服务功能以减轻企业负担，促进企业组织结构调整，提高企业经济效益和竞争能力。”① 显然，20 世纪 90 年代初，中国共产党开始认识到建立合理的社会保障制度体系的必要性，但是，基于经济建设的中心地位，中国共产党虽然认识到社会保障制度的政治与社会功能，但却突出了社会保障制度的经济功能。

（二）加快建设与经济发展水平相适应的社会保障体系

世纪之交，中国经济体制改革向纵深发展，提高经济效益和增强企业竞争力成为突出的目标，国有企业改革进入攻坚阶段，服务和推进经济体制改革成为包括社会保障制度在内的许多社会政策的出发点和落脚点，这势必影响中国共产党对社会保障制度功能的认识。这在 1999 年的《中共中央关于国有企业改革和发展若干重大问题的决定》中可以清楚地看出。该决定指出：“下岗分流、减员增效和再就业，是国有企业改革的重要内容。要把减员与增效有机结合起来，达到降低企业成本、提高效率和效益的目的。”“加快社会保障体系建设，是顺利推进国有企业改革的重要条件。”② 显然，该决定更加突出了社会保障制度的经济功能，并将社会保障制度建设定位于顺利推进国有企

① 劳动和社会保障部，中共中央文献研究室．新时期劳动和社会保障重要文献选编［M］．北京：中国劳动社会保障出版社，中共中央文献出版社，2002：137-138.

② 劳动和社会保障部，中共中央文献研究室．新时期劳动和社会保障重要文献选编［M］．北京：中国劳动社会保障出版社，中共中央文献出版社，2002：414-415.

业改革的条件。

“减员增效”势必导致经济增长与收入分配、经济效率与社会公平之间的不协调，从而有可能引发社会问题的突出化，这促使中国共产党必须反思经济发展与改善民生的关系，对社会保障制度功能的认识，再次成为中国共产党必须做出合理判断和明确回答的问题。于是，中国共产党在认真总结以往认识的基础上，结合经济发展的基本要求与民生改变的普遍需求，对社会保障制度功能进行新的思考和定位，并在2003年的《中共中央关于完善社会主义市场经济体制若干问题的决定》中得以明确的表达，该决定提出，“加快建设与经济发展水平相适应的社会保障体系”①。这不仅表明中国共产党对建立和完善社会保障制度必要性认识的发展，而且表明中国共产党已经正确认识到社会保障制度与经济发展的关系。显然，世纪之交，中国共产党对社会保障制度功能的认识存在一个显著变化的过程，这就是从突出强调社会保障制度的经济功能，转变为强调社会保障制度建设与经济发展水平的关系，从而在一定程度上确认了社会保障制度功能的综合性。

（三）社会保障是保障人民生活、调节社会分配的一项基本制度

中国共产党第十六次全国代表大会以后，随着中国共产党对社会主义市场经济认识的不断全面和深入，如何在经济发展的基础上实现民生的改善，从而推动和促进社会主义和谐社会建设，成为党在新时期必须要面对的重大问题。社会保障制度功能问题必然成为中国共产

① 中共中央文献研究室．十六大以来重要文献选编（上）［M］．北京：中央文献出版社，2005：476.

党必须深入思考和定位的一个重要问题。中国共产党在总结改革开放以来关于社会保障制度功能认识的经验与教训的基础上，对社会保障制度功能进行了重新定位，并集中体现在 2006 年的《中共中央关于构建社会主义和谐社会若干重大问题的决定》之中。该决定明确指出："完善社会保障制度，保障群众基本生活。"① 该决定表明党对社会保障制度功能的认识发生了重大变化，社会保障制度的基本目的是保障群众的基本生活，经济体制改革依然是党的工作重心，但不再强调社会保障制度作为经济体制改革的经济性功能，而其促进社会公平与民生幸福的社会性功能得以肯定并受到高度重视。

党的十七大以后，中国社会保障制度体系建设和国民经济与社会发展的实践，推动着中国共产党对重大社会问题、重大社会政策的认识不断发展，从而使得中国共产党对社会保障制度功能的认识走向全面、科学和成熟。这突出表现在中国共产党第十八次全国代表大会报告，即《坚定不移沿着中国特色社会主义道路前进为全面建成小康社会而奋斗》之中，该报告明确指出："社会保障是保障人民生活、调节社会分配的一项基本制度。"② 可见，党对社会保障制度功能的认识提升到一个新的高度，社会保障制度不再被作为推动经济体制改革的工具，也不再仅仅是为了保障人民群众的基本生活，而是为了保障人民生活和调节社会分配。不是保障人民生活和调节社会分配的一项特殊或者临时制度，而是一项基本制度。

① 新华月报社. 时政文献辑览（2006. 3—2007. 3）［M］. 北京：人民出版社，2007：40.

② 胡锦涛. 坚定不移沿着中国特色社会主义道路前进为全面建成小康社会而奋斗［M］. 北京：人民出版社，2012：36.

二、对社会保障制度目标认识的发展

（一）保障和改善民生

保障和改善民生是社会保障制度建设和发展的重要目标。改革开放以来，随着经济社会的发展，中国共产党越来越重视保障和改善民生，逐步建立起保障和改善民生的思想理论体系。早在改革开放初期，邓小平同志就重视和强调改善民生。他指出，我们搞四个现代化，因为经验不足，会面临多方面的困难。例如，改造一个企业就要减人，减下的人怎么安置，这也是困难。又如我们要建立退休制度，这是很正确的，但是也会有很多人思想抵触，这也是很大的困难。[①]

江泽民同志也强调指出，改革开放的重要目的是改善人民生活。加快改革开放和经济发展，目的都是为了满足人民日益增长的物质文化需要。随着生产发展和社会财富的增加，城乡居民的实际收入、消费水平和生活质量要有明显提高。[②] 一定要使群众得到应该得到的、看得见的物质利益，而且随着经济的发展，要使群众得到的、看得见的物质利益不断有所增加。不能做好这方面的工作，是无法向党、向人民交代的。[③]

胡锦涛同志同样强调保障和改善民生。他指出，要牢牢把握保障和改善民生这一根本目的。保障和改善民生，既是满足人民日益增长的物质文化需求的必然要求，也是加快转变经济发展方式，扩大消费的必然要求。要加强保障和改善民生工作的制度建设，增强公平性、

---

① 邓小平文选（第二卷）［M］．北京：人民出版社，1994：230.

② 中共中央文献研究室．十四大以来重要文献选编（上册）［M］．北京：人民出版社，1999：32.

③ 中共中央文献研究室．江泽民论有中国特色社会主义［M］．北京：中央文献出版社，2002：112-113.

透明度、可持续性。[①] 提高人民物质文化生活水平，是改革开放和社会主义现代化建设的根本目的。要多谋民生之利，多解民生之忧，解决好人民最关心最直接最现实的利益问题，在学有所教、劳有所得、病有所医、老有所养、住有所居上持续取得新进展，努力让人民过上更好生活。[②]

保障和改善民生是习近平总书记强调的重要社会保障制度目标。习近平总书记指出："做好经济社会发展工作，民生是'指南针'。"要全面把握发展和民生相互牵动、互为条件的关系，通过持续发展强化保障和改善民生的物质基础，通过不断保障和改善民生创造更多有效需求。[③] "让老百姓过上好日子是我们一切工作的出发点和落脚点。""多做一些雪中送炭、急人之困的工作，少做些锦上添花、花上垒花的虚功。"[④] 习近平总书记还指出，抓民生要抓住人民最关心最直接最现实的利益问题，抓住最需要关心的人群，一件事情接着一件事情办、一年接着一年干，锲而不舍向前走。要多谋民生之利，多解民生之忧，在学有所教、劳有所得、病有所医、老有所养、住有所居上持续取得新进展。[⑤] 改革开放以来，中国共产党关于保障和改善民生的一系列重要认识，为中国社会保障制度的建设和发展指明了基本的目标。

（二）全面建成小康社会

邓小平同志早在1979年就提出了小康社会的目标。他指出，我

---

① 胡锦涛文选（第三卷）［M］. 北京：人民出版社，2016：575-576.

② 胡锦涛文选（第三卷）［M］. 北京：人民出版社，2016：640.

③ 习近平论扶贫工作——十八大以来重要论述摘编［J］. 党建，2015（12）.

④ 习近平总书记系列重要讲话读本［M］. 北京：学习出版社，人民出版社，2014：109-111.

⑤ 习近平总书记系列重要讲话读本［M］. 北京：学习出版社，人民出版社，2014：112-113.

们的四个现代化的概念，不是像西方那样的现代化的概念，而是“小康之家”。到 21 世纪末，要达到第三世界中比较富裕一点的国家的水平，比如国民生产总值人均 1 000 美元，也还得付出很大的努力。就算达到那样的水平，同西方来比，也还是落后的。中国到那时也还是一个小康的状态。①

江泽民同志指出，提高人民生活水平，是改革开放和发展经济的根本目的。在经济发展的基础上，使全国人民过上小康生活，并逐步向更高的水平前进。② 在党的十六大报告中，江泽民同志系统阐述了全面建设小康社会的目标，其中与人民生活和社会保障直接相关的目标是：城镇人口的比重较大幅度提高，工农差别、城乡差别和地区差别扩大的趋势逐步扭转。社会保障体系比较健全，社会就业比较充分，家庭财产普遍增加，人民过上更加富足的生活。社会秩序良好，人民安居乐业。③

胡锦涛同志在党的十八大报告中明确提出了全面建成小康社会的奋斗目标，其中一个方面就是，人民生活水平全面提高；基本公共服务均等化总体实现；就业更加充分；收入分配差距缩小，中等收入群体持续扩大，扶贫对象大幅减少；社会保障全民覆盖，人人享有基本医疗卫生服务，住房保障体系基本形成，社会和谐稳定。④

习近平总书记关于全面建成小康社会的论述，为中国社会保障制度的发展和完善确立了重要目标。他指出，“我们已经确定了今后的

① 邓小平文选（第二卷）[M]. 北京：人民出版社，1994：237.

② 中共中央文献研究室. 十五大以来重要文献选编（第一册）[M]. 北京：人民出版社，2000：29-30.

③ 江泽民文选（第三卷）[M]. 北京：人民出版社，2006：543-544.

④ 胡锦涛文选（第三卷）[M]. 北京：人民出版社，2016：626.

奋斗目标，这就是到中国共产党成立100年时全面建成小康社会”[①]。全面建成小康社会，强调的不仅是“小康”，更重要的也是更难做到的是“全面”。“小康”讲的是发展水平，“全面”讲的是发展的平衡性、协调性、可持续性。如果到2020年我们在总量和速度上完成了目标，但发展不平衡、不协调、不可持续问题更加严重，短板更加突出，就算不上真正实现了目标，即使最后宣布实现了，也无法得到人民群众和国际社会认可。全面小康，覆盖的领域要全面，是五位一体全面进步。全面小康，覆盖的人口要全面，是惠及全体人民的小康。全面小康，覆盖的区域要全面，是城乡区域共同的小康。[②] 全面建成小康社会是中国共产党提出的第一个“百年”奋斗目标，这一目标既是中国经济社会发展的指引，也是中国社会保障制度发展和完善必须服务的方向。

（三）满足人民美好生活的需要

习近平总书记明确提出，要把不断满足人民对美好生活向往作为党的奋斗目标。“我们的人民热爱生活，期盼有更好的教育、更稳定的工作、更满意的收入、更可靠的社会保障、更高水平的医疗卫生服务、更舒适的居住条件、更优美的环境，期盼孩子们能成长得更好、工作得更好、生活得更好。人民对美好生活的向往，就是我们的奋斗目标。”[③] 在党的十九大报告中，习近平总书记指出，带领人民创造美好生活，是我们党始终不渝的奋斗目标。必须始终把人民利益摆在至高无上的地位，让改革发展成果更多更公平惠及全体人民，朝着实现

---

① 习近平谈治国理政［M］. 北京：外文出版社，2014：44.

② 习近平谈治国理政（第二卷）［M］. 北京：外文出版社，2017：78-81.

③ 习近平谈治国理政［M］. 北京：外文出版社，2014：4.

全体人民共同富裕不断迈进。保障和改善民生要抓住人民最关心最直接最现实的利益问题，既尽力而为，又量力而行，一件事情接着一件事情办，一年接着一年干。保障群众基本生活，不断满足人民日益增长的美好生活需要，不断促进社会公平正义，形成有效的社会治理、良好的社会秩序，使人民获得感、幸福感、安全感更加充实、更有保障、更可持续。[①]

习近平总书记进一步指出，中国特色社会主义进入新时代，这个新时代，是决胜全面建成小康社会、进而全面建设社会主义现代化强国的时代，是全国各族人民团结奋斗、不断创造美好生活、逐步实现全体人民共同富裕的时代。中国特色社会主义进入新时代，我国社会主要矛盾已经转化为人民日益增长的美好生活需要和不平衡不充分的发展之间的矛盾。我国稳定解决了十几亿人的温饱问题，总体上实现小康，不久将全面建成小康社会，人民美好生活需要日益广泛，不仅对物质文化生活提出了更高要求，而且在民主、法治、公平、正义、安全、环境等方面的要求日益增长。同时，我国社会生产力水平总体上显著提高，社会生产能力在很多方面进入世界前列，更加突出的问题是发展不平衡不充分，这已经成为满足人民日益增长的美好生活需要的主要制约因素。[②] 总之，不断满足人民美好生活的需要，是中国共产党的奋斗目标，中国特色社会保障制度的发展和完善，则是不断满足人民美好生活的需要的重要制度保障。

---

① 习近平. 决胜全面建成小康社会夺取新时代中国特色社会主义伟大胜利［M］. 北京：人民出版社，2017：45.

② 习近平. 决胜全面建成小康社会夺取新时代中国特色社会主义伟大胜利［M］. 北京：人民出版社，2017：11.

三、对社会保障制度理念认识的发展

（一）就业是民生之本的理念

改革开放以来，随着经济体制改革的不断深入，就业问题成为影响民生与社会稳定的重要问题，中国共产党在经济社会发展的实践中，不断提升关于促进就业与失业保障的认识，逐步确立就业是民生之本的社会保障基本理念。江泽民同志明确提出就业是民生之本。他指出，要结合本地区经济社会发展的需要和下岗失业人员的特点，有组织地开发一批适合下岗失业人员从事的就业岗位。要有针对性地开展面向下岗失业人员的职业介绍和职业指导。解决就业困难群众的再就业问题，必须提供更有针对性的就业服务，进一步把工作做细做实。要充分重视职业培训在促进再就业工作中的重要作用，要提高再就业培训的针对性、实用性和有效性，要积极开展再就业援助。政府的资金和政策要集中用于帮助最困难的群众实现再就业，政府开发的公益性就业岗位主要应用来安排他们，并采取提供就业援助、社会保险补贴和岗位补贴等更加优惠的扶持政策。要继续巩固“两个确保”，搞好“三条保障线”的衔接，切实做到应保尽保。[①]

胡锦涛同志同样强调就业是民生之本。他指出，要始终把就业、再就业工作作为一件关系全局的大事来抓，认真落实中央关于促进就业、再就业的政策措施，切实解决存在的突出问题，切实取得实实在在的效果。发展是促进就业、再就业的根本途径。要通过发展社区服务业、劳动密集型产业、中小企业、公益性事业等就业容量大的行业

① 江泽民文选（第三卷）[M]. 北京：人民出版社，2006：508-509.

和企业，培养新的就业增长点，实现发展经济和扩大就业的良性互动。要加强就业技能培训，切实提高劳动者就业技能和竞争能力。要进一步做好就业再就业服务工作，大力改善公共职业介绍服务的设施和手段，建立健全再就业援助制度，规范劳动力市场秩序，为出境就业再就业创造良好环境。[①]

习近平总书记明确提出必须崇尚劳动、造福劳动者。他指出，要维护和发展劳动者的利益，保障劳动者的权利。要坚持社会公平正义，排除阻碍劳动者参与发展、分享发展成果的障碍，努力让劳动者实现体面劳动、全面发展。[②] 在党的十九大报告中，习近平总书记进一步指出，就业是最大的民生。要坚持就业优先战略和积极就业政策，实现更高质量和更充分就业。大规模开展职业技能培训，注重解决结构性就业矛盾，鼓励创业带动就业。提供全方位公共就业服务，促进高校毕业生等青年群体、农民工多渠道就业创业。破除妨碍劳动力、人才社会性流动的体制机制弊端，使人人都有通过辛勤劳动实现自身发展的机会。完善政府、工会、企业共同参与的协商协调机制，构建和谐劳动关系。[③] 改革开放以来，中国共产党逐步提出一系列关于促进就业、保障失业人员基本生活、实现劳动者体面劳动的思想，成为中国社会保障制度发展的基本理念。

（二）共享发展理念

邓小平同志指出，各项工作都要有助于建设有中国特色的社会主义，都要以是否有助于人民的富裕幸福，是否有助于国家的兴旺发

① 胡锦涛文选（第二卷）[M]. 北京：人民出版社，2016：181-182.

② 习近平谈治国理政 [M]. 北京：外文出版社，2014：46.

③ 习近平. 决胜全面建成小康社会夺取新时代中国特色社会主义伟大胜利 [M]. 北京：人民出版社，2017：46.

达，作为衡量做得对或不对的标准。[①] 我们允许一部分人先好起来，一部分地区先好起来，目的是更快地实现共同富裕。正因为如此，所以我们的政策是不使社会导致两极分化，就是说，不会导致富的越富，贫的越贫。[②] 坚持社会主义的发展方向，就要肯定社会主义的根本任务是发展生产力，逐步摆脱贫困，使国家富强起来，使人民生活得到改善。社会主义的特点不是穷，而是富，但这种富是人民共同富裕。[③]

江泽民同志也十分强调共同富裕。他指出，实现共同富裕是社会主义的根本原则和本质特征，绝不能动摇。[④] 允许一部分地区一部分人通过诚实劳动和合法经营先富起来，带动和帮助其他地区和其他群众，最终达到全国各地区的普遍繁荣和全体人民的共同富裕，这是我们必须长期坚持的一个大政策。[⑤] 在整个改革开放和现代化建设的过程中，都要努力使工人、农民、知识分子和其他群众共同享受到经济社会发展的成果，使他们不断得到看得见的物质文化利益。[⑥]

胡锦涛同志在党的十七大报告中指出，要始终把实现好、维护好、发展好最广大人民的根本利益，作为党和国家一切工作的出发点和落脚点，走共同富裕道路，促进人的全面发展，做到发展为了人民，发展依靠人民，发展成果由人民共享。[⑦] 共同富裕是中国特色社会主义的根本原则。要坚持社会主义基本经济制度和分配制度，调整国民收入分配格局，加大再分配调节力度，着力解决收入分配差距较

---

① 邓小平文选（第三卷）［M］. 北京：人民出版社，1993：23.

② 邓小平文选（第三卷）［M］. 北京：人民出版社，1993：171-172.

③ 邓小平文选（第三卷）［M］. 北京：人民出版社，1993：264-265.

④ 江泽民文选（第一卷）［M］. 北京：人民出版社，2006：466.

⑤ 中共中央文献研究室. 十五大以来重要文献选编（上册）［M］. 北京：人民出版社，2000：685-686.

⑥ 中共中央文献研究室. 江泽民论有中国特色社会主义［M］. 北京：中央文献出版社，2002：111-112.

⑦ 胡锦涛文选（第二卷）［M］. 北京：人民出版社，2016：624.

大问题，使发展成果更多更公平惠及全体人民，朝着共同富裕方向稳步前进。[①]

习近平总书记全面系统论述了共享发展的理念。他指出，“共享理念实质就是坚持以人民为中心的发展思想，体现的是逐步实现共同富裕的要求。”共享发展的内涵主要有4个方面：一是全民共享。这是就共享的覆盖面而言的。共享发展是人人享有、各得其所，不是少数人共享、一部分人共享。二是全面共享。这是就共享的内容而言的。共享发展就要共享国家经济、政治、文化、社会、生态各方面建设成果，全面保障人民在各方面的合法权益。三是共建共享。这是就共享的实现途径而言的。共建才能共享，共建的过程也是共享的过程。四是渐进共享。这是就共享发展的推进进程而言的。[②] 习近平总书记还指出，广大人民群众共享改革发展成果，是社会主义的本质要求，是社会主义制度优越性的集中体现。我们必须坚持发展为了人民、发展依靠人民、发展成果由人民共享，做出更有效的制度安排，使全体人民朝着共同富裕方向稳步前进。[③] 共享发展理念是新时期中国经济社会发展的五大理念之一，也是新时期中国社会保障制度发展和完善的重要理念之一。

（三）社会公平正义理念

改革开放以来，中国共产党逐步认识到促进社会公平正义对于保障和改善民生、维护社会和谐稳定的重要意义，并系统提出了关于促

---

① 胡锦涛文选（第三卷）[M]. 北京：人民出版社，2016：625.

② 习近平总书记重要讲话文章选编 [M]. 北京：中央文献出版社，党建读物出版社，2016：402-404.

③ 中共中央文献研究室. 十八大以来重要文献选编（中）[M]. 北京：中央文献出版社，2016：827.

进社会公平正义的思想理论。胡锦涛同志不仅提出了社会公平正义的重要性，而且提出了公平正义的保障体系。他指出，维护和实现社会公平正义，涉及最广大人民根本利益，是我们党坚持立党为公、执政为民的必然要求，也是我国社会主义制度的本质要求。要把维护社会公平放到更加突出的位置，综合运用多种手段，依法逐步建立以权利公平、机会公平、规则公平、分配公平为主要内容的社会公平保障体系，使全体人民共享改革发展成果，使全体人民朝着共同富裕的方向稳步前进。[①] 胡锦涛同志在党的十八大报告中进一步指出，必须坚持维护社会公平正义。公平正义是中国特色社会主义的内在要求。要在全体人民共同奋斗、经济社会发展的基础上，加紧建设对保障社会公平正义具有重大作用的制度，逐步建立以权利公平、机会公平、规则公平为主要内容的社会公平保障体系，努力营造公平的社会环境，保证人民平等参与、平等发展权利。[②]

习近平总书记十分强调社会公平正义理念在社会保障制度乃至经济社会发展中的地位。关于社会公平正义的本质内涵，他指出："公平正义是中国特色社会主义的内在要求"[③]，全面深化改革必须以促进社会公平正义、增进人民福祉为出发点和落脚点。这是坚持我们党全心全意为人民服务根本宗旨的必然要求。必须着眼创造更加公平正义的社会环境，不断克服各种有违公平正义的现象，使改革发展成果更多更公平惠及全体人民。[④] 关于促进社会公平正义的决定性要素，他指出，实现社会公平正义最主要的还是经济社会发展水平，我们要在

① 胡锦涛文选（第二卷）[M]. 北京：人民出版社，2016：291-292.
② 胡锦涛文选（第三卷）[M]. 北京：人民出版社，2016：623-624.
③ 习近平谈治国理政 [M]. 北京：外文出版社，2014：13.
④ 习近平总书记重要讲话文章选编 [M]. 北京：中央文献出版社，党建读物出版社，2016：97.

不断发展的基础上尽量把促进社会公平正义的事情做好。[①] 关于社会公平正义的重要保证，他指出，制度是社会公平正义的重要保证。我们要通过创新制度安排，努力克服人为因素造成的有违公平正义的现象，保证人民平等参与、平等发展权利。要把促进社会公平正义、增进人民福祉作为一面镜子，审视我们各方面体制机制和政策规定。要加紧建设对保障社会公平正义具有重大作用的制度，逐步建立以权利公平、机会公平、规则公平为主要内容的社会公平保障体系。[②] 改革开放以来，中国共产党关于社会公平正义的一系列思想理论的提出，确立了中国社会保障制度建设和发展的又一基本理念，成为中国社会保障制度建设和发展的重要理论基础。

四、对社会保障制度发展道路认识的发展

（一）社会保障制度的中国特色

改革开放以来，伴随着经济社会的发展变化，中国共产党逐步探索建设中国特色社会保障制度的道路，在此基础上比较系统地提出了有关中国特色社会保障制度建设的思想理论体系。邓小平同志在1978年就指出，工会要努力保障工人的福利。我们的国家还很落后，工人的福利不可能在短期内有很大的增长，而只能在生产增长特别是劳动生产率增长的基础上逐步增长。但是，这决不能成为企业领导不关心工人福利的借口，尤其不能成为工会组织不关心工人福利的借口。工会要努力改善工人的劳动条件、居住条件、饮食条件和卫生条件，同

① 习近平总书记重要讲话文章选编［M］. 北京：中央文献出版社，党建读物出版社，2016：97.

② 习近平总书记重要讲话文章选编［M］. 北京：中央文献出版社，党建读物出版社，2016：96、98.

时要在工人中间积极开展各种形式的互助活动。[①]

江泽民同志系统地论述了建设有中国特色的社会保障制度的必要性与现实意义。他指出，加快建立多层次的社会保障体系，特别是抓紧建立和完善养老、失业、医疗保险制度。这对于深化企业改革，保持社会稳定，顺利建立社会主义市场经济体制具有重大意义。[②] 在党的十四大报告中，江泽民同志明确提出，建立社会保障体系，实行社会统筹和个人账户相结合的养老、医疗保险制度，完善失业保险和社会救济制度，提供最基本的社会保障。[③] 社会保障工作直接关系到坚持党的全心全意为人民服务的宗旨，关系到维护人民群众的切身利益，关系到保证改革开放和经济建设稳定发展的大局。[④]

胡锦涛同志在党的十七大报告中明确提出建立覆盖城乡居民的社会保障体系，保障人民基本生活。他指出，社会保障是社会安定的重要保证。要以社会保险、社会救助、社会福利为基础，以基本养老、基本医疗、最低生活保障制度为重点，以慈善事业、商业保险为补充，加快完善社会保障体系。[⑤] 要加快建立覆盖城乡居民的社会保障体系。这是坚持立党为公、执政为民的具体体现，是推动科学发展、促进社会和谐的重要工作，是保增长、保民生、保稳定的重要任务，也是保持国家长治久安的重要条件。把加快完善社会保障体系作为实现好、维护好、发展好最广大人民根本利益的重要工作扎实推进，努力使全体人民学有所教、劳有所得、病有所医、老有所养、住有所

---

① 邓小平文选（第二卷）[M]. 北京：人民出版社，1994：137-138.

② 中共中央文献研究室. 十四大以来重要文献选编（中册） [M]. 北京：人民出版社，1999：1375.

③ 中共中央文献研究室. 十五大以来重要文献选编（上册）[M]. 北京：人民出版社，2000：24.

④ 劳动和社会保障部、中共中央文献研究室. 新时期劳动和社会保障重要文献选编 [M]. 北京：中国劳动社会保障出版社，中共中央文献出版社，2002：354.

⑤ 胡锦涛文选（第二卷）[M]. 北京：人民出版社，2016：643-644.

居，不断促进社会和谐。[①]

在党的十九大报告中，习近平总书记系统论述了新时代中国特色社会保障制度建设的新方向，他指出，要加强社会保障体系建设。按照“兜底线、织密网、建机制”的要求，全面建成覆盖全民、城乡统筹、权责清晰、保障适度、可持续的多层次社会保障体系。全面实施全民参保计划。实施健康中国战略。人民健康是民族昌盛和国家富强的重要标志。要完善国民健康政策，为人民群众提供全方位全周期健康服务。积极应对人口老龄化，构建养老、孝老、敬老政策体系和社会环境，推进医养结合，加快老龄事业和产业发展。[②] 改革开放以来，中国共产党关于建立和完善中国特色社会保障制度的必要性及其重大意义的论述，成为指导中国社会保障制度建设和发展的思想理论基础。

（二）社会保障制度的城乡统筹

改革开放以来，随着中国城乡经济社会的发展变化，中国共产党逐步认识到统筹城乡经济社会发展的重要性，逐步强调社会保障制度及公共服务的城乡统筹发展。江泽民同志指出，千方百计增加农民收入，是当前农业和农村工作的一项重要任务。全国实现小康，重点和难点都在农村。农村实现小康，关键是增加农民收入。要从调整优化结构、增加农业投入、扩大以工代赈、促进农产品流通等方面采取综合措施，开辟农民增收的新途径新领域。[③] 贫困地区尽快脱贫致富，

---

① 胡锦涛文选（第三卷）［M］. 北京：人民出版社，2016：211-212.

② 习近平. 决胜全面建成小康社会夺取新时代中国特色社会主义伟大胜利［M］. 北京：人民出版社，2017：47.

③ 江泽民文选（第二卷）［M］. 北京：人民出版社，2006：442.

是实现第二步战略目标的重要组成部分。①

胡锦涛同志指出，要进一步加强统筹城乡发展工作。没有农民的小康，就没有全国人民的小康，没有农村的现代化就没有全国的现代化。建立健全农村社会化服务体系和支持保护体系。要继续加强扶贫开发工作，提高扶贫开发成效，加快扶贫地区脱贫步伐。要加强农村教育，要把改善农民群众生产生活条件，提高他们生活水平，作为一件大事来抓。② 要加大农村扶贫开发力度，因地制宜实行整村推进的扶贫开发方式，继续对缺乏生存条件地区的贫困人口实行易地扶贫，对丧失劳动能力的贫困人口实行救助制度。③

习近平总书记也十分重视社会保障制度的城乡统筹发展。他指出，改革开放以来，我国农村面貌发生了翻天覆地的变化，但是城乡二元结构没有根本改变，城乡发展差距不断拉大的趋势没有根本扭转。从根本上解决这些问题，必须推进城乡发展一体化。必须健全体制机制，形成以工促农、以城带乡、工农互惠、城乡一体的新型工农城乡关系，让广大农民平等参与现代化进程、共同分享现代化成果。推进城乡要素平等交换和公共资源均衡配置。④ 中国共产党关于统筹城乡经济社会发展尤其是统筹城乡社会保障制度发展的认识和思想，对于中国社会保障制度的进一步完善产生了直接而又重大的推动作用。

（三）社会保障制度的可持续

随着中国经济社会的发展变化和社会保障制度的逐步发展，如何

---

① 江泽民文选（第一卷）[M]. 北京：人民出版社，2006：235.

② 胡锦涛文选（第二卷）[M]. 北京：人民出版社，2016：68-69.

③ 胡锦涛文选（第二卷）[M]. 北京：人民出版社，2016：461-420.

④ 习近平谈治国理政 [M]. 北京：外文出版社，2014：81-82.

实现社会保障制度在保障和改善民生的基础上能够可持续发展，成为中国社会保障制度长远发展面临的重要问题。中国共产党逐步认识并提出了社会保障制度可持续发展的思想。邓小平同志指出，我们只能在发展生产的基础上逐步改善生活。发展生产，而不改善生活，是不对的；同样，不发展生产，要改善生活，也是不对的，而且是不可能的。逐步改善人民的生活，提高人民的收入，必须建立在发展生产的基础上。解决这类问题，步子一定要稳，要对群众很好地进行引导，千万不能不负责任地许愿鼓动。①

江泽民同志指出，建立社会保障体系要把握以下几个原则：一是从国情出发，与国民经济发展水平以及各方面承受能力相适应，首先保证人们基本生活的需要；二是坚持公平与效率相结合，权利与义务相对应，兼顾国家、企业、个人三者利益；三是要积极稳妥，注意新老体制的衔接和过渡，避免出现大的波动。②

胡锦涛同志十分强调社会保障制度的可持续发展。他在党的十八大报告中指出，“要坚持全覆盖、保基本、多层次、可持续方针，以增强公平性、适应流动性、保证可持续性为重点，全面建成覆盖城乡居民的社会保障体系”③。以社会保险、社会救助、社会福利为基础，以基本养老、基本医疗、最低生活保障制度为重点，以慈善事业、商业保险为补充，统筹协调做好各项工作，实现社会保障事业可持续发展。④

习近平总书记非常关注社会保障制度的可持续发展，并从多个方

---

① 邓小平文选（第二卷）［M］．北京：人民出版社，1994：257-258.

② 江泽民．论“三个代表”［M］．北京：人民出版社，2002：91.

③ 胡锦涛．坚定不移沿着中国特色社会主义道路前进为全面建成小康社会而奋斗［M］．北京：人民出版社，2012：36-37.

④ 胡锦涛文选（第三卷）［M］．北京：人民出版社，2016：211-215.

面对这一问题进行了系统具体的论述。

关于社会保障发展与经济发展的关系。他指出，要处理好发展经济和保障民生的关系，既要在经济发展的基础上不断加大保障民生力度，又不能脱离财力作难以兑现的承诺。要坚持量入为出，积极调整财政支出结构。前一阶段，根据财政收入增长很快的形势作了一些承诺，现在看来要从可持续性角度研究一下，该适度降低的要下决心降低。[①]

关于社会保障水平的合理性，他指出，我国仍处于并将长期处于社会主义初级阶段，改善民生不能脱离这个最大的实际提出过高目标，只能根据经济发展和财力状况逐步提高人民生活水平，做那些现实条件下可以做到的事情。决不能开空头支票，也要防止把胃口吊得过高，否则，结果只会适得其反，就有可能落入“中等收入陷阱”。[②]我们要坚持从实际出发，收入提高必须建立在劳动生产率提高的基础上，福利水平提高必须建立在经济和财力可持续增长的基础上。[③]

关于养老保险制度的可持续，他指出，构建公平、可持续的养老保险制度至关重要。要完善个人账户，坚持精算平衡，增强社保缴费激励，提高收付透明度，提高统筹层次，有序推进基本养老保险制度改革。[④] 关于社会保险费率的合理性，他指出，目前，一些企业的“五险一金”相当于职工工资的百分之四十左右，大大超过一些发达国家水平，要研究精简归并“五险一金”，当前可适当降低企业住房公积金缴付比例，需要时再回归常态。[⑤] 关于住房保障体系的可持续。

① 习近平总书记重要讲话文章选编［M］. 北京：中央文献出版社，党建读物出版社，2016：274-275.

② 习近平总书记系列重要讲话读本［M］. 北京：学习出版社，人民出版社，2016：214.

③ 习近平总书记重要讲话文章选编［M］. 北京：中央文献出版社，党建读物出版社，2016：325.

④ 习近平总书记重要讲话文章选编［M］. 北京：中央文献出版社，党建读物出版社，2016：322.

⑤ 习近平总书记重要讲话文章选编［M］. 北京：中央文献出版社，党建读物出版社，2016：316.

他指出，加快推进住房保障和供应体系建设，要处理好政府提供公共服务和市场化的关系、住房发展的经济功能和社会功能的关系、需要和可能的关系、住房保障和防止福利陷阱的关系。从我国国情看，总的方向是构建以政府为主提供基本保障、以市场为主满足多层次需求的住房供应体系。[①] 中国共产党关于社会保障制度可持续发展的思想，为中国社会保障制度未来的建设和发展指明了方向。

综上所述，改革开放以来，随着中国经济社会的发展变化，中国共产党对社会保障制度重大理论问题的认识逐步发展和深化。在社会保障功能认识方面，经历了一个从建立合理的个人收入分配和社会保障制度，到提出加快建设与经济发展水平相适应的社会保障体系，再到提出完善社会保障制度，保障群众基本生活，进而明确提出社会保障是保障人民生活、调节社会分配的一项基本制度；在制度目标的认识方面，中国共产党提出了保障和改善民生，全面建成小康社会，满足人民对美好生活的需要等一系列符合中国国情的社会保障制度建设和发展目标；在制度理念的认识方面，中国共产党提出了就业是民生之本，促进社会公平正义，共享发展等系统的社会保障制度发展理念；在制度发展道路的认识方面，中国共产党强调社会保障度的中国特色，社会保障制度的城乡统筹发展，社会保障制度的可持续发展等。这些既是中国共产党对中国特色社会保障制度本质属性的认识过程，也是中国共产党对符合中国国情的社会保障理论的探索过程。中国共产党对社会保障制度重大理论的认识，构成了中国特色社会主义理论的重要组成部分，也是中国共产党对马克思主义社会保障理论体系的重要贡献。

---

① 习近平谈治国理政［M］. 北京：外文出版社，2014：192-193.

下篇　专论

第五章

中国社会救助体系发展 40 年：回顾与前瞻

林闽钢[1]

摘要：回顾 40 年来中国社会救助体系发展历程，可以发现在政府主导下，社会救助体系从小变大、从弱到强、从点到面，社会救助体系框架基本成型，成为中国社会保障制度改革和发展的一张名片。中国社会救助体系建设体现了国家治理的底线思维，社会救助体系已呈现多层次、跨部门、强基层的特征。目前，社会救助体系建设正在积极构建多元化的社会救助主体，使用复合式的救助手段。在未来社会救助体系的主要发展趋势上，基于"弱有所扶"新目标，促进社会救助体系的转型；导入积极社会救助理念，建立以激活为导向的社会救助体系；通过加快社会救助法制化进程，全面促进社会救助体系定型。

关键词：社会救助体系　积极社会救助　弱有所扶

---

① 林闽钢：中国社会保障学会社会救助分会会长，南京大学政府管理学院教授，南京大学社会保障研究中心主任。本文主要内容曾发表于《北京行政学院学报》，2018 年第 5 期。

从现代社会救助发展历史来看，各国社会救助通常都是从基本生活救助单项出发，逐渐发展出多种专项救助，从而在多项社会救助体系基础上，通过法制化促进体系定型发展。但体系化的过程不仅时间长，而且还是一个复杂的过程，一方面社会救助体系发展不仅要回应救助对象的需求，另一方面社会救助作为国家治理的工具，还要回应国民经济和社会发展的需要，通常体现不同的发展理念、具有不同的特点和发展路径。40 年来，中国社会救助制度建立和健全了“8+1”的体系架构，形成了新型救助体系的格局，并不断完善运行机制，走出了一条中国特色的社会救助体系发展之路。

一、40 年来中国社会救助体系的发展历程

从 1978 年改革开放以来，伴随着经济增长和市场经济体制的建立，社会救助在政府主导下获得了快速发展，社会救助体系从小变大、从弱到强、从点到面，社会救助体系框架基本成型，成为中国社会保障制度改革和发展的一张名片。纵观我国的社会救助体系发展过程，可以分为以下几个时期：

（一）1978—1992 年，社会救助制度建设进入发展轨道。其主要标志是民政部社会救助相关部门成立，社会救助自上而下建立了主管部门

1978 年 3 月 5 日，第五届全国人大第一次会议批准恢复设立民政部。民政部成立初期，设置农村社会救济司、城市社会福利司等 7 个司局级单位，农村社会救济司主管农村社会救济工作，城市社会福利司主管城市社会救济工作，全国社会救助建设和管理开始有了主管部门，同时各级民政部门也迅速建立了社会救助专门工作机构，社会救

助制度建设走上发展的轨道。

在这个时期，随着农村家庭联产承包责任制全面实施，集体经济组织的功能日益弱化，农村的贫困救助开始成为重点。在这个时期，关于社会救助的主要内容①，一是探索定期定量救助，定期定量救助对象主要是农村常年生活困难的特困户、孤老病残人员和精减退职老职工，按季或按月给予固定数额的救济金或救济粮等实物，可以直接、快速地解决农村贫困人口的生存问题；二是继续完善农村“五保”供养救助；三是通过开发式扶贫改善农村贫困状况。

同时，城市社会救助工作也得到快速恢复和发展。1979 年 11 月，民政部召开全国城市社会救济福利工作会议，研究了城市社会救济福利工作如何为社会主义现代化服务的问题，主要政策措施表现在两个方面：一是在基础设施的建设方面，国家在城镇建立福利院、托老所、精神病院等福利机构，在农村主要是建立了敬老院。二是在救济标准方面，国家多次调整了城市社会救济对象的救济标准，明确城镇救助对象主要是无依无靠、无生活来源的孤老残幼和无固定职业、无固定收入、生活有困难的居民。

总体来看，这个时期的社会救助配合了社会主义市场经济改革的发展需要，具有过渡性，发挥出了一定的基础性作用，为之后社会救助体系化打下了基础。

---

① 刘喜堂. 建国 60 年来我国社会救助发展历程与制度变迁［J］. 华中师范大学学报（人文社会科学版），2010（4）：21-22.

（二）1992—2007 年，社会救助体系的基础开始形成。其主要标志是城乡居民最低生活保障制度获得全面实施，同时医疗救助、教育救助和住房救助等专项制度得到发展

1. 城镇居民最低生活保障制度六年建设之路

20 世纪 80 年代初，我国的经济体制改革进入攻坚阶段，出现了企业破产和停产、半停产，工人失业和下岗，物价上涨过快等问题，企业职工已成为城镇贫困群体的主体，其数量逐年增加。[①] 为了配合国有企业改革，1993 年上海市民政局、财政局等部门联合下发《关于本市城镇居民最低生活保障线的通知》，并于同年 6 月开始在上海市范围内实行，之后，厦门、青岛、大连、福州、广州和无锡等地，也陆续实施城市居民最低生活保障制度。[②]

上海市城镇居民最低生活保障的先行先试积累了经验，为在全国以点带面地推开打下了基础。1997 年 9 月，国务院下发了《关于在全国建立城市居民最低生活保障制度的通知》，第一次明确提出推进制度的时间要求，即要求 1997 年年底以前，已建立这项制度的城市要逐步完善，尚未建立这项制度的要抓紧做好准备工作；1998 年年底以前，地级以上城市要建立起这项制度；1999 年年底以前，县级市和县政府所在地的城镇要建立起这项制度。这个通知的下发推动了我国社会救助体系基础建设在全国范围内开展。同时，建立城市居民最低生活保障制度也被写进了《中华人民共和国国民经济和社会发展“九五”计划和 2010 年远景目标纲要》，成为“九五”期间国家重点推

---

① 唐钧. 最后的安全网：中国城市居民最低生活保障制度的框架［J］. 中国社会科学，1998（1）：118-119.

② 宋晓梧，张中俊，郑定铨. 中国社会保障制度建设 20 年［M］. 郑州：中州古籍出版社，1998：154.

进的一项工作。至1999年9月底，全国668个城市和1 638个县政府所在地建制镇的最低生活保障制度全面建立。[①]

1999年9月28日，国务院正式颁布《城市居民最低生活保障条例》，标志着我国城市居民最低生活保障制度正式走上法制化轨道，社会救助体系建设获得了重大突破。

2. 农村居民最低生活保障制度十五年建设之路

农村居民最低生活保障制度试点工作于1992年在山东省阳泉市率先开始。[②] 1996年12月，民政部办公厅印发《关于加快农村社会保障体系建设的意见》和《农村社会保障体系建设指导方案》，要求各地把建立农村最低生活保障制度作为农村社会保障体系建设的重点来抓，以点带面，逐步实施，使建立农村最低生活保障制度工作在全国开展起来。农村最低生活保障制度扩大了保障覆盖面，除将"五保户"、特困户全部纳入保障范围外，一些生活困难、家庭人均收入低于当地保障标准的贫困群体的基本生活也得到了保障。1996—1997年，吉林、广西、甘肃、河南、青海等省区先后以政府名义出台相关文件，规定资金主要从村提留和乡统筹中列支，推进农村居民最低生活保障制度发展。到2002年，全国绝大多数省份都不同程度地实施了农村居民最低生活保障制度，全国救助对象达到404万人，年支出资金13.6亿元，其中地方政府投入9.53亿元，农村集体投入4.07亿元。[③]

从2004年开始，农村最低生活保障制度进入加快建设的阶段。2004年1月，中共中央、国务院《关于促进农民增加收入若干政策

① 陈佳贵，王延中. 中国社会保障发展报告［M］. 北京：社会科学文献出版社，2004：30.

② 王治坤. 中国社会救助发展报告［M］. 北京：中国社会出版社，2015：38.

③ 刘喜堂. 建国60年来我国社会救助发展历程与制度变迁［J］. 华中师范大学学报（人文社会科学版），2010（4）：23.

的意见》要求，“有条件的地方要探索建立农民最低生活保障制度”。2005年12月，中共中央、国务院《关于推进社会主义新农村建设的若干意见》在明确逐步建立农村社会保障制度的意见下，进一步提出“有条件的地方，要积极探索建立农村低保制度”。[①] 2006年10月，党的十六届六中全会提出要完善公共财政制度，逐步实现基本公共服务均等化，增加国家财政投资规模，不断增强公共产品和公共服务供给能力，逐步建立农村最低生活保障制度。

为贯彻党的十六届六中全会精神，2007年5月23日，国务院常务会议专题研究农村最低生活保障问题；6月26日，国务院召开在全国建立农村最低生活保障制度工作会议，提出要准确把握中央关于建立农村低保制度的目标和任务，逐步将符合条件的农村贫困人口全部纳入保障范围，稳定解决全国农村贫困人口的温饱问题。2007年7月11日，国务院印发《关于在全国建立农村最低生活保障制度的通知》，对建立农村最低生活保障制度的目标和总体要求、标准和对象范围、规范农村最低生活保障管理、落实农村最低生活保障资金等主要方面作出明确的规定。

2007年，中央财政当年安排30亿元农村最低生活保障制度专项补助资金。至此，农村最低生活保障制度进入全面实施的新阶段。到2007年9月底，全国31个省（自治区、直辖市），2 777个涉农县（市、区）已全部建立农村最低生活保障制度。[②]

城乡居民最低生活保障制度的建立，标志着不论是城市居民还是农村居民，都有获得基本生活保障的权利，政府有能力和责任帮助社会中的弱势群体获得基本的生活保障。城乡居民最低生活保障制度作

---

① 王治坤. 中国社会救助发展报告 [M]. 北京：中国社会出版社，2015：38.

② 吴月辉. 城乡老百姓都有了低保 [N]. 人民日报（海外版），2008-08-16（5）.

为我国社会救助体系的基础地位得到确立，社会救助体系建设完成最为关键的部分。

3. 医疗救助、教育救助和住房救助等专项制度得到重视和发展

长期以来，在农村地区，看病就医是贫困农民面临的主要问题，为解决这个问题，2003 年 11 月，民政部、卫生部、财政部联合下发《关于实施农村医疗救助的意见》，提出在全面推行农村医疗救助制度的同时，可选择 2～3 个县（市）作为示范点，通过示范指导推进农村医疗救助工作的开展。力争到 2005 年，在全国基本建立起规范、完善的农村医疗救助制度。

继农村医疗救助制度建设得到重视之后，城市医疗救助制度的建设问题也提到日程上来。2005 年 3 月，国务院办公厅转发民政部、卫生部、财政部等部门《关于建立城市医疗救助制度试点工作的意见》，提出通过发动社会力量资助、城市医疗救助基金给予适当补助、医疗机构自愿减免有关费用等多种形式对救助对象给予医疗救助。进一步明确用 2 年时间进行试点，之后再用 2～3 年时间在全国建立起管理制度化、操作规范化的城市医疗救助制度。

到 2008 年年底，全国所有县（市、区）建立了城乡医疗救助制度，实现了医疗救助制度在城乡区域的全覆盖。我国城乡医疗救助虽然起步较晚，但发展较快，并发挥出了明显的救助效果。与此同时，为解决贫困群体所面临的住房、教育和其他临时性、突发性困难，民政部门配合相关部门逐步建立实施了住房救助、教育救助等专项救助制度。

各种专项社会救助制度的有效实施，不仅对城乡最低生活保障制度形成了有效的补充，而且由于专项救助制度的针对性强，操作相对简单，还可以覆盖低收入人群，各种专项社会救助制度与城乡最低生活保障制度一起开始形成救助合力。

（三）2007—2014 年，补上社会救助体系的临时救助短板。其主要标志是 2014 年国务院发布的《关于进一步建立健全临时救助制度的通知》

从 2007 年开始，民政部在全国范围内探索建立临时生活救助制度，解决因突发性事件、意外伤害或因家庭刚性支出较大导致的临时性基本生活困难问题。到 2013 年年底，在短短六年时间全国 26 个省份迅速制定或完善了临时救助政策。

2014 年 10 月，国务院印发《关于全面建立临时救助制度的通知》，临时救助制度在全国获得全面推进。临时救助是国家对遭遇突发事件、意外伤害、重大疾病或其他特殊原因导致基本生活陷入困境，其他社会救助制度暂时无法覆盖或救助时基本生活暂时仍有严重困难的家庭或个人给予的应急性、过渡性的救助。因此，临时救助以救急为主，主要针对两类特殊的困难：一是针对来自各个方面的不确定性风险，即各种难以事先预测到的突发性、偶发性、灾难性的事件；二是针对其他救助项目的不足而加以弥补，包括对其他项目救助不了或救助不充分的弥补。至此，社会救助体系的临时救助短板被补上，我国多层次社会救助体系建成。

（四）2014 年至今，社会救助体系进入整合和优化发展阶段。其主要标志是《社会救助暂行办法》出台，社会救助体系框架基本搭建起来，多部门社会救助资源获得整合，与其相配套的运行机制得到健全

2014 年 2 月，国务院颁布了《社会救助暂行办法》。这是第一次以行政法规形式来规定最低生活保障、特困人员供养、受灾人员救助、医疗救助、教育救助、住房救助、就业救助、临时救助等八项社会救助制度和社会力量参与，构建了一个民政统筹、分工负责、相互衔接，以及政府救助和社会力量参与相结合，具有中国特色的社会救助体系，标志着我国社会救助体系化完成，并进入定型发展的新阶段。

此外，为了整合社会救助部级横向府际关系，强化部门协作配合，解决社会救助行政工作中面临的重大问题，统筹推进全国社会救助体系建设，2013 年 8 月建立了社会救助部际联席会议这一协调机制。之后，2017 年 2 月在全国范围内建立了县级政府困难群众基本生活保障工作协调机制。

总之，从我国社会救助体系建设 40 年的历程来看，通过强化政府责任，加快了社会救助体系建设步伐，社会救助体系的合力开始形成。在救助体系设计上，从最低生活保障制度开始，到逐步健全专项救助制度，最后推出临时救助制度，系统构建了多层次社会救助体系。同时，从部门救助资源分割转变为部门资源统筹运用。在城乡救助发展统筹上，由城乡分裂、城乡二元制度，向统筹城乡社会救助发展转变。在救助参与主体上，由以政府组织开展社会救助项目为主，向政府主导下的政府和社会协同配合转变，形成了社会力量积极参与的社会救助新格局。

二、建立健全社会救助体系的理念、特征和路径

（一）体现了国家治理的“底线思维”

1. 以民生之需为导向，做到弱有所扶

社会救助制度是一项保民生、促公平的托底性、基础性制度安

排。从长期的社会救助体系建设来看，在对象范围上，注重“全覆盖”和“救重点”的统一，通过覆盖最低生活保障家庭的同时，又对所有遭遇突发性、临时性生活困难的居民家庭进行重点救助。在保障标准制定上，注重“兜住底”与当地经济发展水平相适应，既保障救助对象的基本生活，又促进社会救助的持续发展，构建起了一个广覆盖、多层次、全纵深的新型社会救助体系。

2. 社会救助通过为国家经济改革和社会发展保驾护航，成为国家治理的托底工具

40年来，中国社会保障制度改革的主要成果之一，就是全面建立了与社会主义市场经济体制相适应的社会保障制度框架，形成了以社会保险、社会救助、社会福利为基础，以基本养老、基本医疗、最低生活保障制度为重点，以慈善事业、商业保险为补充的社会保障体系。社会救助作为社会保障体系的重要基础和主要构成，发挥着保障国民基本生活，维护社会稳定的托底性功能。

特别是近年来，在推进国家治理体系和治理能力现代化过程中，各级政府部门对加快中国社会救助体系建设形成了广泛的共识，从而促进了各级政府对社会救助领域财政投入的持续增加，加快了社会救助体系化建设的速度，城乡基层的各种救助平台已成为“执政为民”“执政爱民”的一扇窗口。

（二）“多层次、跨部门、强基层”的体系特征

1. 社会救助体系的多层次建构

为保障公民的基本生活权益，在现行规定基础上，按照与经济社会发展水平相适应、与其他社会保障制度相衔接的原则，《社会救助暂行办法》进一步规范了各项社会救助的内容（见图5-1）。其中，

最低生活保障、特困人员供养解决基本生活问题，医疗救助、住房救助、教育救助等解决专门问题，临时救助解决突发问题，社会力量帮助解决个性化突出问题。

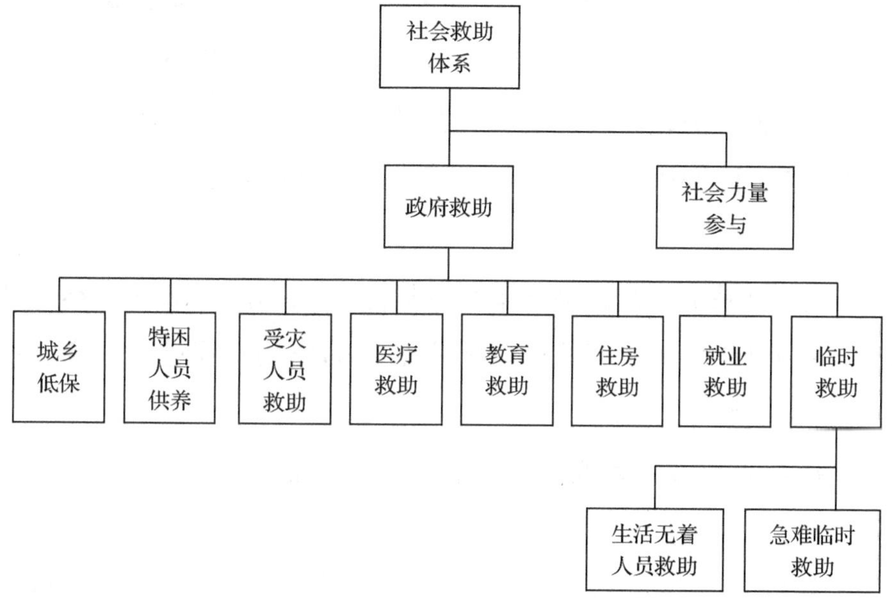

图 5-1　中国社会救助体系“8+1”框架

2. 社会救助体系的跨部门整合

为了整合社会救助部级横向府际关系，强化部门协作配合，解决社会救助行政管理中面临的重大问题，在顶层设计上推进全国社会救助体系建设，2013 年 8 月，经国务院同意，建立社会救助部际联席会议这一协调机制。社会救助部际联席会议的主要定位是，研究拟订完善社会救助体系的重大制度、政策、体制和机制，向国务院提出建议；统筹做好最低生活保障与医疗、教育、住房等其他社会救助政策以及促进就业、扶贫开发政策的协调发展和有效衔接；研究解决救助申请家庭经济状况核对跨部门信息共享问题；督导推进全国社会救助体系建设等。联席会议以民政部为牵头单位，民政部、中央宣传部、中央编办、中央农办、国家发展改革委、教育部、公安部、财政部、人力资源社会保障部等23个部门和单位组成。

2017年1月，国务院办公厅印发《关于加强困难群众基本生活保障有关工作的通知》，要求全国各县（市、区）都要建立健全由政府负责人牵头、民政部门负责、有关部门和单位参加的困难群众基本生活保障工作协调机制，定期研究解决本地区困难群众基本生活保障问题。

从运行效果来看，社会救助部际联席会议和困难群众基本生活保障工作协调机制发挥了强化部门协作配合的作用，促进了社会救助横向府际关系的整合作用。

3. 社会救助体系建设把强化基层作为重点。

一是在基层建立“一门受理、协同办理”平台。在全国范围内，依托街道办事处（乡镇人民政府）办事大厅、居（村）民委员会公共服务工作站等综合性便民服务场所，建立了统一的社会救助服务窗口，制定了社会救助申请分办、转办流程，同时还明确了办理时限。全国大部分县（市、区）实现了医疗救助“一站式”即时结算。

二是政府购买社会救助服务，提升基层社会救助经办能力。2017年9月，民政部、中央编办、财政部、人力资源社会保障部联合印发《关于积极推行政府购买服务加强基层社会救助经办服务能力的意见》，针对长期以来基层社会救助经办服务能力薄弱，特别是人手不足、经费短缺、方式单一、效率不高等问题，一些地方社会救助兜底保障能力不足问题时有发生的现象，强调通过改进政府提供公共服务方式，采取政府购买服务方式，促进社会力量参与，从而提升基层社会救助经办服务能力，打通社会救助服务的“最后一公里”。

（三）探索综合性社会救助体系的发展路径

1. 构建多元化的社会救助主体

逐步改变过去以政府单一救助为主体，动员社会各方面力量，包括政府部门、社会组织、企事业单位和个人的力量，有效整合各系统、各部门的人力、物力、资金、信息、设施等资源，加大政府投入等筹资渠道，开始形成民政统筹、部门配合、上下联动、社会参与、多元筹资、统一救助的制度合力，有效弥补社会救助单一主体的供给不足。

2. 使用复合式的救助手段

长期以来，我国社会救助采取的主要手段是提供现金或实物，方法上操作简单，管理上比较方便，但也造成了救助手段单一，救助效果被忽略等问题。在实践中，也发现单一化的社会救助方式无法满足救助对象差异性与多样化带来的各种救助需求，无法对救助对象的困难和成因采取有针对性的帮扶措施。

近年来，在社会救助体系发展中，把拓展社会救助服务内涵作为社会救助体系发展改革的重要方向，强调通过政府购买社会救助服务途径，将部分事务性、临时性、服务性工作委托或承包给社会组织、专业社会工作机构和竞争性市场主体来承担，同时鼓励社工机构和专业社会工作者、志愿者积极参与社会救助，进一步拓展社会救助服务内涵，促进由传统的、单一的物质和现金救助转向物质保障、生活照料、精神慰藉、心理疏导、能力提升和社会融入相结合的复合式救助，实现社会救助方式的多样化、组合化、专业化和个性化，最大限度地发挥社会救助的综合效用。

三、中国社会救助体系发展的主要趋势

（一）基于“弱有所扶”的新目标，促进社会救助体系的转型

党的十九大报告明确提出，“坚持在发展中保障和改善民生。增进民生福祉是发展的根本目的。必须多谋民生之利、多解民生之忧，在发展中补齐民生短板、促进社会公平正义”。在原有的“学有所教、劳有所得、病有所医、老有所养、住有所居”的基础上，增加了“幼有所育、弱有所扶”这两项新内容，特别是“弱有所扶”的提出，将会成为今后发展的时代性课题，这不仅将扩大保障和改善民生的范围，而且也是社会救助体系发展所面临的机遇。

“弱有所扶”的提出，将会推动中国反贫困的目标从目前的绝对贫困群体转向更大规模的相对贫困群体，不仅扩大了保障和改善民生的范围，而且将全面促进中国反贫困目标的提升，将会推动从多维贫困的视角对弱势群体进行政策干预，重点解决发展性贫困和贫困的代际传递问题。

（二）导入积极社会救助理念，建立以激活为导向的社会救助体系①

社会救助手段通常可分为“输血式”和“造血式”两种类型，“输血式”救助主要指通过外部给予救助对象直接、长期的帮扶。在发达国家通常主要是针对无劳动能力的弱势群体采取输血式救助这一措施。“造血式”救助则强调通过对救助对象的主体性的激发，使救助对象在获得一定时间的救助帮扶后，逐步脱离生活困境，融入社

① 林闽钢. 新历史条件下“弱有所扶”：何以可能，何以可为？[J]. 理论探讨，2018（1）：42-46.

会。总结近十年发达国家在社会救助领域的改革共识和发展趋势，对于有劳动能力的弱势群体，开展的扶助项目是暂时性的，使用的扶助手段是过渡性的，通过就业和再就业脱困自立才是“标准路径”。因此，从“输血式”救助转变为“造血式”救助的关键在于就业促进手段和针对性措施的实施，例如，加强对有劳动能力弱势群体的职业培训，有针对性地提供就业援助、职业介绍等。

我国社会救助体系的激活目标需要全面提升，即从重视保障救助对象基本生存需要，到重视对救助对象治本脱贫与发挥人的潜能上来。在社会救助分类管理实施中，坚持积极社会救助的改革方向：一是确保没有劳动能力的救助对象的基本生活在得到长期性、综合性保障，使这部分最困难群体生计有保障、发展有计划、自立能力有提高；二是确保法定年龄范围内且有劳动能力的对象的基本生活在得到暂时性、过渡性保障的同时，激励有劳动能力的对象主动接受培训和自愿接受就业，并对其进行定期评估确认。通过专业社会组织和社会工作者为其提供“一人一策”的“就业脱保”激活方案，让有劳动能力的救助对象发展有途径、信心有提高、生活有希望。

总之，当前我国社会救助体系处于优化发展之中，需要确立造血式救助的理念，发挥出“造血式”社会救助的积极功能。一方面强化实施收入豁免政策，完善救助对象逐退机制；另一方面进行社会救助分类管理，通过充分发挥市场机制对社会救助的促进作用，实现受助群体的救助范围与救助效率、救助流动性间的良性互动。

（三）通过加快社会救助法制化进程，全面促进社会救助体系定型

优先制定社会救助相关法律是世界各国的通行做法。由于社会救

助法在社会法中最为基础，也最为重要，因而社会救助领域的法律在各国普遍受到重视，通常是先行制定的社会保障法律制度之一。近年来，我国不断完善社会法体系框架，《中华人民共和国劳动法》《中华人民共和国劳动合同法》《中华人民共和国未成年保护法》《中华人民共和国老年人权益保障法》《中华人民共和国妇女权益保障法》《中华人民共和国残疾人保障法》等相继出台，有力地保障了各类弱势困难的基本权益。仅从社会保障领域来看，我国《社会保险法》于2010年10月28日通过，2011年7月1日起实施；《慈善法》也在2016年3月16日通过，2016年9月1日起施行。社会救助法立法与其他社会保障立法相比明显滞后，目前社会救助法的缺失成为我国社会保障法律体系的短板。

近年来，保障和改善民生的经济和社会条件发生了根本性变化，目前在农村贫困地区开展脱贫攻坚，在推进全面建成小康社会中实现“弱有所扶”，为加快社会救助立法打开了重要的时间窗口。此外，2018年党和政府机构改革对社会救助法的立法工作提出了新的要求。本轮机构改革新设国家医疗保障局，整合了人社部门的基本医疗保险、原卫生计生部门的新农合、民政部门的医疗救助和发展改革部门的医疗定价等职能。本轮机构改革还新设应急管理部，整合了民政部的救灾职责，其中包括为受灾人员提供基本生活救助等职能，因此，对于社会救助管理来说，管理部门有所增加，管理运行体制相应有所变化。为顺应机构改革需要，需尽快制定出台社会救助法，进一步完善社会救助的管理体制和运行机制，提高社会救助体系的运行效率。

第六章

中国农村反贫困事业40年：历程、经验及启示

左　停[1]

摘要：改革开放40年，中国农村反贫困取得了举世瞩目的成绩，扶贫重心经历了从生产开发式扶贫到综合性扶贫，从区域性扶贫到瞄准贫困县、贫困村再到当前的到户到人的精准扶贫；从解决普遍性贫困、解决温饱问题入手到促进农村综合发展和全面小康。40年的实践体现了中国政府始终坚持以改善民生为中心，始终保持着一个合理的反贫困节奏，持续提出有利于贫困人口的政策创新以及注重反贫困的制度化体系建设。本文认为，基于40年的实践，应当认识到贫困的长期性、复杂性会持续存在，需要将反贫困工作主流化并内生成一种行为自觉和重要理念，构建减贫的综合性保障体系，统筹衔接脱贫攻坚与新型城镇化、乡村振兴战略。

关键词：改革开放　反贫困　绝对贫困　精准扶贫

---

① 左停：中国社会保障学会常务理事、社会救助分会副会长，中国农业大学人文与发展学院教授。本文主要内容曾发表于《新疆师范大学学报（哲学社会科学版）》，2019年第3期。

改革开放以来，中国的经济发展创造了世界奇迹。在经济快速增长的过程中，中央政府始终高度重视贫困问题和反贫困工作，制定和实施了一系列有利于贫困地区和贫困人口发展的政策，为大规模减贫奠定了基础、提供了条件。党的十八大以来，以习近平同志为核心的党中央从全面建成小康社会的要求出发，把扶贫开发摆在了治国理政的突出位置，纳入“五位一体”总体布局和“四个全面”战略布局，作出了一系列重大战略部署和制度安排，逐渐形成了完备的精准扶贫精准脱贫的基本方略，出台了一系列精准扶贫精准脱贫的政策，致力于消除绝对贫困，实现共同富裕。以2010年贫困标准计算，中国农村的贫困人口从1978年的77 039万人减少到了2018年年末的1 660万人，贫困发生率从97.5%下降到1.7%[①]。从1978年到2020年，人民生活将实现从贫困到温饱再到总体小康的历史性跨越，走出了一条中国特色扶贫开发道路，积累了丰富的扶贫政策工作经验。中国也是全球最早实现千年发展目标中减贫目标的发展中国家，为全球减贫事业做出了重大贡献，取得了迄今人类历史上最快速度的大规模减贫成果，创造了世界减贫史上的奇迹，为世界减贫事业提供了“中国方案”。本文主要对改革开放40年来中国反贫困的历程与阶段、基本经验进行归纳总结，并对当前脱贫攻坚及2020年之后中国减贫事业的开展进行了展望。

一、改革开放40年反贫困的历程

改革开放以来，伴随着社会主义市场经济体系的逐步确立，中国的扶贫政策在扶贫对象、瞄准方式、扶贫政策内容、扶贫治理体系等

---

① 中华人民共和国国家统计局．中华人民共和国2018年国民经济和社会发展统计公报［N］．人民日报，2019-03-01（10）．

方面都不断发展创新。在扶贫对象和瞄准方式方面，改革开放初期从农村普遍性的贫困问题入手，20 世纪 80 年代中期开始确定并聚焦到贫困县，21 世纪初再聚焦集中连片贫困地区，再到确定贫困村、整村推进，最后瞄准建档立卡的贫困户，直到当前精准扶贫战略、深度贫困等概念的提出，中国农村贫困治理体系结构呈现出逐渐走向精准聚焦的趋势；中国的贫困标准制定也是一个逐步提升的过程，体现了可操作性和“多数人帮助少数人”的原则，现在的贫困标准已经基本上与世界银行颁布的较低的国际贫困标准相当（见图 6-1）。在反贫困政策内容方面也从早期的以区域经济发展为主，到开发式扶贫，再到当前的开发性扶贫与保障性扶贫并重的综合扶贫方式。在治理体系上，从部门化的扶贫体系演变到五级书记抓扶贫、全社会动员促攻坚的格局。中国扶贫的历程，是一个扶贫领域不断深化改革的历程。

对于改革开放以来中国反贫困事业的阶段划分，学界一般以 1986 年、1994 年、2000 年、2010 年、2013 年等时间节点为依据，且各自划分的具体年份又不尽相同；根据不同的研究视角，如反贫困策略与政策变迁、相关益贫重大制度改革、贫困瞄准焦点变化、反贫困背后的政治力量驱动等，存在着三阶段论①、四阶段论②或五阶段论③。本文根据不同时期中国经济社会发展状况和国家扶贫战略扶贫政策的演变，将改革开放以来中国的减贫事业划分为四个阶段：第一个阶段

① 贾玉娇. 反贫困的中国道路：1978—2018 [J]. 浙江社会科学，2018（6）.

② 李培林，魏后凯，吴国宝. 中国扶贫开发报告（2016）[M]. 北京：社会科学文献出版社，2017；张琦，冯丹萌. 我国减贫实践探索及其理论创新：1978~2016 年 [J]. 改革，2016（4）.

③ 黄承伟. 中国扶贫开发道路研究：评述与展望 [J]. 中国农业大学学报（社会科学版），2016（5）；曾小溪，汪三贵. 中国大规模减贫的经验：基于扶贫战略和政策的历史考察 [J]. 西北师大学报（社会科学版），2017（6）；郑风田. 中国改革开放 40 年的反贫困经验——纪念改革开放 40 周年 [EB/OL].（2018-06-29）http://www.71.cn/2018/0629/1007321.shtml；朱玲，何伟. 工业化城市化进程中的乡村减贫 40 年 [J]. 劳动经济研究，2018（4）.

(1978—1985 年）主要是通过改革开放打破平均主义，解放农民生产力，解决普遍性贫困问题；第二个阶段（1986—2000 年），开始进行有计划、有组织、大规模的开发式扶贫策略，瞄准贫困区域和贫困县，注重农业生产能力的提升，集中解决贫困人口的温饱问题；第三个阶段（2001—2012 年），主要以“一体两翼”（整村推进、劳动力转移培训、产业化扶贫）、各类农业支持保护政策和农村社会保障制度在内的综合性扶贫举措的实施为抓手；第四个阶段（2013 年至今），提出精准扶贫战略并全面实施，采取超常规的多样化、综合性举措，动员全党全社会力量参与脱贫攻坚战，确保到 2020 年如期脱贫。这四个阶段的划分主要依据反贫困政策工具的维度，并参照反贫困的政策背景，体现了政策工具逐步适应市场导向的改革，不断多样化、综合化、系统化。

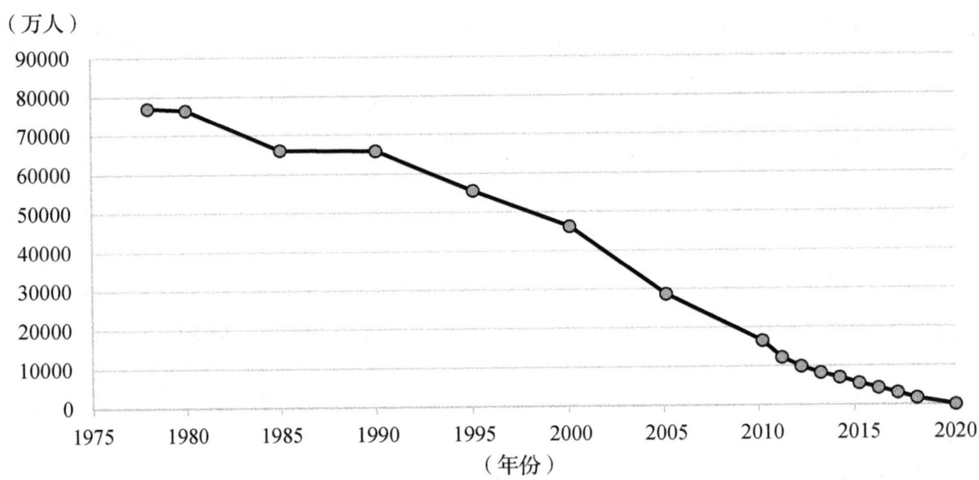

图 6-1 按 2010 年贫困线标准度量的主要年份贫困人口变化及阶段划分示意图

资料来源：国家统计局. 中国统计年鉴 2018［M］. 北京：中国统计出版社，2018；2018 年国民经济和社会发展统计公报.

（一）1978—1985年，改革开放初期，打破平均主义，依靠解放农民生产力，解决普遍性贫困问题

“文化大革命”和长期以来“左”的思想的束缚，不仅使得国民经济濒临崩溃的边缘，普通百姓的生活水平也迟迟得不到改善，人民生活处于普遍性的贫困。1978年，中国是世界上最贫困的国家之一，按照世界银行的统计数据，当时中国人均GDP只有156美元。面对这一窘境，邓小平同志提出了“社会主义要消灭贫穷，贫穷不是社会主义”的著名论断，发展生产力是社会主义的本质要求。为打破平均主义“大锅饭”，邓小平同志曾在不同场合多次提出要“让一部分人、一部分地区先富起来”的目标，强调“社会主义的本质是解放生产力，发展生产力，消灭剥削，消除两极分化，最终达到共同富裕”。

在农村，其核心问题是解放农民的生产力。针对人民公社体制造成的农民生产积极性不高、土地产出率低下的现象，这一时期缓解贫困的主要途径是制度变革，通过农村土地经营制度彻底变革、家庭联产承包制度的确立、农副产品流通市场相对放开、农业人口就业制度相对放松等体制改革手段，使农民获得了多种自主权，发展农业生产，解决农村温饱问题，通过社队企业、乡镇企业的发展，扩大就业和增加收入，使数量众多、长期处于温饱线以下的贫困人口成功摆脱了贫困。农村贫困人口从1978年的77 039万人减少到了1985年的66 101万人（按2010年贫困标准）。这一阶段农业和农村经济的发展显示出显著的减贫效应，大规模的减贫工作得益于农村的体制机制改革和商品经济发展所释放出来的改革开放红利。在解决普遍贫困问题的同时，党和政府开始关注区域发展不平衡的问题，实施了一些先导性的反贫困措施。例如，1980年，国家设立支援经济不发达地区发展

资金；1982 年，将生态不断恶化、群众生活十分困苦的甘肃定西、河西和宁夏西海固地区（也称为“三西”地区）列入国家区域性扶贫的专项建设计划，且国务院成立了“三西”农业建设领导小组，对“三西”地区进行较大规模的开发、建设工作[①]；1983 年，中国人民银行在信贷计划中安排了专项“发展少数民族地区经济贷款”[②]；1984 年，划定了 18 个集中连片贫困区进行重点扶持并设立了以工代赈资金等，同年 9 月，《中共中央、国务院关于帮助贫困地区尽快改变面貌的通知》明确了改变贫困地区面貌的根本途径是“因地制宜……发展商品生产，增强本地区经济的内部活力”“贫困”首次被作为关键词出现于政府文件中，虽然扶贫开发政策话语并未确立，但具体政策过程实质上已是扶贫开发的实践探索。这些政策的实施不仅直接促进了部分极端贫困地区经济社会的发展和生产生活条件的改善，也为后来实施制度化的农村扶贫开发举措积累了经验。

（二）1986—2000 年，反贫困工作的制度化和以农业生产开发为中心的扶贫工作全面展开，集中解决贫困人口温饱问题

中国农村经过一系列的改革，农业基础设施、农村经济和农民生活水平均得到不断改善，但农村仍有一大部分人的经济收入不能维持其基本的生存需要，农村内部的收入差距以及农村居民与城市居民的收入差距也在不断扩大。贫困问题从普遍性贫困向分层、分块演化，区域间发展不均衡问题开始显现。

这一时期，中国在过去救济式扶贫的基础上确定了开发式扶贫方

---

① 国务院三西地区农业建设领导小组办公室. 三西建设的五年（1983—1987）［M］. 兰州：甘肃人民出版社，1988.

② 王爱云. 1978～1985 年的农村扶贫开发［J］. 当代中国史研究，2017（3）.

针，在全国范围内开展了有计划、有组织和大规模的以提升贫困人口生产能力为主要目的的开发式扶贫，中国的扶贫工作进入了一个新的历史时期，开发式扶贫的体制机制逐渐确立。1986年，国务院成立了贫困地区经济开发领导小组（1993年更名为国务院扶贫开发领导小组），其主要职责是制定贫困地区经济开发的方针、政策和规划，协调扶贫开发中各职能部门的关系，解决扶贫开发中的重要问题，集中管理不同口径的扶贫资金，督促检查有关工作。随后，各有关部委以及各省（区）、地（市）、县（旗）也分别成立了扶贫开发的组织领导机构，建立了从中央到县级的扶贫工作机构和领导体系。这不仅标志着中国扶贫工作进入有组织、制度化和对象导向的扶贫治理阶段，也意味着中国正式确立了扶贫开发的政策话语。此后，中国开展了大量以开发为主要手段的扶贫工作探索。

在扶贫对象瞄准上，中央政府以县作为扶贫开发的基本单元，以贫困村、贫困户为具体的帮扶对象。1986年，中央政府确定了331个县为国家专项扶贫资金投放的重点对象，1994年国务院制定了《国家八七扶贫攻坚计划（1994—2000年）》（以下简称《计划》），力争用7年左右的时间在20世纪末基本解决当时全国农村8 000万贫困人口的温饱问题，这是中国政府历史上第一个具有明确目标、明确对象、明确措施和明确期限的扶贫规划，并重新调整了贫困县的标准和范围，并根据这一标准识别确定了592个贫困县，实施以工代赈、农业综合开发等农村公共工程以及农业技术推广服务①，显著地提升了农业生产能力。《计划》还在扶贫主体上进行了改革和创新，提出相关部门、各民主党派、社会组织、企事业单位等其他主体参与和支持

① 张蕾．我国农业技术推广体系发展历程、特点及改革方向［J］．中外企业家，2013（1）．

扶贫的要求，并提出定点挂钩扶贫等社会力量参与扶贫的路径。《计划》的颁发搭建了定点扶贫、对口扶贫等扶贫举措共举的扶贫工作框架，奠定了中国后续20多年的扶贫基调和扶贫方向。此后，中国逐步建立起“以公共治理为主体的开发式扶贫治理结构”[①]。开发式扶贫在实践中取得了明显成效，按照现行标准计算，2000年时，农村贫困人口减少至46 224万人，贫困发生率下降至49.8%。

（三）2001—2012年，加速城镇化、市场化背景下的综合性扶贫开发，农村社会保障政策开始发挥重要减贫作用

进入21世纪，随着市场化改革的深入和城市化、工业化的发展，中国的贫困状况有了新的特点：一是从贫困人口分布上看，贫困人口数量大幅减少带来了贫困人口分布“大分散、小集中”的态势，贫困人口呈现出整体集中度下降和边缘化程度上升、从重点县向重点村转移的特征；二是从贫困深度来看，不平等程度增加使经济增长的益贫效应不断弱化，随着贫富差距拉大（见图6-2），部分地区贫困程度不断加深；三是致贫因素呈现出多样化的特征，共同性的致贫因素开始弱化，而农户个体化致贫因素则日趋显著。

在这一阶段，随着社会不断发展进步，贫困在中国的政策意涵从温饱拓展至其他维度，政府对基础设施、基本公共服务、社会保障、健康、教育、住房等其他维度的贫困问题也给予更多政策关怀。一方面，国务院在《中国农村扶贫开发纲要（2001—2010年）》中明确扶贫开发的对象是贫困人口，在产业发展业务之外，提出“改善贫困地区的基本生产生活条件”等扶贫内容。国务院在《中国农村扶贫开发

① 黄承伟，覃志敏．论精准扶贫与国家扶贫治理体系建构［J］．中国延安干部学院学报，2015（1）．

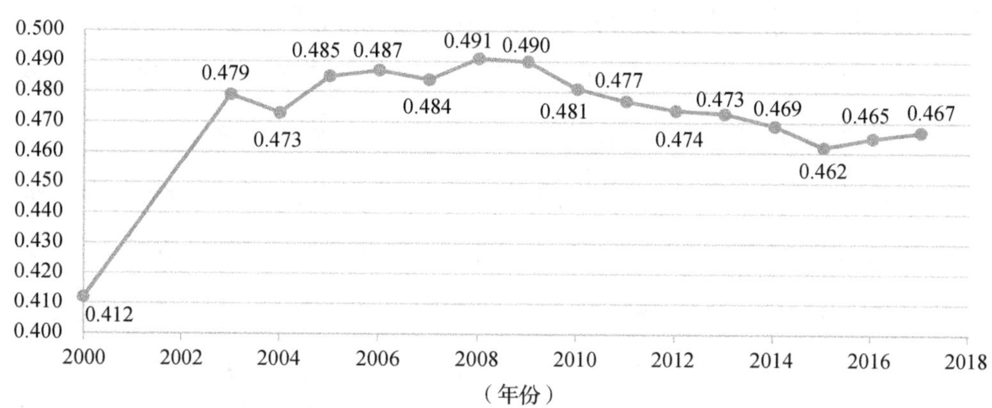

图 6-2　2000—2017 年中国全国居民收入的基尼系数示意图

纲要（2011—2020 年）》中开创性地提出“两不愁、三保障”的扶贫总目标，即国家在解决温饱问题的同时也要建立教育、医疗、住房等保障机制。贫困在中国的政策意义有所拓展，实际上多维贫困已开始被纳入中国扶贫政策体系当中。另一方面，政府在非扶贫性政策文件中强调要加快农村建设。2005 年党的十六届五中全会提出社会主义新农村建设的要求，统筹城乡发展，即统筹城乡规划、加强农村基础设施建设和基本公共服务供给等。2006 年印发的《国民经济和社会发展第十一个五年规划纲要》提出“按照公共服务均等化原则，加大国家对欠发达地区的支持力度”。由此，促进农村基础设施建设和基本公共服务建设成为解决温饱问题之外的重要的扶贫工作内容和减贫益贫的重要政策工具。

同时，农村地区开始建立医疗、低保等社会保障政策，这些政策在建立之初并非直接服务于扶贫，但在不断地建构与政策互动中渗入、嵌入扶贫政策体系，并逐渐获得了作为减贫政策的合理性，形成了扶贫开发政策与社会保障政策互嵌、互补的“双轮驱动型”减贫格局。其实，在 20 世纪，中国农村已经建立了合作医疗制度，但发展曲折，后因农村改革以及 90 年代政策财政危机等因素的影响，农村合作医疗政策发展不稳定，到新世纪初期合作医疗政策的发展出现重大转折，政策的减贫意义被重视。① 为了减轻农民的疾病经济负担，缓解“因病致贫、因病返贫”问题，中国政府在认真总结既往合作医疗经验教训的基础上，于 2002 年明确提出在全国逐步建立适应中国国情和农村经济社会发展需要的新型农村合作医疗制度。2002 年政府提出“逐步建立新型农村合作医疗制度……把卫生扶贫纳入扶贫计划……对农村贫困家庭实行医疗救助”，2003 年开始试点，2007 年基本实现全覆盖。2006 年中国农村地区开始探索和建立面向生活困难群体的最低生活保障制度，2007 年国务院印发《关于在全国建立农村最低生活保障制度的通知》，低保政策的转移支付方式具有直接性、显著性、广泛使用性和低执行成本等特点，适用于帮助发展能力欠缺的贫困人口。② 2008 年，党的十七届三中全会中提出“坚持开发式扶贫方针，实现农村最低生活保障制度和扶贫开发政策有效衔接”，2010 年，国务院转发《关于做好农村最低生活保障制度和扶贫开发政策有效衔接扩大试点工作的意见》。农村低保在扶贫中的作用日益显著，2010 年全国农村低保平均标准为 1 404 元/年，占当年贫困标准的 61.04%，制度已覆盖了 2 528.7 万户、5 214 万农村人口。农村低保制度是农村主要的社会保障制度之一，被作为当时扶贫工作的一项基础性建设。就政策设计而言两项制度衔接是对扶贫开发政策体系的拓展，但相关政府部门和地方政府策略性操作，简单地按照有无劳动能力对贫困人口进行二元划分，扶贫开发与农村低保制度对贫困人

① 王绍光. 学习机制与适应能力：中国农村合作医疗体制变迁的启示［J］. 中国社会科学，2008（6）.

② 左停. 创新农村发展型社会救助政策——农村低保政策与其他社会救助政策发展能力视角的比较［J］. 苏州大学学报（哲学社会科学版），2016（5）.

口分而治之，即扶贫开发负责有发展能力（劳动能力）的贫困群体、低保制度则面向无发展能力的贫困群体，政策过程、群体瞄准发生偏差。扶贫开发的政策对象缩小、分割，部分职责剥离，以两项制度衔接的目标设定却演化出了制度壁垒，制度衔接的试点实质上并不成功，但总归是保障性社会政策参与扶贫工作的积极尝试。

此外，这一时期国家密集出台了众多强农惠农的政策支持保障政策，减轻农民的生产负担。从2004年开始，国家先后设立农作物良种补贴、农资综合补贴和种粮直接补贴三项补贴，同年中国正式启动了政策性农业保险试点工作，2006年全面取消农业税等惠农政策，极大地促进了农业农村的进一步发展和贫困人口的大幅减少。这一阶段贫困人口骤降，到2012年年底，农村贫困人口首次下降到1亿人以下，为9 899万人（按照现行贫困标准衡量），贫困发生率为10.2%，但剩余贫困人口的脱贫难度也在不断加大。

（四）2013年至今，以精准扶贫为特色的脱贫攻坚全面展开，坚持开发式扶贫与保障性扶贫相统筹的原则

经过近30年的以开发式扶贫为核心手段的扶贫开发模式，传统的开发式扶贫手段的减贫边际效应在不断递减，常规性扶贫手段也已无法应对新形势下的贫困状况，剩余贫困人口致贫原因较为复杂多样，这些特殊的扶贫问题对中国进一步的扶贫工作提出了新的挑战和要求。党的十八大以来，以习近平同志为核心的党中央将扶贫工作摆到了治国理政的新高度，不断创新思路、改进模式，实施精准扶贫、精准脱贫的基本方略，开创了中国扶贫开发事业的新局面，形成了一套完备的精准扶贫、精准脱贫政策体系。面对当前中国脱贫攻坚已经到了啃硬骨头、攻坚拔寨的冲刺阶段，习近平总书记强

调，必须以更大的决心、更明确的思路、更精准的举措、超常规的力度，众志成城实现脱贫攻坚目标，决不能落下一个贫困地区、一个贫困群众。

2013 年 11 月，习近平总书记在湖南湘西考察时首次提出了“精准扶贫”思想，强调扶贫要实事求是、因地制宜。2015 年《中共中央 国务院关于打赢脱贫攻坚战的决定》（以下简称《决定》）的颁布，标志着我国脱贫攻坚战全面展开，中国扶贫话语从“扶贫开发”向“脱贫攻坚”转变。《决定》明确提出了“到 2020 年，稳定实现农村贫困人口不愁吃、不愁穿，义务教育、基本医疗和住房安全有保障，确保我国现行标准下农村贫困人口实现脱贫，贫困县全部摘帽，解决区域性整体贫困”的总体目标，强调要强化政府责任，引领市场、社会协同发力，鼓励先富帮后富，构建专项扶贫、行业扶贫、社会扶贫互为补充的大扶贫格局。精准扶贫、精准脱贫的基本方略以“六个精准”（扶贫对象精准、项目安排精准、资金使用精准、措施到户精准、因村派人精准、脱贫成效精准）、“五个一批”（发展生产脱贫一批、易地扶贫搬迁脱贫一批、生态补偿脱贫一批、发展教育脱贫一批、社会保障兜底一批）为基本要求与主要实现途径；扶贫目标的多维性、扶贫措施的多样化，区域性与精准性相结合，超越了以往开发式扶贫举措，重塑了扶贫策略；形成了“中央统筹、省负总责、市县抓落实”的扶贫管理体制，五级书记抓扶贫、全党动员促攻坚的局面；对于“扶持谁、谁来扶、怎么扶、如何退”等关键性问题有了切实明确的工作路径；动员全社会力量扶真贫、真扶贫、脱真贫、真脱贫。2016 年国务院发布《“十三五”脱贫攻坚规划》，明确了贫困人口、贫困村和贫困县的脱贫目标以及产业、就业、易地搬迁、教育、健康、生态保护和兜底等多样化、综合性的社会经济政策扶贫路径。2016年9月，民政部等6部门出台了《关于做好农村最低生活保障制度与扶贫开发政策有效衔接的指导意见》，提出了“应扶尽扶”“应保尽保”的要求，即对于符合农村低保条件的建档立卡贫困户，按规定程序纳入低保范围，对于符合扶贫条件的农村低保家庭，按规定程序纳入建档立卡范围，并根据不同致贫原因予以精准帮扶。同时，对于不在建档立卡范围内的农村低保对象、特困人员，要求各地统筹使用相关扶贫开发政策。2017年，社会保险也被正式纳入扶贫政策体系，社会保障的减贫意义被进一步强化。党的十九大报告明确要坚持大扶贫格局，“大扶贫”概念强调包容性和多元性的扶贫，表明扶贫并非只是关注贫困对象是否具备开发条件，而是要更考虑贫困对象发展性和保障性的切身需求。2018年年初，国务院扶贫办主任刘永富提出，未来中国的扶贫工作要实现“从开发式扶贫为主向开发式与保障性扶贫并重转变”。2018年6月，中共中央、国务院出台了《关于打赢脱贫攻坚战三年行动的指导意见》，明确未来需要解决的扶贫问题主要是剩余贫困和深度贫困问题，并明确指出要“坚持开发式扶贫和保障性扶贫相统筹”“强化综合保障性扶贫”“建立以社会保险、社会救助、社会福利制度为主体，以社会帮扶、社工助力为辅助的综合保障体系”等；2019年的中央“一号文件”也明确提出了“加强开发式扶贫与保障性扶贫统筹衔接”的要求。保障性扶贫在从低保制度兜底扶贫到更多的社会保障（社会保护）制度减贫的政策探索中，经历了反复的政策探索以及与开发式扶贫政策的不断匹配互动，最终被构建为一项扶贫政策话语，已成为当前中国扶贫工作重点强化的领域。开发式扶贫依然是扶贫基本方略，但其中心地位被弱化，保障性扶贫被显著提升，与开发式扶贫并驾齐驱。但保障性扶贫被确立为扶贫政策话语的时间较晚，其制度、体系建设还是短板，统筹衔接之路任重道远。

精准扶贫、精准脱贫战略实施以来，现行标准下全国农村贫困人口由 2012 年末的 9 899 万人减少至 2018 年年末的 1 660 万人，累计减贫人口为 8 239 万人，实现平均每年减贫 1 300 多万人，153 个贫困县实现脱贫摘帽，在解决区域性整体贫困上迈出了坚实步伐，贫困发生率从 2012 年的 10.2%下降至 2018 年的 1.7%，累计下降 8.5 个百分点。但贫困人口基数依然较大，尚未脱贫人口中，长期患病者、残疾人、孤寡老人等特殊困难群体和自身发展动力不足的贫困人口占比较高，深度贫困地区如期脱贫任务依然很重。

纵观中国改革开放以来的反贫困历程，既有显著变化性又保持连续性。“变”的是针对不同时期中国经济社会发展的实际情况和人民的切实需要、贫困的时代特征等，不断调适中国的贫困线、扶贫政策供给和相关制度安排；“不变”的是国家对贫困地区、贫困人口的持续关注、关心、关爱，是坚持以需求为本，以人民为中心的发展理念的一以贯之的做法。特别是党的十八大以来，以习近平同志为核心的党中央始终把“人民对美好生活的向往”作为奋斗目标，坚持推进改革开放，致力于社会的公平正义。改革开放不仅是决定当代中国命运的关键一招，更是增进民生福祉的关键一招。同时，广泛凝聚社会各方力量，推进实施精准扶贫、精准脱贫的基本方略，使农村减贫事业迎来了历史性的跨越和巨变。中国的减贫事业在变与不变之中，始终坚持实事求是，与时俱进，在继承中勇于创新，不断向前推进。脱贫攻坚以来，相关部门出台的保障性扶贫政策文件梳理见表 6-1。

表 6-1 脱贫攻坚以来相关部门出台的保障性扶贫政策文件梳理

时间	政策文件名称
2015 年 1 月 20 日	《关于加快推进残疾人小康进程的意见》
2015 年 9 月 22 日	《关于全面建立困难残疾人生活补贴和重度残疾人护理补贴制度的意见》
2016 年 2 月 10 日	《关于进一步健全特困人员救助供养制度的意见》
2016 年 5 月 26 日	《关于做好保险业助推脱贫攻坚工作的意见》
2016 年 6 月 20 日	《关于实施健康扶贫工程的指导意见》
2016 年 8 月 3 日	《“十三五”加快残疾人小康进程规划纲要》
2016 年 8 月 4 日	《关于在打赢脱贫攻坚战中做好人力资源社会保障扶贫工作的意见》
2016 年 9 月 17 日	《关于做好农村最低生活保障制度与扶贫开发政策有效衔接指导意见》
2016 年 10 月 18 日	《普通高中建档立卡家庭经济困难学生免除学杂费政策对象的认定及学杂费减免工作暂行办法》
2016 年 12 月 2 日	《关于切实做好就业扶贫工作的指导意见》
2016 年 12 月 19 日	《关于加快贫困地区保险市场体系建设提升保险业保障服务能力的指导意见》
2016 年 12 月 22 日	《贫困残疾人脱贫攻坚行动计划（2016—2020 年）》
2017 年 1 月 16 日	《关于进一步加强医疗救助与城乡居民大病保险有效衔接的通知》
2017 年 2 月 24 日	《农村贫困住院患者县域内“先诊疗，后付费”工作方案》
2017 年 4 月 6 日	《关于做好 2017 年重点高校招收农村和贫困地区学生工作的通知》
2017 年 4 月 12 日	《健康扶贫工程“三个一批”行动计划》
2017 年 7 月 3 日	《关于进一步加强全面改善贫困地区义务教育薄弱学校基本办学条件中期有关工作的通知》
2017 年 7 月 12 日	《关于做好贫困重度残疾人家庭无障碍改造工作的通知》
2017 年 7 月 31 日	《关于印发“光明扶贫工程”工作方案的通知》

续表

时间	政策文件名称
2017年8月1日	《关于切实做好社会保险扶贫工作的意见》
2017年8月8日	《关于支持社会工作专业力量参与脱贫攻坚的指导意见》
2017年11月22日	《关于广泛引导和动员社会组织参与脱贫攻坚的通知》
2018年1月7日	《着力解决因残致贫家庭突出困难的实施方案》
2018年5月15日	《关于开展农村贫困残疾人就业帮扶活动的通知》
2018年7月16日	《关于在脱贫攻坚三年行动中切实做好社会救助兜底保障工作的实施意见》
2018年8月31日	《打赢人力资源社会保障扶贫攻坚战三年行动方案》
2018年9月20日	《关于进一步加强农村贫困人口大病专项救治工作的通知》
2018年10月17日	《健康扶贫三年攻坚行动实施方案》
2018年10月19日	《关于印发贫困地区健康促进三年攻坚行动方案的通知》

二、改革开放40年反贫困的基本经验

中国政府历来重视贫困问题的解决，针对不同贫困情况，不断改革创新，采取了一系列的扶贫措施。在过去的40年里，扶贫政策经历了从救济式扶贫到开发式扶贫，从区域性扶贫到瞄准贫困县、整村推进、扶贫入户，到当前的精准扶贫战略。从1978年到2017年，7.4亿农村贫困人口成功脱贫，中国的减贫事业取得如此巨大成效，得益于党和政府始终把扶贫工作放在重要位置，坚持以人民为中心，以贫困人口的基本需要为导向，能够在不同发展阶段制定出切实可行的扶贫策略，针对新情况、新问题不断创新扶贫政策以及在反贫困当中形成了一系列制度化的保障体系。

（一）始终坚持以改善民生为中心的发展理念，把消除贫困作为全党全社会的重要工作

改革开放以来，中国政府始终高度重视扶贫开发事业，坚持以人民为中心的发展理念，坚持社会主义应该消除贫困这一本质要求，将消除贫困作为全党全社会的重要工作。从基本解决温饱问题，到实现“两不愁、三保障”，体现了对人民群众民生问题的关注，这些直观的减贫目标更契合人民群众的实际需求。邓小平同志强调，“社会主义的本质是解放生产力，发展生产力，消灭剥削，消除两极分化，最终达到共同富裕”，“贫穷不是社会主义，社会主义要消灭贫穷”。党的十八大以来，以习近平同志为核心的党中央把扶贫开发摆到治国理政的新高度，提出了新时期精准扶贫精准脱贫的战略，强调帮扶措施“到村到户到人”，提出“消除贫困、改善民生、实现共同富裕，是社会主义的本质要求，是我们党的重要使命”“小康路上一个都不能掉队，全党全社会要继续关心和帮助贫困人口和有困难的群众，让改革发展成果惠及更多群众，让人民生活更加幸福美满”。这些充分体现了在扶贫开发事业中，党和政府始终坚持和发扬以人民为中心的发展理念和对人民主体地位的深刻认识。

（二）始终使反贫困事业保持着一个合理的节奏向前推进

纵观改革开放 40 年中国反贫困历程，反贫困的政策和管理工作始终保持着一个合理的节奏向前不断推进，这也是党和政府一以贯之的经验方法。坚持合理制定和及时调整贫困标准；坚持整体性、区域性和精准性相结合，从注重贫困区域、贫困县、贫困村到贫困户、贫困人口的不断瞄准，先易后难，既注重整体性的全面发展，又注重个

人微观层次的能力提升；坚持阶段性推进与内在连续性相结合，能够根据不同时期贫困人口的实际需要，确定集中解决的核心问题、制定阶段性的方案，同时又保持措施的连贯性、目标的一致性；坚持稳定性和动态性相结合，在不同阶段既出台了具有纲领性的指导文件，又根据实际进展情况不断更新调整政策的瞄准性和需求回应性，例如，在打赢脱贫攻坚战过程中逐步认识到要集中力量在深度贫困地区；坚持长远目标与短期目标的有机结合，在纲领性文件中确定合理的、可实现的贫困标准和目标愿景，既不好高骛远又实事求是，同时也在不断总结提升经验性的做法，例如，《中共中央　国务院关于打赢脱贫攻坚战三年行动的指导意见》既是一个阶段性的工作总结，也是一个短期的目标设定，更是一个具有承前启后意义的制度安排。这种反贫困的合理节奏性工作模式，使我国的反贫困事业得以健康、有序地向前推进。

（三）坚持改革创新、与时俱进，持续形成有利于贫困人口的政策创新体系

中国一系列反贫困政策的出台，体现的是一个不断持续和深化提出有利于贫困人口的政策创新体系安排。中国政府根据不同阶段贫困人口的基本需求（从温饱需要到实现“两不愁，三保障”）和基本特征（从生存型到发展能力的提升）来创新扶贫开发与管理政策。从改革开放初期确立家庭联产承包责任制，到社会主义市场经济的逐步确立、允许市场交易等给予了农民农业生产、产品销售的自主权，提升农民生产的积极性，摆脱普遍性贫困问题。再到 21 世纪前 10 年，中国不断加大对农业的保护和支持力度，取消农业税、实施各项农业补贴、政策性农业保险等强农惠农政策，以及开展农村扶贫整村推

进、以工代赈提升农村基础设施建设和基本公共服务供给，建立农村医疗保险制度、农村低保制度、农村养老保险制度等社会保障制度和精准扶贫到户到人的具体举措。扶贫政策不断丰富和深化拓展，形成了有效的、生命力强的中国特色扶贫开发政策体系，极大地改善了贫困人口的生产生活条件。

（四）注重反贫困的制度化体系建设与保障

改革开放以来，中国政府始终注重反贫困的制度化体系建设，在各个阶段结合不同的历史背景，不断深化和创新，充分发挥党的领导政治优势和中国特色社会主义的制度优势，集中各方面资源，动员全党全社会投身到扶贫工作中，丰富和创新中国扶贫体系的理论内涵和时代特征。形成了自上而下跨部门的专门扶贫体系，该体系发端于20世纪，不断强化，形成了包括五级书记抓扶贫、扶贫领导组党政主要领导双组长负责制、第一书记和驻村工作队等跨部门专门化的扶贫体系，体现了党的领导和各级政府的跨部门协作，充分发挥了中国特色社会主义制度优越性；形成了扶贫开发全社会动员体系，反贫困不仅是党和政府的重要任务，也是全社会的共同责任，不仅是贫困地区的事，也是全社会的事，党和政府在反贫困中积极动员和凝聚全社会力量广泛参与，充分发挥政府和社会两方面力量，构建了专项扶贫、行业扶贫、社会扶贫互为补充的大扶贫格局，建立了东西部扶贫协作、对口支援、定点扶贫等有益机制并鼓励支持民营企业、社会组织、个人参与扶贫开发，吸纳贫困人口就业、支持农业产业发展和农村社会服务供给，形成了扶贫绩效考核体系。为保障扶贫工作落到实处和规范有序开展，党的十八大高度重视扶贫工作的绩效考核评估监督体系建设，相继出台了《省级党委和政府扶贫开发工作成效考核办法》

《中央单位定点扶贫工作考核办法（试行）》《脱贫攻坚督查巡查工作办法》等。[①]

三、40年反贫困经验对脱贫攻坚和2020年之后反贫困工作的启示

总结归纳改革开放40年中国反贫困的基本成就、阶段历程和基本经验，对于打赢脱贫攻坚战和2020年之后在新的阶段、新的语境下减贫治理及其制度安排具有重要的启示意义。

（一）贫困的长期性、历史性、复杂性将持续存在

当前，全国仍有670多个贫困县尚未实现脱贫摘帽，特别是“三区三州”贫困发生率高达14.6%，2017年年底各省区市确定的334个深度贫困县贫困发生率达11.3%，有1.67万个村贫困发生率超过20%，且近几年贫困县和贫困村贫困发生率平均每年下降幅度在减小[②]，脱贫任务和难度依然较大。因此，作为社会主义国家，关注底层人群，解决贫困问题，仍将是党和政府工作的重要方面。在未来新形势下，应当认识到贫困识别难度更大、更为复杂。如表6-2所示，2017年农村居民按五等份分组的低收入户人均可支配收入为3 301.9元，与2017年现价贫困标准2 952元相比较，仍有较多人口收入处在贫困线边缘，长远来看，这种相对性的绝对贫困会持续存在。同时，区域发展不平衡问题突出，制约贫困地区发展的深层次矛盾依然存在，东部地区已经进入到以相对贫困识别与管理为主的阶段，中西部

① 刘永富. 不忘初心 坚决打赢脱贫攻坚战——党的十八大以来脱贫攻坚的成就与经验［J］. 求是，2017（11）.

② 刘永富. 有效应对脱贫攻坚面临的困难和挑战［N］. 人民日报，2018-10-21（5）.

地区在一定地区、一定范围内仍将存在与基本需求相联系的绝对贫困现象，因此要兼顾相对贫困与绝对贫困，兼顾发达地区和欠发达地区贫困的差异化。此外，在市场经济条件下，风险的不确定性日趋增加，人口老龄化以及城市化、基本公共服务不充分、不均衡等，需要我们关注贫困人口的多样化形态并建立动态调整机制，对更容易陷入贫困的城乡人均纯收入 1/5 以下人口进行跟踪监测，为完善科学的贫困标准提供依据，并适时进行系统测算与评估，使陷入贫困的人群能够及时得到识别和获得相应帮扶。

表 6-2　农村居民按五等份分组的居民人均可支配收入　单位：元

组别	2013 年	2014 年	2015 年	2016 年	2017 年
低收入户（20%）	2 877.9	2 768.1	3 085.6	3 006.5	3 301.9
中等偏下户（20%）	5 965.6	6 604.4	7 220.9	7 827.7	8 348.6
中等收入户（20%）	8 438.3	9 503.9	10 310.6	11 159.1	11 978.0
中等偏上户（20%）	11 816.0	13 449.2	14 537.3	15 727.4	16 943.6
高收入户（20%）	21 323.7	23 947.4	26 013.9	28 448.0	31 299.3

资料来源：国家统计局. 中国统计年鉴 2018［M］. 北京：中国统计出版社，2018.

（二）使减贫工作主流化并内生成一种行为自觉和重要理念

经过 40 多年反贫困实践，全党全社会应当对减贫事业有了共识，尤其是随着绝对贫困的逐渐消除，相对贫困会呈现出多种形态，所以今后的减贫事业要体现在方方面面，这就需要使减贫主流化、常态化、制度化，深入到各层级政府部门和各行各业，并内化成一种行为自觉和理念认同，形成对贫困人口的主动关怀，如此才能使市场机制和政策实施真正产生减贫脱贫的功效。[①] 在具体工作中，需要各级政

① 左停. 稳定脱贫的制度设计和路径选择［N］. 光明日报，2018-09-25（15）.

府部门在制定政策时充分考虑政策相关条件是否会排斥贫困人口享有政策，避免政策实施中的非主观排斥，同时也需要各级政府部门之间的协调互助，通过制度衔接保障贫困人口有效脱贫、长远致富。

（三）迈向减贫的综合性保障体系构建

当前，剩余贫困人口中大多数都是缺乏劳动能力的老弱病残等特殊群体，截至2017年年底，因病、因残致贫人口分别占贫困人口总数的42.3%、14.4%，65岁以上贫困老人占17.5%，初中以下文化程度的占96.6%。因此，应根据剩余贫困人口的基本特征和实际需求，在做好开发式扶贫、精准扶贫的基础上，更加注重保障性、服务性扶贫举措的制度安排和创新，建立以社会保障为主体，以社会多元力量参与为辅助的扶贫综合保障体系，满足贫困人口包括物质、服务、护理、预防、精神慰藉以及市场参与、社会融入等多方面、多层次的切实需要，提高扶贫脱贫质量。此外，还要继续不断完善各类农业支持保护政策，确保贫困人口生计可持续性。

（四）统筹衔接脱贫攻坚与新型城镇化、乡村振兴战略

随着新型城镇化的快速推进，底层贫困人口流动性也在不断加大，这就要求扶贫政策要不断拓宽范围，打破城乡分治的反贫困治理模式，推动反贫困走向城乡一体化融合，并关注城市贫困问题。此外，要充分考虑到区域发展的不平衡性，在乡村振兴战略中，应更多地使各类资源向欠发达落后地区倾斜[①]，补齐基础设施和基本公共服务短板，增强乡村发展的潜力，满足贫困人口基本需要和发展的可能

① 李小云，左停. 深度贫困地区脱贫攻坚：挑战与对策［N］. 中国社会科学报，2018-02-06.

条件，打赢脱贫攻坚战，夯实乡村振兴战略的基础，以乡村振兴战略巩固脱贫攻坚成果。

回顾改革开放 40 年来的历程，中国的扶贫事业取得了丰硕成果，创造了世界减贫史上的奇迹。如期打赢脱贫攻坚战，这在中华民族几千年发展历史上将是首次整体消除绝对贫困现象，这对中华民族、对整个人类都具有重大意义。距离 2020 年消除绝对贫困和全面建成小康社会还有不到 3 年时间，时间紧、任务重，需要我们集中力量，精准施策，攻坚克难，坚持以人民为中心的发展理念，激发贫困人口的内生动力，发挥他们的积极性、主动性、创造性，并在全社会形成更有力的社会关怀和包容性发展，实现贫困地区经济社会全面可持续发展和贫困人口生计改善。我们还应该继续保持改革开放的精神和心态，不断探索 2020 年之后的反贫困工作路径，研究新语境下底层群体面临的新情况、新问题、新风险。反贫困永远在路上，需要党和政府以及广大人民群众实事求是、不忘初心，发扬改革开放的精神，因地制宜地不断探索创新各种方式方法，实现共同富裕、共享发展成果。

第七章

中国养老保险制度改革40年：回顾与展望

何文炯[1]

摘要： 改革开放40年来，我国的养老保险制度发生了历史性的变化，取得了重要成就，其主要标志：(1) 养老保险制度模式从非缴费的福利型转变为缴费为主的保险型；(2) 基本养老保险权被确认为国民的一项基本权益，养老保险的惠及范围由工薪劳动者扩展到全体国民；(3) 从适应国有企业改革到服务国家发展大局，养老保险体系建设与改革对促进经济社会发展做出了重要贡献。然而，现行制度依然存在诸多问题：(1) 基本养老保险制度依然处于分割状态，既不公平，也缺乏效率；(2) 多层次养老保险体系的原则虽然早已形成，但实际进展不理想；(3) 养老保险治理的理念滞后，亟须破除制约制度公平可持续运行的体制机制性障碍。进入新时代，要根据国家治理现代化的要求，深化改革，逐步形成更加公平、更可持续、更有效率

---

① 何文炯：中国社会保障学会副会长兼养老金分会会长，浙江大学公共管理学院教授，浙江大学民生保障与公共治理研究中心主任。本文发表于《教学与研究》，2018年第11期。

的养老保险体系，努力做到制度定位更加明确、权责更加清晰，制度更加完备，运行更加有效。

关键词：改革开放　养老保险　回顾　展望

经过近40年波澜壮阔的改革开放，我国社会发生了异常深刻的变化。作为最重要的社会保障项目之一，我国养老保险制度也实现了重大变革，顺应了市场经济改革的要求，并为社会发展进步做出了重要贡献，但还存在一些问题，进入新时代后，需要加快改革步伐，尽快建成更加公平、更可持续、更有效率的养老保险体系。

一、中国养老保险制度的历史性变革

在中华人民共和国成立之前，我国没有普遍实施养老保险制度。1951年，国家颁布了《中华人民共和国劳动保险条例》，企业职工的退休金制度由此建立。1955年，建立了国家机关和事业单位工作人员退休金制度。1958年，把这两项制度的政策作了统一。1978年，国家颁布《关于工人退休、退职的暂行办法》和《关于安置老弱病残干部的暂行办法》，修改了前述两项制度。这些制度都是针对工薪劳动者的，一直没有针对农民和其他社会成员的养老保险制度。20世纪80年代中期，随着经济体制改革的深入和劳动力市场的变化，原先的养老保险制度表现出种种不适应，改革势在必行。经过30多年的改革探索，我国养老保险实现了制度转型、权益扩展，顺应了时代变迁，并为改革发展做出了积极的贡献。

（一）制度模式：从福利型到保险型

从技术原理分析，改革开放以前实行的养老保险制度有4个特点。(1) 单一层次。按照当时的制度设计，工薪劳动者退休后的生活主要由国家负责，因而退休金几乎是职工退休之后唯一的收入来源，没有职业年金、商业性养老保险等项目。(2) 国家保障。职工退休后可以在原单位领取退休金（又称“退休工资”），虽然各单位尤其是各企业的生产经营状况千差万别。[①] 事实上，无论是企业还是国家机关和事业单位，都不是严格意义上的独立核算单位。(3) 非缴费型。那时国家按照高积累、低消费的原则，实行低工资制，因而职工不缴纳包括养老保险在内的任何社会保险费。当然，从本质上讲，无论是由企业直接支付，还是通过财政划拨支付，退休金都来自于在职职工当期的劳动成果。(4) 现收现付。按照当时的规则，退休手续在工作单位办理，退休工资在原单位领取，但每个工作单位都没有建立养老保险基金，只是全国总工会和各级工会按照一定比率提取调剂金，而且1966年之后此项调剂金也取消了。由此可见，这样的制度设计，具有很强的福利性，并非严格意义上的社会养老保险制度。

进入20世纪80年代中期，国家经济体制改革的重点由农村转向城市。[②] 改革的取向是要使企业成为自主经营、独立核算、自负盈亏的经济实体。但是，各企业之间的员工年龄结构不同，有的企业退休职工人数很多、比例很高，有的企业退休职工很少，因而企业之间的退休金负担畸轻畸重，以至于影响到企业的盈亏，一些老企业无力支付巨额的退休金，因而迫切需要建立一种社会化的统筹机制，以均衡各企业的退休金负担。在这样的背景下，部分地区开始探索社会化的养老保险制度，对各单位的养老费用进行统筹，一是试图解决

① 例如，“文化大革命”期间，有不少企业长期停工停产，搞政治运动，但在职职工工资和退休人员的退休金照发。

② 1984年10月，党的十二届三中全会作出《中共中央关于经济体制改革的决定》。

国有企业之间退休费用负担不均衡的问题，二是旨在为逐渐兴起的非公有制企业中的从业人员谋划未来的养老金，这是十分重要的开端。

1991年，国务院颁布《关于企业职工养老保险制度改革的决定》，明确了建立多层次养老保险体系的目标，养老保险由国家、企业、个人三方共同负担。1993年，党的十四届三中全会提出：城镇职工养老和医疗保险金由单位和个人共同负担，实行社会统筹和个人账户相结合。1995年，国务院又发出《关于深化企业职工养老保险制度改革的通知》，进一步明确了社会统筹与个人账户相结合的基本养老保险制度模式；同年国务院批准了两套养老保险制度方案供各地选择并组织开展试点。1997年，国务院颁布《关于建立统一的企业职工基本养老保险制度的决定》，将两个试点办法归于统一，明确了社会统筹与个人账户相结合的养老保险模式。后来，这一制度的适用范围逐步扩展到机关事业单位正式在编职工之外的所有工薪劳动者。2015年，国务院发布了《关于机关事业单位工作人员养老保险制度改革的决定》，明确了机关事业单位与企业职工统一实行社会统筹和个人账户相结合的职工基本养老保险制度。

由此，我国完成了工薪劳动者社会养老保险制度的转轨，与原先的制度相比，新制度具有以下4个特点。（1）缴费型。参保职工及其所在工作单位共同缴费，形成养老保险基金，基金不足时，由财政兜底。（2）特殊的部分积累制。职工基本养老保险制度实行社会统筹与个人账户相结合的模式，系现收现付制与基金制的结合的混合模式。（3）社会化。明确基本养老保险由政府依法组织实施，社会保险经办机构具体经办，用人单位配合。（4）多层次。明确养老保险体系由基本养老保险、职业年金[①]和商业养老保险三个层次构成，其中基本养老保险只承担保障退休人员基本生活之责。

（二）惠及范围：由工薪劳动者扩展到全体国民

在工薪劳动者养老保险制度改革之后，国家开始考虑以农民为主体的其他社会成员的养老保险问题。20 世纪 80 年代后期，部分地区自发探索农民的养老保险机制，但因政府缺位和制度设计缺陷及运行环境变化，这项以完全个人账户管理为主要模式的农村社会养老保险在试点过程中出现了一些问题，只得暂停。2008 年，党的十七届三中全会指出，按照个人缴费、集体补助、政府补贴相结合的要求，建立新型农村社会养老保险制度。据此，2009 年国务院正式发布《关于开展新型农村社会养老保险试点的指导意见》，决定在全国 10% 的县（市、区、旗）开展新型农村社会养老保险制度试点，明确采用社会统筹与个人账户相结合的模式，基金由个人缴费、集体补助、政府补贴构成，基本养老金由基础养老金和个人账户养老金组成。此后试点范围逐步扩大。2011 年，国家又启动城镇居民社会养老保险试点。2012 年，国务院决定在全国所有县级行政区全面开展新型农村社会养老保险和城镇居民社会养老保险工作。这是一项历史性的决策，标志着基本养老保险由工薪劳动者权益扩展成为全体国民的权益，意味着基本养老保险实现了制度全覆盖，这为人人享有基本养老保险奠定了坚实的基础。2014 年，国家决定将新型农村社会养老保险与城市居民社会养老保险整合起来，建立统一的城乡居民基本养老保险制度[②]，

---

① 官方将适用于企业的职业年金称为“企业年金”，将适用机关事业单位正式在编人员的职业年金称为“职业年金”。本文依照学理和国际惯例将二者统称为“职业年金”。

② 《国务院关于建立统一的城乡居民基本养老保险制度的意见》（国发〔2014〕8 号）。

这对于促进社会公平、提高养老保险体系的运行效率，具有重要意义。

近20年来，我国基本养老保险覆盖面不断扩大（见表7-1和图7-1），建立起了全世界规模最大的公共养老保险计划。2016年11月国际社会保障协会将“社会保障杰出成就奖”授予中华人民共和国政府①，这表明我国在扩大社会保障覆盖面方面取得的成就得到了国际社会的高度认可。

表7-1　1998—2017年我国基本养老保险参保人数及待遇领取人数

单位：万人

年份	职工基本养老保险		城乡居民基本养老保险		合计
	在职参保人数	离退休人数	60岁以下参保人数	60岁以上领取人数	参保人数
1998	8 475.8	2 727.3	7 965.2	59.8	19 228.1
1999	9 501.8	2 983.6	6 371.0	89.8	18 946.2
2000	10 447.5	3 169.9	6 074.5	97.8	19 789.7
2001	10 801.9	3 380.6	5 887.0	108.1	20 177.6
2002	11 128.8	3 607.8	5 338.4	123.4	20 198.4
2003	11 646.5	3 860.2	5 230.1	197.6	20 934.4
2004	12 250.3	4 102.6	5 176.9	205.5	21 735.3
2005	13 120.4	4 367.5	5 140.2	301.7	22 929.8
2006	14 130.9	4 635.4	5 018.6	355.1	24 140.0
2007	15 183.2	4 953.7	4 779.9	391.6	25 308.4
2008	16 587.5	5 303.6	5 083.0	512.0	27 486.1
2009	17 743.0	5 806.9	5 942.1	1 335.2	30 827.2
2010	19 402.3	6 305.0	7 414.2	2 862.6	35 984.1

① 郑功成. 中国社会保障改革与经济发展：回顾与展望［J］. 中国人民大学学报，2018（1）.

续表

年份	职工基本养老保险		城乡居民基本养老保险		合计
	在职参保人数	离退休人数	60岁以下参保人数	60岁以上领取人数	参保人数
2011	21 565.0	6 826.2	24 025.7	9 156.8	61 573.7
2012	22 981.1	7 445.7	34 987.3	13 382.2	78 796.3
2013	24 177.0	8 041.0	35 982.1	13 768.0	81 968.1
2014	25 531.0	8 593.4	35 794.5	14 313.0	84 231.9
2015	26 219.0	9 142.0	35 672.0	14 800.0	85 833.0
2016	27 826.0	10 103.0	35 577.0	15 270.0	88 777.0
2017	29 268.0	11 026.0	35 657.0	15 598.0	91 549.0

注：①本表数据来自人力资源社会保障部发布的历年《人力资源和社会保障事业发展统计公报》以及国家统计局公布的历年《中国劳动统计年鉴》和《中国社会保障30年》（郑功成著）。

②表中"城乡居民基本养老保险"一项，在2010年及以前仅指"农村社会养老保险"，从2011年到2013年为"农村社会养老保险"和"城镇居民基本养老保险"合并数据，2014年开始为制度整合后的"城乡居民基本养老保险"。

（三）制度适应：从被动改革到主动建设

20世纪50年代初期开始逐步建立起来的养老保险制度，是与计划经济体制相适应的，在改革初期一度成为改革的障碍。因而，1980—1990年实行的养老保险制度改革是为了适应经济体制改革的需要，甚至被认为是国有企业改革之配套。随着认知的进步，养老保险制度改革逐渐由被动转为主动，国家开始从社会主义市场经济体系建设的整体出发，把基本养老金作为国民的一项基本权益，设计养老保险体系和制度。在这样的理念指导之下，养老保险制度顺应了改革的需要，并成为经济社会发展的推动力量。

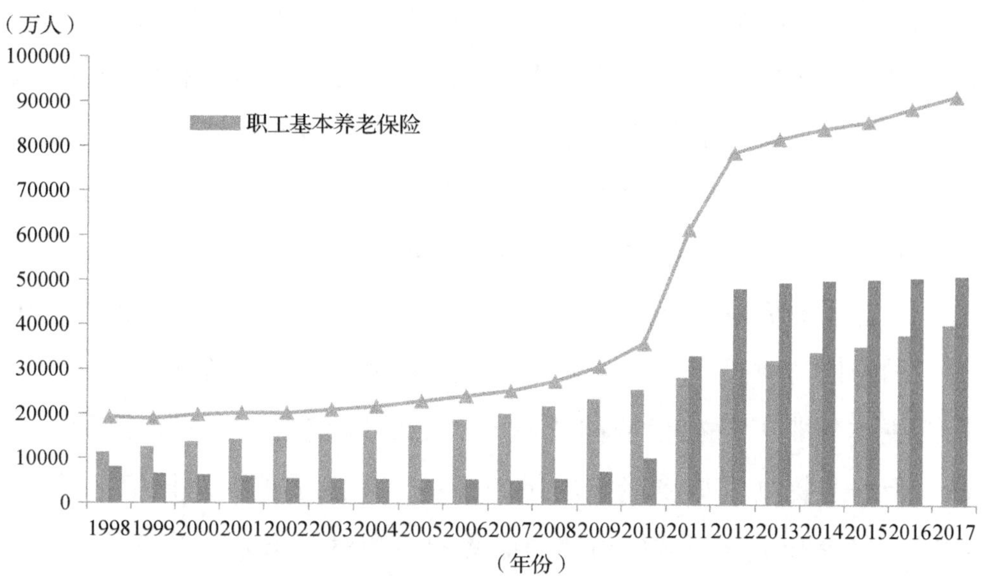

图 7-1　1998—2017 年我国基本养老保险参保人数历年变化情况

其一，养老保险制度转型顺应了国有企业改革，维护了退休人员的养老金权益，促进了社会主义市场经济体制的形成。改革初期，部分国有企业亏损，许多老企业因退休人员剧增而无力支付养老金。建立社会化的养老保险制度之后，既保障了退休人员的养老金权益，又直接减轻了那些困难企业的退休金支付负担，从而增强了这些企业的经济活力。同时，新制度下的企业劳动力基础成本相对均衡，为传统产业与新兴产业之间的平等竞争奠定了基础，也为同一产业内新老企业之间的平等竞争营造了环境。

其二，社会化的养老保险制度有益于劳动力自由流动，有益于劳动力资源优化配置，从而促进了劳动力市场一体化进程。原先的养老保险制度与劳动力单位所有制紧密联系在一起，使得劳动者难以自由流动。新的养老保险制度建立了养老保险关系转移机制，允许劳动者在工作单位变动的同时办理养老保险关系转移手续。为克服由于统筹层次较低而对养老保险关系转移带来的困难，有关部门制定了跨地区职工基本养老保险关系转移接续的办法。同时，为适应农民进城务工和城乡劳动力流动的趋势，有关部门还制定了城乡居民基本养老保险与职工基本养老保险之间互相转移的接续办法。

其三，以财政为主要资金来源的城乡居民基本养老保险制度的实施，促进了家庭和睦与社会和谐，并促进了经济增长。从 2009 年开始，国家以财政投入为主，辅之以参保人个人缴费，逐步落实了以农民为主体的非工薪社会群体的基本养老保险权益。虽然保障程度不高，但普遍提高了城乡老年居民的福利，增强了他们对国家的信任，同时直接提升了这一群体当期的消费能力和对于未来的消费信心，从而促进了经济增长。此外，从 2005 年开始，退休职工的养老金给付标准持续提高（见表 7-2），直接提高了退休职工这个群体乃至其相关家庭成员的消费能力和消费信心。

表 7-2　2001—2017 年我国基本养老保险人均基金支出情况

单位：人民币/（人，月）

年份	职工基本养老保险	城乡居民基本养老保险
2001	572.21	—
2002	656.66	—
2003	673.99	—
2004	711.36	—
2005	770.90	—
2006	880.31	—
2007	1 003.44	—
2008	1 161.10	—
2009	1 276.41	40.70
2010	1 395.04	58.21

续表

年份	职工基本养老保险	城乡居民基本养老保险
2011	1 558. 32	56. 98
2012	1 741. 70	73. 30
2013	1 914. 15	81. 59
2014	2 109. 63	91. 47
2015	2 352. 97	119. 20
2016	2 627. 44	117. 33
2017	2 875. 92	126. 73

注：① 本表数据来自人力资源社会保障部发布的历年《人力资源和社会保障事业发展统计公报》以及国家统计局公布的历年《中国劳动统计年鉴》。

② 人均基金支出=基金支出/待遇领取人数。

③ 表中城乡居民基本养老保险人均基金支出量 2016 年略低于 2015 年，这是因为新增的养老金领取人数中，待遇水平相对较低的地区增加较多，因而全国总体平均待遇水平有所降低。实际上，各地区的待遇水平都没有降低，反而有所提高。

二、当前我国养老保险领域的主要问题

在为我国养老保险制度改革成就欢欣鼓舞的同时，需要清醒地看到存在的问题，尤其是要从国家治理现代化的目标出发，审视现行制度本身的缺陷和制度运行环境的变化，从而采取有针对性的措施。

（一）基本养老保险制度依然处于分割状态

基本养老保险在养老保险体系中处于基础性地位，关系到国民基本权益的公平性和全社会收入再分配的有效性，需要有统一的制度和统一的政策。但是，现行基本养老保险制度还处于地区分割、人群分割的状态，既不公平，也有损效率。

现行基本养老保险制度框架虽然全国统一，但具体政策在地区之

间有不小的差异。现行制度并非全国统筹，地方政府有权决定本辖区内基本养老保险部分政策，尤其是筹资政策，因而不同地区之间用人单位缴费负担不均、基金余缺并存。在待遇政策方面，虽然养老金计发办法基本一致，但待遇调整政策有差异，某些省份若干年份的养老金增幅明显高于全国平均水平；某些地区通过基本养老保险基金发放抚恤金，较高的省份高达 5 万元以上，低的省份却只有 6 000 元。在缴费政策方面，适用参保者个人的费率都是 8%，但适用于单位的费率各地有较大的差异[①]，低的是 12%，高的则有 22%。还有缴费基数方面，多数地区的个人缴费基数按照上年度当地在岗职工平均工资的 60%~300%确定，但有的省份将其调低到 40%；有的地区按照本单位参保职工缴费工资之和确定用人单位缴费基数，有的地区则按照本单位工资总额确定。事实上，根据笔者长期持续关注，绝大多数地区的缴费基数低于实际工资水平，有的地区甚至不足按制度规定计算的应缴费基数之 50%。这使得基本养老保险制度这一国家统一的法定制度实际上变为地方性制度安排，从而加剧了地区之间发展的不平衡，也影响了市场经济条件下的公平竞争。[②]

现行基本养老保险制度有两个，即职工基本养老保险和城乡居民基本养老保险，分别适用于工薪劳动者和以农民为主体的其他社会成员。但是，二者之间的保障待遇差距很大。例如，2017 年，职工基本养老保险的月人均给付额为 2 875. 92 元，而同期国家规定的城乡居民基础养老金最低标准仅为每人每月 70 元，城乡居民基本养老保险的月人均给付额仅有 126. 73 元[③]，其差距竟在 20 倍以上（见表 7–2）。

① 目前养老保险单位缴费率基本统一为不超过 16%。

② 郑功成. 深化中国养老保险制度改革顶层设计［J］. 教学与研究，2013（12）.

③ 数据来自人力资源社会保障部公布的《2017 年人力资源与社会保障事业发展统计公报》。

国家对于城乡老年居民的基础养老金月给付最低标准，2009 年是 55 元，2014 年提高到 70 元，2018 年提高到 88 元，虽然有进步，但增速十分缓慢。而职工基本养老保险的给付标准增幅大大高于这个速度，从 2005 年到 2015 年，其增幅平均是年 10%左右，近三年的增幅有所趋缓，但其增加额仍然不低。虽然，这里有历史的原因，但应该承认现阶段的努力也不够。这是基本养老保险制度分割的又一典型表现。有人以农民有土地、生活成本低、养老保险缴费少等理由为此辩护，前些年有人以“双轨制”① 描述我国的基本养老保险制度现状，严重忽视了农民养老金的权益，更没有考虑到农民的历史贡献②，应当予以纠正。

（二）多层次养老保险体系尚未形成

从 20 世纪 90 年代开始，我国就确立了多层次养老保险体系建设的基本思路③，但进展并不顺利。这些年来，政府和社会关注的重点还是集中于基本养老保险，资源也集中于此。在这样的背景下，补充性养老保险发展一直较慢。截至 2017 年年末，全国仅有 8 万户企业实行了职业年金计划，参加这类计划的职工人数是 2 300 多万人，不足参加职工基本养老保险在职职工人数的 8%。同时，职业年金通常采用基金积累制，但 2017 年年末全国企业年金的基金累计结存额为 1. 3 万亿元，参加者人均 56 521. 74 元，相对全国企业在职职工平均

---

① 所谓基本养老保险“双轨制”，主要是指企业与机关事业单位采用不同的基本养老保险制度。原创者没有考虑以农民为主体的其他社会成员的基本养老保险权益。令人费解的是，此种不恰当的表述曾经广为流传。

② 何文炯. 社会保障应体现农民的历史贡献 [J]. 中国社会保障，2018 (5).

③ 最近 20 多年来，国家关于社会保障制度改革和建设的方针是逐步完善的，但一直都有“多层次”这一要点。20 世纪 90 年代的提法是“广覆盖、低水平、多层次”，21 世纪初的提法是“广覆盖、保基本、多层次、可持续”，2012 年的提法是“全覆盖、保基本、多层次、可持续”。

拥有的职业年金积存额仅4 441.71元[①]，这显然与人们的预期相差甚远。

至于社会成员个人购买商业性养老保险的情况，由于险种设计和统计口径等问题，目前没有准确的统计数据。有关部门透露，2012年全国个人年金保险的保费收入仅为1 319亿元，全国人均约为100元，几乎可以忽略不计。

之所以出现这样的局面，原因是多方面的。补充性养老保险主要是市场行为，因而可以从供求两个方面来分析。从供给看，从事此类业务的保险公司及其他金融机构的积极性很高，但其经验相对不足，缺乏有吸引力的保险产品，尤其是所筹集的资金投资绩效不够理想，这既与其经营能力有关，又与投资环境有关。从需求看，以农民为主体的非工薪社会成员的基本养老金还很低，他们希望有更多的养老金，但自身缺乏缴费能力，因而无法形成有效需求。公职人员已经有较高的基本养老金，而且还有职业年金，他们不再需要更多的养老金。余下的是非公共部门的工薪劳动者，这个群体的基本养老金能够保障基本生活，但多数不够宽裕，他们有补充养老金的需求，但筹资能力不足。事实上，用人单位普遍反映社会保险缴费负担重，多数无力再办职业年金等补充性养老保险，即便是某些经济效益较好的单位，也因劳资力量不均衡而无法实行。此外，2005年以来工薪劳动者的基本养老金持续快速增长，在公众中形成了一种预期，使得工薪劳动者及其用人单位办理补充性养老保险的内在动力有所下降。由此可见，这一领域存在结构性矛盾[②]：有购买能力者少需求，有需求者缺

① 数据为以1.3万亿元除以2017年年底职工基本养老保险在职参保人数29 268万人得到。

② 何文炯. 基本养老保险深化改革与补充性养老保险发展［J］. 中国保险，2015（10）.

购买能力。

（三）养老保险治理理念滞后，机制不到位

作为国家治理体系的重要组成部分，养老保险体系建设需要有正确的理念和有效的机制。从实践出发，还有许多方面需要改进。

一是公平性不足。养老保险有基本养老保险与补充保险之分。其中基本养老保险是以国家强制力组织实施的项目，必须贯彻社会公平的原则，确保每一个社会成员在年老之后具有购买基本生活资料的能力。但现行冠以“基本”的养老保险制度却是人群分等、制度分设、待遇悬殊，而且又是地区分治、政策各异，这是不公平的典型表现。因而，现行基本养老保险制度对于改善收入再分配状况的贡献不多，某些政策甚至产生了负面效应。①

二是可持续性偏弱。任何养老保险项目都具有长期性，因而可持续至为重要。尤其是政府组织实施的基本养老保险制度，能否长期持续健康运行，关系到每一个社会成员年老之后的基本生活，关系到国家的长治久安，也关系到执政党的执政地位。然而，由于制度设计缺陷和运行环境的变化，现行职工基本养老保险制度的基金能否实现长期收支平衡，令人担忧。根据笔者团队的研究，从平均意义上讲，该制度的参保人员所享受的养老金精算现值大于所筹集的养老保险费精算现值②，因而此项基金无法自求平衡。事实上，该制度中最低缴费年限、养老金领取初始年龄、基础养老金计发基数确定、个人账户养老金计发月数、个人账户余额继承规则等多个参数不合理。特别是随

① 何文炯．社会保障收入再分配机理分析［J］．社会科学辑刊，2018（5）．

② 杨一心，何文炯．职工基本养老保险制度设计的可持续性评价——基于基金纵向平衡的分析［J］．人口研究，2016（3）．

着人口老龄化不断加剧，承担供款职责的年轻一代的负担日益沉重，代际矛盾将逐渐增加，因而如何建立一种有效的适应机制，以实现代际均衡，成为一个重要课题。

三是权责不清晰。任何制度和政策的成功实施，都是基于相关主体清晰的职责和权利义务关系。然而，现行养老保险体系中存在诸多模糊不清的关系，例如：基本养老金的职责是什么，其中是否应该包含老年人可能的医疗费用和照护服务费用，基本养老保险筹资责任在政府、用人单位和参保者个人之间如何分担？基本养老保险制度改革过程中形成的转制成本如何计算，如何落实？现在都没有清晰的答案和可操作的机制，尤其是养老保险转制成本长期未能解决，直接导致年轻一代及其用人单位负担沉重。

四是共建共享欠缺。养老保险是以保险方式为社会成员提供老年收入保障的风险保障项目，互助共济是其本质特征，共建共享是其基本理念。然而，在我国的文化传统中，互助共济的因素相对缺乏，因而在养老保险及其他社会保障项目的制度设计或政策实施过程中，常常走偏。例如，2010年制定的《社会保险法》就明确了基本养老保险全国统筹的目标，但迄今仍无实质性进展，前些年推进省级统筹，除了几个直辖市之外，许多地方所宣布的“省级统筹”均非严格意义上的省级统筹。现行基本养老保险制度中设置了个人账户，参保者个人缴纳的养老保险费用只是留在本人的个人账户中，并没有进入统筹基金。这样的制度安排，无法培育社会成员的保险意识和互助共济文化，无法落实共建共享的理念。

三、中国养老保险未来发展展望

党的十九大报告明确提出我国社会主要矛盾已经转化为人民日益

增长的美好生活需要和不平衡不充分发展之间的矛盾，以“美好生活需要”取代“物质文化生活需要”实质上是中国民生发展的质的升华。[①]在这样的背景下，养老保险作为重大的民生保障制度安排，必然需要加快走向定型，从而为社会成员提供更加公平、可靠、有效的老年收入保障。

（一）定位更加明确

养老保险的目的是保障社会成员年老之后有稳定的收入来源，以满足其养老之需要，因而首先需要在老年保障体系合理定位。从老年人的特点出发，老年人主要面临着贫困、疾病、失能和孤独等风险，因而老年保障体系通常包括收入保障、健康保障、照护保障、精神慰藉和无障碍环境等项目。[②] 养老保险属于老年收入保障，负责解决老年人的基本生活来源；健康保障的目的是保障社会成员具有购买健康服务的能力；照护保障和无障碍环境是应对失能风险的保障项目；精神慰藉则是应对孤独风险的保障项目。因此，老年保障需要一个完整的制度体系，养老保险是其中的重要项目，但不能也不应当替代其他制度安排。

然而，由于医疗保险还不健全，照护保障并未建制，养老保险最受重视，养老保险就承担着较多的责任。养老金不仅要用于购买衣食等一般生活资料，而且要为可能的疾病和可能的失能储备资金，因为某些疾病可能需要大额的费用，重度失能则需要持续的照护费用。事实上，重大疾病和重度失能并非人人都会遇到，即并非人人都需要这样的费用，但似乎所有人都要储备着，这显然是制度结构的不合理。

---

① 郑功成. 习近平民生思想：时代背景与理论特质［J］. 社会保障评论，2018（3）.

② 何文炯. 老有所养：更加平衡、更加充分［J］. 国家行政学院学报，2017（6）.

因此，从全社会资源优化配置的目标出发，应当重新考虑养老保险的功能定位，让其回归到承担老年生活基本收入来源的职责，让养老保险逐步减负，这将是一种合理的发展趋势。

在此基础上，还需要明确基本养老保险与补充性养老保险的职责分工。因为这二者之间有替代关系，且后者受前者的影响。基本养老保险是依法强制实施的项目，而补充性养老保险则是民间的自主自愿行为，包括职业年金（含企业年金）和商业性或互助合作性养老保险等，这些项目分别由用人单位和社会成员根据自己的养老金需求和财务能力确定。因此，需要从基本养老保险制度的政策目标出发，厘清其与补充性养老保险的关系。当务之急是要以此为基础确定养老金标准，并考虑生活成本提高、适度分享社会发展成果，建立新的养老金调整机制。

（二）权责更加清晰

现行养老保险体系的诸多问题，与权责不清有关。前述制度定位也是一种权责关系，即养老保险在老年保障体系中扮演什么角色，基本养老保险担当什么职责，都涉及权利义务关系，其核心是政府在老年收入保障领域的责任。此项权责明晰之后，主要就是基本养老保险和职业年金中各主体的权责及其实现机制需要明确，因为商业保险中的权利义务关系是通过保险合同建立并确认的，互助合作型保险中的权利义务关系是通过互助合作机构的章程来建立并确认的。

就基本养老保险而言，当前的重点包括以下两个方面。一是用人单位的缴费职责。这是一项劳动力基础成本，我国的基本养老保险费率相较国际水平属于偏高，因此，要以保障基本养老金给付需要和保持企业发展活力为双重目标，降低费率，使劳动力成本控制在合理的范围之内。二是财政的责任。基本养老保险是政府举办的保险，通常情况下政府财政承担保险费补助、经办服务费用支付、基金兜底等责任，但较为有利的方式不是负责兜底，而是按比例分担基金支出责任更佳，同时还要改变中央政府负担重、地方政府负担轻的格局。此外，还需要妥善化解养老保险制度转轨过程中产生的历史负担问题。

职业年金中的权责关系有两个层面：一是用人单位内部职工与单位之间的权责关系，需要建立有效的机制，尤其是发挥工会组织的作用，明确职业年金中养老金的计发办法和单位与个人的筹资比例关系；二是用人单位与基金受托人之间的权责关系，需要通过规范的合同来确认。这两者均需要主管部门完善规范并加以引导。

（三）制度更加完备

针对现行养老保险制度存在的诸多缺陷，需要加快改革的步伐。

第一，加快推进职工基本养老保险全国统筹。基本养老保险统筹层次低的局面需要尽快改变。最近，中央调剂金制度已经建立，这是推进全国统筹的重要一步，但离真正意义上的全国统筹还有较大差距。为此，一要稳步提高中央调剂金的调剂力度；二要尽快做实省级统筹，因为目前多数省份并没有实现统收统支式省级统筹；三是做好统收统支式全国统筹的准备工作，特别是把相应的基础工作做好。

第二，适时推进基本养老保险“统账分离”式改革。建议把统筹基金对应的部分变成全国统收统支的基本养老保险制度（或国民年金制度），将个人对应的部分归入职业年金（含企业年金）。统筹基金不再承担个人账户基金的兜底责任，基金的产权变得更加清晰，基本养老保险制度的互助共济性变得更强。当然，这里需要妥善处理转制成本，兑现历史承诺，使改革能够平稳过渡。

第三，控制和缩小群体间基本养老金待遇差距。基本养老保险制度要坚守“保基本”的原则，按照“抑峰填谷”的思路，建立合理的待遇确定和调整协调机制，严格控制高保障人群的基本养老保险待遇，稳步提高农民等低保障人群的基本养老保险待遇。同时，鼓励中高收入群体参加职业年金和商业性或互助合作性养老保险，提高补充性养老保险水平，保持基本养老保险制度改革平稳过渡，真正形成结构合理的多层次养老保险体系。

第四，完善待遇给付规则和筹资机制。借鉴国际经验，以确保老年人具有购买基本生活资料的能力为目标，确定合理的基本养老金给付标准及目标替代率，同时建立由具有专业背景的工作人员按照清晰规则决定养老金调整幅度的机制；改变“多缴多得”的思路，降低基本养老金与参保者个人缴费的关联度，适度提高最低缴费年限[①]，修改个人账户养老金计发方法[②]；统一规范各地丧葬费确定规则和发放标准，重新审视退休人员抚恤金的功能定位，规范各地做法；统一规范基本养老保险缴费基数确定方法和缴费比率，做实缴费基数，规范用人单位和参保者个人的缴费行为；基于清晰的学理，设法从国有资本、土地征用收益等途径筹措基本养老保险资金。

（四）运行更加有效

深化养老保险改革的一项重要任务，就是创造有效的运行机制和良好的运行环境，以提高整个制度安排的效率。

第一，优化养老金体系结构。[③] 养老保险体系的运行效率，在很

---

① 〔日〕高山宪之．日本公共养老金制度设计如何借鉴国际经验［J］．社会保障评论，2018（3）．

② 杨俊．个人账户养老保险制度管理的“账户化”研究——以新加坡、智利和瑞典为借鉴［J］．社会保障评论，2018（8）．

③ 林义．中国多层次养老保险体系的制度创新与路径优化［J］．社会保障评论，2017（3）．

大程度上决定于基本养老保险与补充性养老保险之间的合理分工。改革前的养老保险是单一层次，改革之后采用多层次体系，这是为了提高效率，但如果二者的结构不合理，则效率也不会高。因此，要在维持基本养老保险的适度保障水平的条件下，加快发展职业年金和个人养老保险，以增强社会成员参加补充性养老保险的内在动力。

第二，提高养老保险基金投资回报率。从学理上讲，养老保险基金投资回报率与制度运行成本密切相关，国际上也有不少成功的经验。但从我国的情况看，无论是基本养老保险基金，还是补充性养老保险基金，投资回报率都不高。尤其是基本养老保险，尽管基金量很大，但实际参与投资的资金量却不大，且投资回报率很低。因此，要为基金投资创造良好的环境，健全投资机制，提高基金投资的专业化水平，培育一支具有高度责任感和专业技能的骨干队伍并建立激励机制。

第三，建立精算报告制度。精算是一门技术，更是一种机制。作为一项长期性的制度安排，基本养老保险必须要有精算平衡机制。因此，要加强定量分析，全面提高制度运行的科学化水平。各级经办机构都需要建立基本养老保险基金风险预警机制，并建立相应的预案，确保养老金发放和基金安全。

第八章

中国养老金制度改革 40 年：演变逻辑与理论思考

鲁　全[①]

摘要：改革开放 40 年来，中国的养老金制度改革取得了举世瞩目的成就。它既是中国改革开放与整体转型的重要组成部分，也是全球养老金改革进程中令人瞩目的焦点。本文梳理了改革开放 40 年来中国养老金制度变革的基本线索，总结了改革的成就与问题，并进行了理论反思和改革展望。

关键词：改革开放 40 年　养老金制度　变迁

一、引言

中国的改革开放是 20 世纪以来全球经济社会变迁长卷中最令人瞩目的一页，它不仅深刻影响着中国的经济社会形态，而且也对世界

① 鲁全：中国社会保障学会秘书长、中国人民大学副教授。本文主要内容曾发表于《社会保障评论》，2018 年第 4 期。

经济社会发展格局产生了重大影响。2018年是中国改革开放40周年，从经济社会发展周期和效果显现的角度来看，对40年来相关领域的改革与发展进行回顾梳理和理论总结，探求发展规律，总结经验、反思不足、启迪未来，必将有利于国家的健康与可持续发展，真正实现中华民族伟大复兴的强国梦。

中国的养老金制度改革也是在改革开放的宏观背景下展开的，并且构成了从传统的计划经济向中国特色社会主义市场经济转型的重要组成部分。这场全面而深刻的变革亦成为全球养老金改革进程中令人瞩目的焦点。目前，中国既是世界上老年人口最多的国家和基本养老保险制度覆盖人口最多的国家，也是人口老龄化速度极快、养老保险制度面临挑战较大的国家。在这样的历史背景和时间节点上，全面回顾、总结和反思中国改革开放40年来的养老金制度变革是十分有必要的。

需要特别说明的是，养老保险制度作为一个跨代的长期制度安排，其政策变革的真正效果很难在短期内进行准确与客观的评估，而40年的周期则较为恰当①，彼时的参保者已经成为此时的退休者，旧制度和新制度中的退休者亦同时并存，制度变革的效果会更加全面地呈现。

① 同样是在20世纪80年代初引人注目的智利养老金私有化改革，亦是在近些年开始暴露了根本性缺陷，引起大规模社会运动，成为影响社会稳定的因素。这样的事实恰恰说明对养老保险制度改革的评价需要一定的时间周期。

二、中国养老金制度变迁的基本线索

（一）养老金制度整体变迁的基本线索

改革开放40年以来，中国养老金制度整体变迁的基本线索是伴随着计划经济向市场经济的转型，从以城市居民为对象的国家—单位退休金制度向以全体国民为对象的社会养老保险制度转变，其本质是对经济生产方式的适应过程。这种变迁可以从三个视角来理解，分别是城镇居民退休金向社会养老保险的转变，农村居民养老金权利的从无到有，以及从城乡分割走向城乡统筹。

1. 城镇居民：生产关系的变化与养老金制度变迁

在计划经济时期，退休金是城市劳动者的“专利”，是其“单位保障”的重要组成部分。劳动者本人不需要缴费，退休金全部来源于单位，从而可以被视为“工资的延期支付”和其终身雇佣关系的重要体现。由于计划经济时期所有单位（无论是企业还是公共部门）的背后都是国家力量，因此个人与单位关系的实质就是个人与国家的关系。[①] 如果说就业是劳动年龄阶段个人与国家紧密联系的纽带和个人之“国家身份”的体现，那么退休金则是退休后个人与国家紧密关系得以延续的最重要体现。

伴随着市场经济体制的建立与完善，企业与政府的边界开始重新界定，企业逐渐成为独立的市场主体。劳动者与企业的关系也从计划经济时期复杂的经济社会关系转变为较为单纯的雇佣关系，劳动的商品化属性增强，劳动关系的社会属性被削弱，劳动者与企业的关系伴

---

① 郑功成，等. 中国社会保障制度变迁与评估［M］. 北京：中国人民大学出版社，2002：10.

随着劳动交换过程的结束而中止。劳动者一旦因年老而退出劳动力市场，雇主就没有直接支付其养老金的义务。在这样的背景下，一个独立于企事业单位之外、社会化运行的养老保险制度便呼之欲出。其标志是1986年国务院发布《国营企业实行劳动合同制暂行规定》，要求劳动合同制工人退休费用实行社会统筹[①]，由企业和工人共同缴纳，以及2015年国务院发布《关于机关事业单位工作人员养老保险制度改革的决定》，要求基本养老保险费由单位和个人共同负担。

2. 农村居民：生产方式的变化与养老金权利的实现

在计划经济时期，农村居民没有严格意义上的养老金，其老年收入主要来源于劳动收入和家庭内部的经济支持。伴随着改革开放的进程，农村居民的生产方式发生了重大变化：一方面，大量农村剩余劳动力进入城市，形成户籍身份（农民）与职业身份（工人）分离的大规模农民工群体；另一方面，快速的城镇化进程使得城市的地理外延不断扩张，并由此形成户籍身份与生产资料占有方式分离的失地农民。同时，伴随着农业机械化程度的提高，第一产业从业者的数量从1978年的2.83亿人下降到2017年的2.15亿人，从业总人口的比重从70.5%下降到27.7%。

农民[②]生产方式的重大变化对其老年收入产生了直接的影响。其中，农民工的出现冲击了传统的农村家庭结构，导致家庭保障功能减弱，而最重要的生产资料——土地，其丧失则更加直接影响了老年人的收入来源。在这样的背景下，国家于2009年开始试点新型农村社会养老保险制度，并于2014年年初与城镇居民社会养老保险制度合并实施，成为城乡居民社会养老保险制度。这标志着中国农民在历史

① 郑功成. 中国社会保障30年［M］. 北京：人民出版社，2009：60.

② 这里的农民是指其户籍身份，而非职业身份。

上首次获得了由国家提供的、制度化的养老金，也标志着养老金权利从基于劳动权的衍生权利（只有受雇劳动者才有养老金）扩展为基于国民身份的基本权利。

3. 从城乡分割到城乡统筹

在计划经济时期，劳动者的职业身份和就业所在地相对稳定，流动性极低，而经济体制改革必然带来生产要素的自由流动，跨单位、跨行业、跨区域的流动规模不断增大、越加频繁，尤其是城乡之间劳动力流动的规模不断加大。统计资料显示，2017年农民工数量达到2.86亿，占城镇就业人员的67.5%，已经成为支撑经济发展最重要的劳动力大军。

在计划经济体制下，退休金是城镇居民的专利，而随着户籍身份与职业身份的分离、国民经济实力的日益增强、城乡居民养老金平等权益诉求的提升，以及经济发展方式转型的推动，中国的养老金制度从城乡分割逐渐走向城乡统筹。其主要方式有两个：一是通过新建制度扩大制度覆盖面，即2009年试点新型农村社会养老保险，2011年试点城镇居民社会养老保险，分别将农村居民和城镇居民纳入制度框架；二是维护劳动者在职业身份转变和就业地转变过程中的养老金权益不受损，即2010年颁布《城镇企业职工基本养老保险关系转移接续暂行办法》，2014年颁布《城乡养老保险制度衔接暂行办法》。从城乡分割到城乡统筹转变的实质是养老金权利不再与户籍挂钩，而与职业身份挂钩。养老金待遇不再成为人们跨区域、跨行业流动的阻碍因素。

（二）职工养老保险制度变迁的基本线索

我国的基本养老保险体系由企业职工基本养老保险、城乡居民基本养老保险和机关事业单位工作人员基本养老保险共同构成，虽然目前来看城乡居民基本养老保险的参保人数最多，但职工基本养老保险仍然是基本养老保险体系的主体与核心。[①] 职工养老保险制度的变革时间最早、引起的关注最多、情况也最为复杂，所以，本节进一步探究改革开放以来职工基本养老保险制度变迁的基本线索。

1. 制度模式之争：社会统筹与个人账户

统账结合是我国职工基本养老保险制度的基本模式，其缘起于1993年党的十四届三中全会通过的《中共中央关于建立社会主义市场经济体制若干问题的决定》，明确提出城镇企业职工基本养老保险实行社会统筹与个人账户相结合。随后，有关统账结合的模式之争、个人账户虚实之争贯穿职工养老保险制度改革全过程。

1995年，国务院发出《关于深化企业职工养老保险制度改革的通知》，提出了统账结合的两个实施办法；1997年，国务院颁布《关于建立统一的企业职工基本养老保险制度的决定》，结束了各地各行其是的做法，将个人账户规模确定为11%；2000年，国务院颁布《关于完善城镇社会保障体系的试点方案》，将个人账户规模下调到8%，并要求做实；2005年，国务院发布《关于完善企业职工基本养老保险制度的决定》，要求逐步做实个人账户（5%起步），随后试点地区从东北三省扩大到13个省区；2010年，相关部门批准辽宁省向已经做实的个人账户基金借支发放当期养老金，标志着做实个人账户遭遇困境；2013年，相关部委启动养老保险顶层设计工作，部分研究机构提出“名义账户”或“大账户”方案，但决策部门未予以采纳，“十三五”规划要求“完善职工养老保险个人账户制度”，不再要求

① 鲁全. 城镇化、就业质量与城乡统筹养老保险制度［J］. 学海，2016（2）.

做实。回顾 40 年统账模式之争不难发现，职工基本养老保险制度改革是个人账户规模不断缩小的过程，亦是不断回归制度互助共济本质属性的过程。

2. 制度责任主体之争：统筹层次不断提高

职工养老保险统筹层次的提高是沿着行政层级和行业—地方关系两条线索展开的。一方面，受到从单位保障向社会保障整体转型的路径制约，职工养老保险显然无法一步实现全国层面的社会统筹，而是经历了一个按照行政层级序列，从区县统筹到地市统筹，再到省级统筹，最后将目标明确为全国统筹的过程。然而，由于各省区的实际情况差异较大，目前不同省区的实际统筹层次有较大差别。这种差别不仅体现在基金的统筹层次上，而且表现在实际费率、基金管理体制、养老金计发标准等政策内容上，使得原本应当全国统一的制度沦落为地方性制度安排，不仅影响了职工养老保险制度本身的可持续发展，也破坏了区域之间公平的竞争环境。2018 年，国务院印发《关于建立企业职工基本养老保险基金中央调剂制度的通知》，向全国统筹迈出了实质性的步伐。

另一方面，统筹层次还经历了行业—地方关系的调整。20 世纪 80 年代后期，国务院陆续批准了铁路、邮电、电力、水利、建筑五个部门实行养老保险行业统筹；1993 年又批准了交通、民航等六个部门实行行业统筹①，由此导致行业统筹与地方统筹并存的混乱局面。直到 1998 年劳动和社会保障部成立，才实现了养老保险行政管理的统一。同年 8 月，国务院发出《关于实行企业职工基本养老保险省级统筹和行业统筹移交地方管理有关问题的通知》，逐步实现了行业统筹

① 郑功成. 中国社会保障 30 年［M］. 北京：人民出版社，2008：58.

向地方统筹的转变。回顾40年管理体制之争不难发现，职工基本养老保险制度改革是管理层级不断提升、管理主体不断集中[①]的过程，也是从以试点为引导、差异化的地方性制度安排走向以顶层设计为引导、统一化的全国性制度安排的过程。

3. 制度功能之争：激励性与再分配

激励性与再分配是养老保险制度设计中需要考虑的两个重要因素，首先体现在个人账户与社会统筹的比例关系上。虽然从个体"经济理性"的角度出发，个人账户看似比社会统筹更具有激励性，但作为一种集体性和强制性的制度安排，这种激励机制并未实际发生作用，上文对统账结合的回顾也说明了这一点。激励性与再分配关系的平衡还体现在养老金待遇的确定方式上。

1997年的改革统一了职工基本养老金的计发办法，其中基础养老金标准为本地上年职工月平均工资的20%，这种待遇计发办法与个人的缴费水平、缴费年限均无关系，而只与其所在地的经济发展水平有关，从而再分配性强、激励性较弱，几乎可以被视为一种均等化的养老金；2000年的试点方案调整了计发办法，将基础养老金水平与缴费年限相挂钩，同时引入个人账户养老金计发月数，将个人账户养老金水平与退休年龄挂钩；2005年的改革在保留社会平均工资的同时，又通过引入个人指数化缴费工资，将基础养老金水平与缴费基数挂钩，逐步实现了制度模式上强调社会统筹的根本属性与技术方案上兼顾激励性与再分配的平衡。综合考察职工养老保险的制度模式与计发办法不难发现，改革初期在制度模式上通过引入个人账户强调效率，但技术环节（计发办法设计）却以再分配为主；经过40年的改革，制度

① 从整个养老保险制度体系看，管理主体的集中不仅包括职工养老保险从行业统筹向地方统筹的转变，也包括农民养老保险管理主体从民政部归并到原劳动和社会保障部的过程。

模式强化了社会统筹，而技术方案上则引入了激励性因素，从而纠正了目标与技术手段的关系。

三、养老金制度变迁的基本特点：成就与问题

中国改革开放的伟大实践实现了中华民族从站起来到富起来的转变，而中国养老金制度的变迁也取得了非凡的成就。对改革开放40年来中国养老金制度变迁的基本评价是：中国的养老金制度是从单位人走向社会人的坚实后盾，保障和促进了个人的自由；是经济体制改革的安全网，基本实现了与经济发展的良性互动；是全体国民老年收入保障的压舱石，有效缓解了老年人的经济后顾之忧；是全球最为精彩的养老金改革大舞台，展现了所有可能的养老金搭配模式；是全世界最大的老年收入保障网，为全球社会保障覆盖面的扩大做出了杰出贡献。当然，我国的养老金制度改革也暴露出一些深层次的问题，面临着一些新的挑战，下面做具体分析。

（一）中国养老金改革总体上适应了生产方式的变革，保障和促进了个人自由，但也面临部分权益受损的情况

养老保险作为一种经济社会制度，必定要适应生产力的发展和生产关系的变革，更应当保障和促进个人的自由。对于养老保险制度的产生，有保守的观点认为：它强制人们进行缴费、干预个人的经济分配权，从而阻碍了个人的经济自由。这种观点是狭隘的。中国养老金制度改革的实践恰恰说明，养老保险制度是保障和促进个人自由的。在计划经济时期，老年收入来源于家庭成员、土地收益或者用人单位，从而形成了一种人身依附关系，即老年收入的稳定性和水平必须依赖于某人或某物。家庭结构不同、子女的孝顺程度与经济状况不

同、所在单位的经济效益不同，老年人的收入就会有所差异；劳动者一旦进行跨地区或者跨行业地流动，人身依附关系中断，养老金权益就会受损甚至消失，在这样的机制下，人们自由经济权利的获得将以丧失养老金权益作为代价。社会养老保险制度的引入，则使得个人的老年收入不再依赖于他人或他物，转而依靠社会统筹、代际互助的机制，养老金权益也不会因为职业流动或就业地变化而消失，不再成为人们实现经济自由的阻力或代价。简而言之，如果说改革开放使人们摆脱了土地、户籍等因素的限制，实现了生产要素更加充分的流动和优化配置，那么养老金制度的整体转型则使得这种流动没有了后顾之忧，个人自由得以真正实现。

但是，在具体的政策设计和操作环节，仍然面临一些养老金权益受损的情况。例如，在从历史权益向现实权益的转变与实现过程中，视同缴费年限的认可还缺乏操作方案；部分地区在企业转制转轨过程中，未能充分保障或实现职工的养老金权益；农民的历史贡献未得到充分体现等。又如，现行职工基本养老保险跨统筹地区转移程序较为复杂，养老金权益的可携带性较差。统计数据显示，2015 年全国共办理职工基本养老保险跨省转移接续 208 万人次①，远远低于当年跨省流动的农民工数量。再如，在职业身份转化过程中的养老金权益累积问题，等等。

（二）中国养老金改革缘起于经济体制改革也为经济发展提供了有力支撑，但也成为影响经济均衡发展的致因

中国的改革开放首先是在经济领域进行的，养老金制度改革也缘

① 人力资源和社会保障部社会保险事业管理中心．中国社会保险发展年度报告 2015 [M]．北京：中国劳动社会保障出版社，2016：9.

起于国有企业改革，从而被视为国有企业改革的重要保障措施和社会主义市场经济体制的重要组成部分。市场经济体制改革要求企业成为独立自主、自负盈亏的市场主体，要求建设公平的市场竞争环境，而不同企业的历史负担和人员结构不同，因此必然要求建立社会化的风险化解机制，解决“人往哪里去”的问题。如果没有社会化养老保险制度的建立，国有企业改革必然无法成功，经济的“软着陆”也无法实现。经过 40 年的改革，一个独立于企事业单位之外的、社会化运行的养老保险体制已然建立，用人单位单方面承担责任的机制亦被多方缴费的责任分担机制所取代。养老保险从雇主责任转变为社会责任，成为企业专注于生产经营和市场竞争的有力支撑。不仅如此，从宏观经济运行的角度看，养老保险制度的建立还有效化解了人们的后顾之忧，有利于提振人们的信心、提高当期的边际消费倾向，从而助力了经济增长方式的转变。①

但是，当前养老金的制度分割与区域分割也成为影响经济区域均衡发展和高质量发展的重要因素。一方面，养老金制度的城乡统筹并未带来城乡居民养老金水平差距的缩小，广大农村居民的养老金水平仍然较低，从而无法为广袤农村地区消费市场的开发提供有力支撑。另一方面，职工养老保险区域分割状况依旧，不同统筹地区的实际缴费负担差异极大：经济发达地区人口结构年轻、实际缴费负担轻、吸引投资能力强，进而创造了更多的就业岗位，从而维持较轻的缴费负担；相反，经济欠发达地区人口流失严重、缴费负担重，进而影响投资环境和经济活力，造成人口的进一步外流。② 养老保险作为法定劳

① 魏勇. 社会保障、收入门槛与城镇居民消费升级［J］. 社会保障评论，2017（4）.

② 李静. 我国养老保险缴费与对外直接投资的相关关系研究——基于面板数据联立方程组的实证研究［D］. 中国人民大学硕士论文，2018.

工成本，由于制度分割，导致在全国不同省区之间的实际缴费负担有不小差异，并因此成为影响经济均衡发展的因素。除此之外，制度的区域分割还造成了名义费率过高，在一定程度上加重了用人单位，尤其是欠发达地区企业的负担，亦不利于经济的长期可持续发展。

（三）中国养老金改革编织了覆盖人口最多的老年收入保障网，但人们对养老金制度的信心仍然有待提升

如前所述，在计划经济时期，养老金只覆盖城镇居民，经过40年的改革，通过“建制”和“扩面”两条路径，一个覆盖全民的基本养老保险体系已经基本建立。一方面，通过新建制度，将农村居民、城市居民纳入养老保险体系，使养老保险权利实现“去劳动化”，而成为一种普遍的国民权利。[①] 目前，我国的城乡居民基本养老保险参保人数超过5亿，已经成为全世界最大的单体养老金制度，确保了所有年满60岁的城乡老年人都能够领取一定金额的养老金。另一方面，通过强化社会保险经办能力，实施全民参保登记计划，逐步扩大养老保险的实际覆盖面。统计资料显示，1993年共有7 336万名职工参加社会统筹，占当时工资劳动者数量的26.5%，2018年参保职工达到2.93亿人，占第二、第三产业从业人员的51.6%。

但是，目前国民对养老金体系的信心仍然有待提升。造成这种社会现实的因素是极其复杂：其一，人口老龄化。中国正在经历快速的人口老龄化，人口老龄化必然会对现收现付养老金制度产生挑战。但我们同时也要认识到，中国目前的老龄化绝对程度并不高，劳动生产率的提升也可以在一定程度上抵消人口结构的影响，从而仍然具备制

① 严格意义上讲，根据《社会保险法》的规定，外国人也可以参加各项社会保险制度，国籍也不再成为权利实现的前提。

度调整和完善的窗口期。其二，制度长期理性与个人短期理性的冲突。养老保险是一个跨期的风险化解机制，是利用集体的力量来抵御个人的风险，使得有些人很难理解这种长期的制度安排，甚至引发不信任感。其三，由于对制度发展规律认识不足导致的改革波动频率较高，进一步影响了民众对制度的信心。如前所述，从1995年到2005年的十年时间，国务院先后四次出台有关职工养老保险制度的改革方案，这既体现出了对养老金改革的重视，也反映了决策部门对养老金制度发展规律认识不足而不得不调整。原本应以稳定性至上的制度却遭遇多次变革，必然会影响民众对其的信心。其四，其他因素进一步放大了制度的风险，包括媒体的渲染、理论学术界的争论等，都使得原本处于后台的技术风险异化为表现在前台的制度风险。

（四）中国养老金改革为全体国民提供了较为稳定的老年收入来源，但未形成合理预期和多层次体系

养老金制度是维持老年人基本生活、分享经济发展成果的重要方式，我国建立养老保险制度以来，尤其是进入21世纪之后，养老金的总体水平稳步上升。其中，职工养老保险自2005年以来，连续14年提高退休人员待遇；城乡居民养老保险制度建立不到10年，虽然总体水平仍然较低，但基础养老金最低标准已经两次调整，从此前的每月55元提高到88元，相关部门还于2018年发布了《关于建立城乡居民基本养老保险待遇确定和基础养老金正常调整机制的指导意见》。毋庸置疑，社会化的养老金已经成为老年人最重要的收入来源之一。

与此同时，在养老金体系中，基本养老保险“一层独大”，老年人对基本养老保险的期望过高，多层次养老金体系建设进展缓慢，全

方位的责任分担机制仍未建立。[①] 统计数据显示，2016 年全国城镇职工平均养老金水平是当年城镇居民人均支出的 1. 36 倍，是当年城镇居民人均收入水平的 93. 8%，是当年城镇非私营单位就业人员平均工资的 46. 7%。与基本养老保险迅猛发展相比，企业年金的发展速度和规模则不令人满意，统计资料显示，2000 年全国参加企业年金的从业人员为 560 万人，占当年城镇单位从业人数的 4. 8%，2016 年，参加企业年金的职工为 2 325 万人，也仅占当年城镇单位从业人数的 13%。从全球的经验来看，建立多层次的养老金体系几乎是应对人口老龄化挑战的唯一出路，在尽快实现基本养老保险制度定型的基础上，我国下一阶段改革的重点就应当是加快建设多层次养老金体系。

（五）中国养老金改革展现了可能的养老金搭配模式，但也反映了对制度基本规律的认识不足

从组成要素上看，养老金制度设计是收支关系（缴费确定型或待遇确定型）与财务模式（现收现付或完全积累）的搭配组合。传统意义上，缴费确定型与完全积累搭配、待遇确定型与现收现付搭配，但也可以进行交叉搭配。在中国养老金制度改革的设计与实践中，各种养老金搭配模式都出现过，从而呈现模式的多样化。例如，无论是职工养老保险还是居民养老保险中的个人账户，其目的都是为了进行积累，如果按照传统的积累制运行方式，其收益率无法确定，但由于我国个人账户的积累资金未全部用于市场投资，由此采取的是固定的记账利率，使得完全积累制的待遇亦可以“被确定”；相应地，待遇确定型养老金往往与现收现付的财务模式相匹配，因为需要根据人口

① 林义. 中国多层次养老保险的制度创新与路径优化［J］. 社会保障评论，2017（3）.

结构来调整缴费，实现以支定收，从而无法实现缴费确定。但我国职工养老保险个人账户的空账运行，使得其兼具缴费确定和现收现付的特质。中国各项养老金制度的要素搭配方式参见表 8-1。

表 8-1　　　　中国养老金制度中的要素搭配方式

财务模式 收支关系	现收现付	完全积累
缴费确定	运行中的职工养老保险个人账户（空账部分）	设计中的居民养老保险个人账户（定额缴费）
		设计中的职工养老保险个人账户（定比例缴费）
待遇确定	居民养老保险基础养老金（定额待遇）	运行中的居民养老保险个人账户
	职工养老保险基础养老金（定比例待遇）	运行中的职工养老保险个人账户（做实部分）

中国养老金制度模式的多样性既有中国在全球范围内进行主动学习的积极因素，也有政策实践偏离政策设计的偶然性因素。例如，统账结合模式在最初设计时是为了兼顾社会统筹与个人账户的优点，从而在对国际经验进行学习借鉴的基础上进行的政策要素组合，体现了一定的创新性。但在政策实践过程中，因当期养老金发放压力而挪用个人账户基金并由此导致职工养老保险个人账户空账，虽然其运行机制与名义账户制度基本相同，但显然并非是主动政策创新的结果，而具有极强的偶然性。这种政策实践与政策设计的偏离，恰恰说明了在改革初期对养老保险基本运行规律和制度逻辑的认识不足。

四、对 40 年来中国养老金制度变迁的理论思考

40 年来，中国养老金制度翻天覆地的改革实践为养老金制度的

理论研究提供了最生动的内容和最丰富的营养。从理论上分析和总结中国养老金制度改革历程，可以发现四个基本转变：一是从被动适应性改革向主动谋划性改革转变；二是从分散的地方试点向中央主导下的央地分责转变；三是从户籍身份为基础向以职业身份为基础转变；四是从简单借鉴国际经验向深刻把握制度本质规律并扎根中国实践、形成中国方案转变。

（一）从被动适应性改革向主动谋划性改革的转变

在改革开放后的很长一段时期内，中国养老金制度的改革都体现了明显的“被动适应性”。这种“被动适应性”的内涵包括了两个方面的内容：一是对生产方式变化和社会结构变化的适应；二是这种适应是被动的，而非主动的。就适应性而言，改革开放以来养老金制度的整体转型就是为了适应经济体制转型和社会结构的变化，并且基本实现了这个目标。社会化的养老金让企业可以卸下发放“退休费”的包袱，真正成为自负盈亏的市场主体；让个人不再单纯依靠家庭成员，将基于单个家庭的赡养关系转变为基于整体的代际赡养关系；让农民的生产资料不再成为其老年收入的唯一来源。就被动性而言，中国的养老金制度变革并非完全是遵循其内在发展规律的自然演变过程，也没有经历西方资本主义国家单向的从经济权利到政治权利，再到社会权利的过程，而往往是社会经济压力环境下的被动结果或其他改革的支持措施。例如，21世纪初，企业年金被过分关注的事实与当时迫切希望发展资本市场有着密不可分的关系；新农保试点可以被视为2009年前后应对金融危机、提振国民消费的举措之一；[①] 机关事

① 鲁全，等. 新型农村社会养老保险政策议程模式研究——基于多源流理论框架的解释［J］. 黑龙江社会科学，2013（3）.

业单位养老金制度改革是在强大的社会舆论关注下推进的；当前降低社会保险缴费率亦是企业减负的重要手段等。

2013 年相关部委启动养老保险顶层设计工作，标志着养老金制度改革进入了主动谋划的阶段。顶层设计研究涉及基本养老保险制度模式、待遇确定与增长机制、全国统筹、城乡统筹以及多层次体系建设等诸多关键性议题，其本质是总结改革开放以来养老金制度改革的经验与教训，探求养老保险制度的一般规律和内在要求，实现养老金制度体系的定型、稳定与可持续发展。当然，需要特别强调的是，养老金制度兼具经济性、社会性和政治性，改革既要遵循其内在发展规律，也必然无法脱离经济社会变革的大背景，从而必然成为经济社会体系中重要的组成部分。

（二）从分散的地方试点向中央主导下的央地分责转变

与经济体制改革的进程类似，中国的养老金制度改革也是从地方自发试验开始的。这不仅与中国地缘辽阔、行政层级较多有关，也与计划经济时期的退休金制度管理层级不高有关。在行政部门主导的改革进程中，我们很难想象从单位保障一步走向全国统筹，而必然会经历一个管理层级递进的过程。

地方政府的自发实验倒逼中央政府的顶层设计。但遗憾的是，由于对养老保险制度的内在规律认识不足，尤其是中央政府不同部门在不同理念影响下存在改革思路的巨大差异，使得中央政府层面并未对改革方案形成共识，并最终体现为将方案选择权最终交由地方政府。无论是 1995 年职工基本养老保险个人账户的“大小之争”，还是 2000 年社会保险费征收暂行条例中将征收部门的选择权交由省级政府决定，都充分体现了理念差异—部门之争—地方分割的养老金改革困境。

然而，与经济体制改革是以最大程度释放市场主体的活力为目标不同，包括养老金在内的社会政策改革旨在高效提供优质的公共物品或准公共物品，而养老金又是典型的全国性公共物品，因此必然要求由中央政府来主导。城乡居民养老保险制度从建制之初就建立了一个较为清晰的央地责任分担机制，2018年职工基本养老保险中央调剂制度的出台亦标志着职工基本养老保险全国统筹改革开始真正触及央地关系调整这个核心议题。由此可见，我国的养老金制度改革已经从自发、分散的地方试点逐步走向中央顶层设计指引下的央地良性互动与合理分责，这也必然带来养老金制度体系的统一和完善。

（三）从以户籍身份为基础向以职业身份为基础转变

中国的养老金制度变迁是一个养老金权利从劳动者向非劳动者扩张，从城镇居民向城乡居民扩张的过程。在计划经济时期，养老金是城镇就业者的权利，而农村居民并没有社会化的养老金制度安排。这也是我国的职工养老保险制度至今仍被称为“城镇职工基本养老保险制度”的历史渊源所在。

改革开放的重要标志之一是让农民可以摆脱对土地的依赖，自由向城市流动，并成为推动中国经济发展最重要的“劳动力大军”。农民工的大量出现迫切要求养老金制度从以户籍为基础转变为以劳动关系为基础，即无论劳动者的户籍在城市还是农村，只要有劳动关系，就应当参加养老保险，养老保险权利由此成为劳动权的衍生权利。虽然在农民工大规模出现的早期，受到职工养老保险制度可携带性较差的制约，部分地区亦曾尝试单独为农民工建立专门的养老保险制度（如上海、成都等地出现的农民工综合保险制度），但在进入21世纪之后，尤其是《社会保险法》颁布实施之后，户籍不再成为参加职工养老保险的条件，绝大部分地区的农民工养老保险制度也被合并纳入职工基本养老保险制度中。

养老金权利扩张的第二条路径是从受雇劳动者向城乡非受雇劳动者的扩张，即从基于劳动权的养老金权利转变为基于国民权的养老金权利。其基本标志是 2009 年和 2011 年新型农村社会养老保险制度和城镇居民社会养老保险制度在全国范围内的试点，以及 2014 年两项制度的合并实施。城乡居民基本养老保险制度将非缴费型的普惠制基础养老金与缴费型个人账户养老金相结合，既是对社会保险的一种创新，也是我国迅速实现养老金制度全覆盖的关键举措。目前，我国的三项基本养老保险制度以职业身份为基础，分别针对受雇劳动者、非受雇人员和公共部门雇员，同时建立了各项制度之间的衔接机制。由此可见，我国基本养老保险制度全覆盖是一个渐进的过程，是一个从城镇受雇劳动者向城乡非受雇人员扩张的过程，是缴费型制度与非缴费型制度相结合的过程，这种制度扩张的路径为发展中国家养老金覆盖面的扩大提供了重要的参考。

（四）从简单借鉴国际经验向形成中国方案转变

对中国而言，养老保险制度是“舶来品”。在中国养老金制度改革初期，对养老金模式的选择在很大程度上受到国际养老金制度既有模式和改革的影响。最典型的就是职工养老保险统账结合模式的确立，就是在学习借鉴以德国为代表的现收现付制和以智利为代表的完全积累制后，进行制度组合的结果。其中，国际组织、具有影响力的国际专家都在其中发挥着重要的作用。但是，由于缺乏对部分国家养老金改革的社会经济背景、文化适应性以及长期效果的跟踪研究，简单的制度照搬最终导致了制度的扭曲。[①]

随着改革实践的不断深入，对养老金制度本质的认识也不断加深，养老金改革也已逐渐探索出了与自身国情相适应的路径与模式。例如，2009年以来，我国采取非缴费型津贴与个人账户相结合的方式解决非受雇劳动者的参保问题，在快速实现人群全覆盖的同时，兼顾了待遇与缴费相挂钩的激励机制；2015年，国务院采取结构性增量改革的方式破除机关事业单位养老金“双轨制”，在保证其养老金水平的同时，引入了责任分担机制；2005年，在缩小职工基本养老保险个人账户规模的同时，引入了指数化缴费工资基数，兼顾了公平性与激励性。2016年，世界社会保障协会（ISSA）将“社会保障杰出成就奖”授予中国政府，中国的养老金改革路径与制度模式为发展中国家提供了新的可供参考的经验，并且为世界养老金制度改革做出了重要的贡献。

传统的西方福利国家认为，包括养老金在内的社会保障权利的确认过程是经历了经济自由和政治民主的结果[②]，从而形成了“经济市场化—政治民主化—社会权利确认”的线性关系。然而，我国40年改革开放的实践充分说明，中国的养老金改革绝非上述的线性过程，而是一个综合、复杂的社会经济过程，它是对经济生产方式变革与政治合法性的回应；它既受到国际养老金制度模式和改革趋势的影响，又受到国内行政体制和政策过程路径的约束；它是一个养老金权利从部分人群向全体人群扩张的过程，亦是一个在实践中不断探索和理解制度内在发展规律并反过来指导实践的过程。中国养老金制度改革的

① 王新梅. 公共养老金“系统改革”的国际实践与反思［J］. 社会保障评论，2018（2）.

② 陈兆旺. 民主与福利：社会结构与公民身份制度变迁的路径［M］. 上海：上海人民出版社，2017.

本质是对社会生产方式和社会结构变革的回应过程，是国民基本养老金权利的确认和扩张过程，是在实践中不断把握制度内在发展规律，并形成符合自身国情的改革路径与制度方案的过程。

五、对未来的初步展望

改革开放 40 年来，中国的养老金制度变革确实取得了举世瞩目的成就，但改革的任务远未完成。当前，中国的发展进入“新时代”，养老金制度改革也不例外，既需要深入推进已有的改革措施，又要积极应对新的挑战。下一阶段的养老金制度改革主要有五大要点：

第一，深入推进基础理论研究，更加坚定地坚持公平的价值取向和互助共济的制度发展规律。回顾过去 40 年养老金制度改革的路径不难发现，养老金模式选择差异的背后是改革理念的差异，以及对养老保险制度内在发展规律认识的差异。养老保险制度的本质是代际互助，是用群体的力量来应对个人风险的长期制度安排。[①] 我国改革开放以来养老金制度改革的过程就是一个对该制度内在发展规律认识不断深化的过程。因此，非常有必要进一步深化养老保险基础理论研究，加强理论共识，将是否实现了互助共济、是否缩小了收入分配差距，以及是否促进了公平作为养老金制度改革最重要的评价标准。

第二，以维持制度相对稳定性为重要准绳，以参数改革为基本策略，避免颠覆性的改革举措。渐进改革是我国改革开放的基本策略和重要经验，养老金制度改革也不例外。养老金制度的可持续性虽然表现在财务上，但其本质却来源于人们对制度的信心。这样，不宜进行颠覆性的制度模式变革，而适宜通过参数调整来实现制度的财务可持

① 何文炯．社会保障改革应坚持互助共济原则［N］．人民日报，2018-08-13（16）．

续性。从总体上而言，仍然要坚持以缴费型养老保险为主体，要防止“保险福利化”的取向。尤其是当前由税务机构承担了社会保险费征缴的职责，但这并不意味着其性质转变为社会保险税，更不意味着从缴费型养老保险向非缴费型养老津贴的福利模式转型。

第三，在推动基本养老保险定型的基础上，加快建设多层次养老金体系。党的十九大报告明确提出，要全面建成覆盖全民、城乡统筹、权责清晰、保障适度、可持续的多层次社会保障体系。纵观全球养老金制度的发展可以发现，通过建立责任分担的多层次养老金体系几乎是应对人口老龄化、实现制度可持续性的唯一可行之道。完善多层次养老金体系的基础在于尽快实现基本养老保险的定型，因为只有基本养老保险制度定型，人们的预期才能稳定，各个补充的层次才能有明确的定位；多层次建设的关键在于厘清不同责任主体的边界与功能，基本养老保险体现国民身份和维持基本生活，职业年金与企业年金体现职业差别并提高生活水平，商业寿险体现个人收入差别与终身资产管理并提高生活质量。

第四，以职工基本养老保险全国统筹为契机，优化制度的关键要素，建立制度运行的长效机制，尽快实现基本养老保险体系的定型、稳定与可持续发展。受到改革路径和地方利益的影响，地区分割不仅成为影响职工养老保险制度财务可持续性的关键因素，而且影响了国家区域之间经济社会的均衡发展。因此，实现职工基本养老保险全国统筹已经刻不容缓。应当在养老金中央调剂制度的基础上，尽快实现以“统收统支”为基本特征的职工基本养老保险全国统筹。同时，宜以此为契机，优化职工养老保险制度的参数设计、理顺管理体制、提升经办能力。具体而言，要完善筹资机制，在提高劳动者初次分配比例的基础上，逐步实现劳资双方责任的均等化；要建立财政补贴的央地责任分担机制，综合考虑不同省区的老龄化程度和地方财政能力，实现央地之间的合理分责；要以高质量发展的转型升级为契机，同步实现做实费基、降低并统一实际费率；要建立兼顾缴费贡献与当地生活水平的养老金待遇确定与调整机制等。

第五，积极应对劳动力市场的结构性变化和就业形式的多样化。现代养老保险制度是工业化的产物，是建立在稳定、长期的劳资关系基础之上的，劳资分责是受雇劳动者在养老保险制度中具有经济福利性的最重要原因。但是，随着网络平台的广泛应用和人工智能时代的到来，劳动力市场结构及就业结构正在发生深刻的变化，平台就业、自雇佣、多重劳动关系，以及人工智能带来的“机器取代人”等趋势日益显著。再加之人口老龄化、经济发展方式转型等挑战，我们正处在一个急剧转变的经济社会环境中，养老金制度也必然需要通过结构再造来适应经济社会变化，实现制度自身的长期可持续发展。

第九章

中国医疗保险转型与发展40年：从“病有所医”走向“病有良医”

申曙光[①]　张家玉[②]

摘要：经过20余年的改革与发展，我国已经基本建成多元并存、覆盖全民的医疗保障体系，在医疗保障公平与效率的提升、医疗服务质量和可及性的提高等方面都取得了巨大的成就，初步实现了“病有所医”的目标。但是，这一目标与我国新时代背景下的新环境、新要求已经不相适应，医疗保障体系自身的发展也面临着一系列的困境。为了突破当前困境，并定位新时代我国医保发展的方向与目标，本章提出“小医保”和“大医保”的概念，认为我国医保必须逐步实现从“小医保”到“大医保”的转型，从而不断满足人民群众日益增长的对“病有良医”的需求。

---

① 申曙光：中国社会保障学会副会长兼医疗保障专业委员会主任，中山大学政治与公共事务管理学院、岭南学院教授，中山大学社会保障研究中心主任，主要研究方向：社会保障。

② 张家玉：毕业于中山大学政治与公共事务管理学院。本文为国家社会科学基金重大项目“预防为主的大健康格局与健康中国建设研究”（17ZDA080）研究成果，发表于《社会保障评论》，2018年第3期。

关键词：病有所医　小医保　病有良医　大医保

从1998年正式确定职工基本医疗保险制度到2009年确定建立“全民医保”以来，我国医疗保障制度建设的目标都是为了分散疾病风险、减轻人们的经济负担，提高基本医疗服务的可及性。经过20余年的发展，我国已基本建成全民医保制度，医疗保障水平得到大幅度提升，初步实现了“病有所医”的目标，这是我国民生事业发展取得的重大成就。医疗保障体系的改革与发展为我国社会经济的发展创造了良好的条件与环境，为全世界尤其是发展中国家提供了相关经验。2016年11月17日，国际社会保障协会（ISSA）将“社会保障杰出成就奖”授予中国政府，对我国扩大社保覆盖面的成就予以表彰。[①] 然而，与医疗保障的全覆盖、“病有所医”目标的实现相伴而来的是人民群众医疗需求的加速释放，人民日益增长的医疗与健康需求和医疗保障体系自身不平衡不充分的发展之间的矛盾日益凸显。与此同时，在新时代背景下，我国医疗保障体系还面临着人口快速老龄化、健康中国战略实施、现代信息技术迅猛发展等一系列新环境带来的新挑战、新要求和新机遇。人民对美好生活的向往、健康需求的转型升级使得医疗保障体系必须在“病有所医”的基础上逐步走向“病有良医”。因此，为了适应新时代提出的新要求，突破医疗保障体系面临的困境，我国必须逐步实现医保转型，不断满足人民日益增长的健康需求，为健康中国建设目标的实现做出贡献。

一、“病有所医”目标的基本实现

从改革开放以后的政策历程来看，我国医疗保障体系的改革目标

① 郑功成．中国社会保障改革与经济发展：回顾与展望［J］．中国人民大学学报，2018（1）．

随着社会的发展逐步转变。改革开放初期，与整个社会保障体系相一致，医疗保障体系本质上是配合经济体制改革的产物，并未对民生问题进行直接的回应。随着社会经济等多方面条件的改变，医疗保障成为我国一项重要的社会政策。党的十六届五中全会提出要“认真研究并逐步解决群众看病难、看病贵问题”，更加关注国民的就医难题。而为了实现“病有所医”的目标，党的十七大进一步明确提出“建立基本医疗卫生制度，提高全民健康水平”，并把“为群众提供安全、有效、方便、价廉的医疗卫生服务”作为发展的重要目标之一。随着医疗改革的深入推进，党的十八大提出重点推进医疗保障、医疗服务等领域的改革，健全全民医保体系，建立重特大疾病保障和救助机制，完善突发公共卫生事件应急和重大疾病防控机制，在基本建成的全民医保体系基础上不断巩固已有改革成果。党的十九大更进一步提出，要全面建立中国特色医疗保障制度，为人民群众提供全方位全周期健康服务。经过多年的努力，我国已经在全民医保基本实现的基础上初步实现了“病有所医”的发展目标。

（一）初步建成多元并存、覆盖全民的医疗保障体系

当前，我国初步形成了以基本医疗保险为主体，以其他多种形式补充医疗保险和商业医疗保险为补充的多层次医疗保障构架，为满足人民群众的医疗服务需求提供了基本的保障。截至 2018 年 2 月，全国基本医疗保险参保人数已超过 13. 5 亿人，参保率稳定在 95%以上，城乡居民大病保险制度覆盖 10. 5 亿人①，医疗保障覆盖的人数不断增长。可以说，我国基本实现了全民医保，绝大多数群众都能享有基本

① 全国基本医疗保险参保人数超过 13. 5 亿. 新华网，2018－02－13. http://www.xinhuanet.com/2018－02/12/c_1122409397.htm.

医疗保障。

我国城镇职工基本医疗保险制度正式建立于 1998 年，涵盖城镇所有用人单位，通过用人单位和个人缴费建立医疗保险基金，为参保人员的医疗费用提供经济保障。新型农村合作医疗制度从 2003 年起在全国部分县（市）试点，由政府组织、引导、支持，农民自愿参加，个人、集体和政府多方筹资，以大病统筹为主实现农民医疗的互助共济。2009 年，这一制度基本实现覆盖全国农村居民的目标。城镇居民基本医疗保险建立于 2007 年，实行居民个人（家庭）缴费为主、政府适度补助为辅的筹资方式，按照缴费标准和待遇水平相一致的原则，满足城镇居民的医保需求。在此基础上，2016 年，国务院发布《关于整合城乡居民基本医疗保险制度的意见》（国发〔2016〕3 号），提出整合城乡居民基本医疗保险，将城镇居民基本医疗保险和新型农村合作医疗两项制度统一为城乡居民基本医疗保险。截至 2018 年 1 月，全国共有 23 个省市实现了城乡居民医保一体化的目标。[①] 此外，医疗救助的受益人群规模也逐步扩大，2016 年全国累计实施医疗救助 8 720.4 万人次[②]，对困难群众实施精准支付。2013 年启动建立的疾病应急救助制度也不断完善，累计救助近 70 万人次[③]。由此，医疗保障体系中的各支柱共同发展，初步构成多元化多层次的全民医保体系。

---

① 城乡医保并轨吹响“集结号”. 中央政府门户网站，2018-01-15. www.gov.cn/xinwen/2018-01/15/content_5256625.htm.

② 2016 年全国累计实施医疗救助 8 720.4 万人次. 中国新闻网，2017-02-21. http://www.chinanews.com/gn/2017/02-21/8155650.shtml.

③ 中国多项主要健康指标达中高收入国家平均水平. 新华网，2018-02-13. http://www.xinhuanet.com/2018-02/13/c_1122410678.htm.

（二）医疗保障公平性不断增强

在医疗保障的发展过程中，公平性不断提升，较好地体现了医保的再分配功能。第一，医疗保障制度实现全覆盖，所有人都能得到对应的制度安排。第二，医疗保障一体化快速发展。以往，我国由城镇职工基本医疗保险、城镇居民基本医疗保险与新型农村合作医疗构成的医保体系呈现“碎片化”特征，缴费标准与待遇水平的差异明显，在很大程度上影响了医保的公平性。基本医疗保障体系一体化的推进有效缩小了制度之间的差异，提升了公平性。第三，各项制度保障水平的差距不断缩小。各统筹地区内不同制度的报销比例也不断趋同，这与各级财政逐步提高居民医保补助标准有关。以广东省广州市为例，2018年，参加城乡居民基本医疗保险的非从业居民与老年人在三级定点医疗机构的报销比例从55%上调至70%，而参加城镇职工基本医疗保险的在职职工同等报销比例为80%，退休职工为86%，基金支付比例差距的缩小反映了医保公平性的不断提高。第四，医保统筹层次提升。由于县级的统筹层次极大限制了医保的可携带性，并加剧了医疗资源配置不均的状况，因此，各地政府都在探索提升基本医疗保险统筹层次的方法，实现地市级统筹，部分地区开始探索以调剂金等方式进行省级统筹，从而缩小地区之间医疗保障的差距。第五，医保药品报销目录覆盖范围日益扩大。例如，《国家基本医疗保险、工伤保险和生育保险药品目录（2017年版）》颁布，基金准予支付费用的药品增加至2 535个，比2009年版的药品目录增加了16.7%[①]，更好

① 人力资源社会保障部. 国家基本医疗保险、工伤保险和生育保险药品目录（2017年版）. 人力资源社会保障部官网，2017-12-21. www.mohrss.gov.cn/SYrlzyhshbzb/shehuibaozhang/zcwj/201702/t20170223_266775.html.

地保障了参保人员的基本用药需求。第六，建立完善城乡居民大病保险制度，进一步强化了医保托底保障功能。截至2015年年底，我国全面实施城乡居民大病保险，2016年年底覆盖了超过10亿的参保居民，报销比例不低于50%[①]，切实减轻了人民群众大病医疗费用负担，为消除因病致贫、因病返贫发挥了重要作用。第七，健康扶贫工程深入实施，医疗保障制度进一步保障了困难群众的医疗需求。2016年，国家提出部署实施健康扶贫工程。2017年，国家推出“三个一批”行动计划，对患有大病和长期慢性病的农村贫困人口实施分类分批救治[②]，加强托底保障。总体而言，医疗保障公平性不断提升，切实保障了人人享有医疗保障的权利，这是实现“病有所医”的重要基础。

（三）医疗保障体系的效率不断提高

我国医疗保障体系的效率不断提高，为群众提供了更充分的基本医疗服务。第一，医保基金管理效率提升，医保控制费用成效初显。2016年，城镇职工基本医疗保险基金支出8 013亿元，比上年增加755亿元，增长10.4%[③]，相对于过去多年的数据，增速有所放缓，基金运行的可持续性增强。部分地区基于大数据技术构建医保智能监控平台，全面审核监控所有医保单据，有效地规范了医保基金的运

---

① 国务院新闻办公室. 中国的减贫行动与人权进步（白皮书）. 国务院新闻办公室官网，2016-10-17. www.scio.gov.cn/zfbps/32832/Document/1494402/1494402.htm.

② 国家卫生计生委等六部门. 关于印发健康扶贫工程“三个一批”行动计划的通知. 国家卫生健康委员会官网，2017-04-20. www.nhfpc.gov.cn/caiwusi/s3577c/201704/4eed42903abd44f993809698242a07923.shtml.

③ 财政部. 关于2016年全国社会保险基金决算的说明. 财政部官网，2017-11-27. http://sbs.mof.gov.cn/zhengwuxinxi/shujudongtai/201711/t20171127_2757285.html.

行。[①] 第二，医疗服务供给增加明显。2017 年年末全国医疗卫生机构床位达 785 万张[②]，对比 2013 年增长超过 27%。医疗服务数量的增加有利地保障了群众就医的需求，2016 年全年总诊疗人次达 79.3 亿次[③]，过去五年内增长超过 15%。医疗服务供给能力的增强，在一定程度上体现了医疗保障体系整体效率的提高。第三，实现异地就医，简化医疗报销程序。截至 2017 年 9 月，在全国所有省级平台、所有统筹地区已实现与国家异地就医结算系统对接的基础上，全国跨省定点医疗机构增加到 6 976 家，85%的三级定点医疗机构已联接入网，可以提供跨省异地就医住院医疗费用直接结算服务。[④] 异地就医的实现使得参保人能够跨越地域限制享有医疗保障，推进了不同统筹地区参保人员的“病有所医”。第四，医疗保障制度逐步实现一体化管理，探索转变以往三个制度分开运行的管理模式，促进了基本医疗保障体系运行效率的提升。第五，促进了基层医疗机构的发展。通过调整医保基金支付比例，引导群众实现基层首诊，提升了群众就医的便利性，促进了医疗服务资源更合理分配，有利地解决了看病难与看病贵的问题。第六，医保覆盖范围不断提升，使医保能够实现大数法则，分散了医疗保险基金运行的风险。

---

① 人力资源社会保障部. 2016 年度人力资源和社会保障事业发展统计公报. 人力资源社会保障部官网，2017-05-31. http://www.mohrss.gov.cn/SYrlzyhshbzb/zwgk/szrs/tjgb/201705/t20170531_271671.html.

② 人力资源社会保障部. 2016 年度人力资源社会保障事业发展统计公报. 人力资源社会保障部官网，2017-05-31. http://www.mohrss.gov.cn/SYrlzyhshbzb/zwgk/szrs/tjgb/201705/t20170531_271671.html.

③ 国家统计局. 中华人民共和国 2016 年国民经济和社会发展统计公报. 国家统计局官网，2017-02-28. http://www.stats.gov.cn/tjsj/zxfb/201702/t20170228_1467424.html.

④ 6 976 家定点医疗机构接入国家异地就医结算系统. 中央人民政府门户网站，2017-09-20. www.gov.cn/fuwu/2017-09/20/content_5226258.htm.

（四）医疗服务质量不断提升

多层次医疗保障体系的构建大幅度释放了广大群众的医疗服务需求，形成了医疗服务体系发展的强大推力。第一，医疗卫生人员数量增长，在人力资源方面促进了医疗服务质量的提升。2017 年，全国卫生技术人员为 891 万人，比 2013 年增加了 13.6%，其中执业医师和执业助理医师人数增加超过 20%。[①] 第二，医疗服务技术提升。医疗保障的广覆盖与其体系的有序运行为医疗服务技术的发展提供了支持。在此背景下，医疗服务不断突破技术难题，整体提升了疑难危重疾病诊疗水平。第三，为进一步提升医疗服务质量，部分地区探索构建医疗服务智能监管平台，以信息化的监管规范医疗服务行为，引导医疗机构优化内部管理，配合外部的监管手段提升医疗服务提供的专业性和有效性。因此，在满足医疗服务数量需求的基础上，医疗保障体系的改革促进了医疗服务质量的提升。

（五）医疗服务可及性提高

医疗保障体系的发展提高了医疗服务的可及性。第一，分级诊疗稳步推进。在“全民医保”的基础上，医疗保障体系的不断完善对分级诊疗的推进起到了关键性作用，通过更为合理的报销制度设计引导群众的就医行为，从而让更多的参保人方便地在基层医疗机构就医。截至 2017 年 8 月，全国分级诊疗试点城市扩大到 321 个，超过全国城市总数的 90%，提前完成了在 85%左右的地市开展分级诊疗试点的

---

① 国家统计局. 中华人民共和国 2017 年国民经济和社会发展统计公报. 国家统计局官网，2017-02-28. http://www.stats.gov.cn/tjsj/zxfb/201802/t20180228_1585631.html.

年度目标[①]，实现医疗服务资源下沉，重构医疗资源格局。截至 2016 年年底，我国共有 205 个地级以上城市开展了医联体试点[②]，探索“城市医疗集团、县域医疗共同体、跨区域专科联盟、远程医疗协作网”等多种较为成熟的模式，推动形成“基层首诊、双向转诊、急慢分治、上下联动”的分级诊疗。第二，家庭医生签约服务不断发展。我国从 2016 年开始推行建立家庭医生的分级诊疗模式，其目标是让诊疗与健康服务延伸到每一个家庭。

“病有所医”需要以“全民医保”的实现为基础，其基本含义是人人都能公平地享有基本医疗保障，且当存在就医需求时能够在经济上负担费用并能够比较方便地看病。从上面的分析可知，在过去的几十年中，我国医疗保障体系经历了从无到有、从有到优的阶段性探索，目前已经初步形成了“全民医保”的制度体系。在制度设计的层面，初步构成了多元并存、覆盖全民的医疗保障体系，实现了基本医疗保险的基本满足；在制度公平性的层面，实现了制度之间、地区之间与人群之间等不同维度的保障水平差距不断缩小，让更多的群众看得起病；在制度效率的层面，实现了医保制度的有效运行，并为群众提供了更充分的医疗服务，使得群众能够有更多的就医选择。医疗保障的发展也促进了医疗服务质量的提升，使得群众能够享有更高质量的医疗服务，而医疗服务可及性的提高则使得群众能够更方便地看病。可以说，目前我国基本实现了“病有所医”的发展目标。

---

① 公立医院综合改革下半年全面推开 破除以药补医机制. 新华网，2017-07-26. http://www.xinhuanet.com/yuqing/2017-07/26/c_129663672.htm.

② 截至 2016 年年底 全国共有 205 个地级以上城市开展医联体试点. 中央人民政府门户网站，2017-04-14. http://www.gov.cn/xinwen/2017-04/14/content_5185777.htm.

二、新时代医疗保障体系改革与发展的困境

虽然我国已经基本实现了“病有所医”的目标，但这只是医疗保障体系在改革发展进程中的阶段性成果，面对当今飞速发展的社会经济带来的新要求，我国的医疗保障体系依然在多个方面面临困境，需要通过进一步改革与发展解决难题，建立与新时代、新要求相适应的医疗保障体系。

（一）多项医疗保障制度碎片化，公平性有待提高

医疗保障体系由多项医疗保障制度构成，虽然已经实现了一定程度的整合，但是依然存在不同程度的碎片化。一方面，基本医疗保险存在着碎片化的难题。基本医疗保险的具体政策在人群之间、制度之间与地区之间等多个维度各不相同，制约了医疗保障公平性的提高。基本医疗保险一体化尚未完全实现，正在经历从三元制到二元制的过渡。在地区之间，由于医保制度以地市级统筹为主，而“分灶吃饭”的财政体制与地区之间发展的差异必然导致了各地区制度存在差异，在保障力度上依然存在较大的差异。另一方面，医疗救助制度也呈现碎片化，主要体现在按城乡划分救助对象的模式上。城市医疗救助与农村医疗救助在起付线、报销比例与报销额度上均存在不同程度的差异，导致人民群众的医疗救助享有情况存在较大的差异。医疗救助体系存在碎片化，与医疗救助的财政来源于地方政府相关。而碎片化问题的解决并不是一蹴而就的，地区发展水平的差异加剧了二元制度框架下的碎片化，导致地区之间的医疗救助保障水平差异明显。由此，各项医疗保障制度的碎片化难题对医疗保障的公平性造成了挑战。

（二）多层次体系发展不充分，制约了保障水平的提升

目前，我国初步形成了以基本医疗保险为主体的多层次医疗保障构架，但多支柱体系在实际发展中面临着难题。第一，作为医疗保障体系中的核心，基本医疗保险并不能完全适应新时代的发展要求，主要体现为基本医疗保险的医保基金运行依然面临着严峻挑战。由于医保覆盖范围的不断扩大、严峻的老龄化趋势和慢性非传染病（慢病）负担加重等因素，我国医疗费用迅速膨胀甚至呈现不合理的增长趋势。2013—2016 年，我国国内生产总值年均增长 7. 2%，而同期人均卫生费用的年均增长率为 12. 9%①，医保需求的增长远快于经济的发展，对医保基金的可持续运行造成严重挑战。第二，作为医疗保障体系中的关键补充，商业医疗保险发展程度低，不利于构建多层次医疗保障体系。虽然我国的商业医疗保险已经进行了相当长时间的探索，国家也出台了一系列的政策推动商业保险的发展，但是由于其经营风险大、医疗信息资源有限，加上国民的商业保险意识薄弱，保险公司提供医疗保险的积极性不高。此外，已有的商业医疗保险产品的同质性高，难以满足国民的多样化需求。2017 年，我国商业健康险保费收入仅占卫生总费用的 8. 72%，赔付支出仅占卫生总费用的 2. 16%，其市场依然存在较大的发展空间。第三，慈善医疗发展非常落后。虽然越来越多的社会组织有参与慈善医疗的积极性，但是目前国家对其发展的政策支持并不够，立法方面也并不完善，只有小范围的初步探索。面对新时代的新要求，多元医疗保障体系中各支柱的发展均在不同程度上与群众的期待存在现实差距，亟须进一步充分地发展。

---

① 根据历年《中国统计年鉴》整理计算所得。

（三）民生需求转型升级，保障水平与服务质量有待提升

党的十九大报告指出，我国社会主要矛盾已经转化为人民日益增长的美好生活需要和不平衡不充分的发展之间的矛盾。社会主要矛盾的转化意味着民生需求的转型升级，具体到医疗保障领域，群众从以往基本层次的医疗服务与医疗保障的获取转变为对更可靠的医疗保障与更高水平的医疗卫生服务的需要，因此，多样化、个性化与多层次的需求对我国医疗保障体系提出了更高的要求。然而，虽然当前的医疗保障体系已取得长足的进步，但是在多个方面依然存在不足。一方面，当前的医疗保障体系重点关注的依然是医疗保障的筹资与支付环节即医保基金的管理，对医疗保障的服务递送等其他环节关注不足，不利于医疗服务质量的提升；另一方面，当前的医疗保障以基本医疗保险为绝对核心，但“保基本”的目标已经不能满足群众多样化与多层次的医疗保障需求，更难以回应人民群众对美好生活的向往与期待。

（四）老龄化形势严峻，医疗保障服务模式有待转变

我国老龄化形势日益严峻，数量庞大的老年人群体对医疗保障体系提出了更高的要求，这需要医疗保障服务模式的转型。2016 年，我国 65 周岁及以上的人口占总人口的比重已达到 11.4%[①]，伴随而来的是老年人群体庞大的医疗服务与医疗保障需求。2016 年的统计数据显示，我国有近 70%的老年人患有慢性病，且失能半失能老年人占老年

---

① 国家统计局. 中国统计年鉴（2016）[M]. 北京：中国统计出版社，2016.

人口的 18.3%[①]，这意味着必须提供更高水平的医疗与护理，加强对慢性病的管理，对医养结合也提出了更高的期待。同时，随着全民医保的实现和人民生活水平的不断提升，健康管理成为群众尤其是老年人的普遍需求，而当前我国医疗保障的覆盖依然停留在“保疾病”的层次，需要转型为以慢性病管理及预防为重点的医疗保障新模式。

（五）医疗保障主体参与模式有待优化

随着社会治理的不断推进，传统的医保管理模式难以适应对医疗保障与医疗服务在数量与质量上提升的要求。长期以来，我国的医保工作采取单向、单主体和“垄断”的管制方式，对医疗保险活动进行计划、组织、指挥、协调、控制及监督，越来越不适应社会治理创新的要求，体现出明显的单向性、封闭性和强制性。这主要体现为医保的参与依然以政府为绝对的主导，医疗机构和企业等在其中的话语权受到较大的限制，社会力量的专业性与资本等优势难以发挥。这与长久以来医疗保障的定位有关。由于社会普遍认定医疗保障公益性的性质，强调政府的绝对主导而忽视了社会力量的作用，甚至还误认为政府与社会力量是一种对立关系，进一步固化了传统的医保管理模式。实现参与主体多元化成为了我国医保工作转型的必然方向，需要转变对医疗保障的定位，政府需要在具体工作中适当放权，在宏观层面担任主导角色，且在微观层面广泛地应用市场机制，充分发挥市场力量参与医保工作的优势。在社会管理走向社会治理的大局下，医疗保障需要实现从单点到集成、从单向到互动、从单主体到多主体、从垄断

---

① 三部门发布第四次中国城乡老年人生活状况抽样调查成果．全国老龄工作委员会办公室官网，2016-10-09．www.cncaprc.gov.cn/contents/2/177118.html．

到开放、从管制到服务的转变，通过医保领域参与主体的多元化，进一步整合资源，优化资源配置模式。

（六）“健康中国”建设使医疗保障目标有待调整

基于对新时代社会矛盾的准确把握，党和政府把保障人民健康提到新的高度，明确提出了新时代实施“健康中国”战略，其中一项重要内容是完善健康保障。然而，目前国家关于卫生、健康领域的投入和发展仍然是以“疾病治疗”为中心，这不但难以解决人的健康问题，也造成了经济与财政的沉重负担。由此，基于建设预防为主的健康保障体系的目标，亟须转变发展方向，由“治疗为主”逐渐向“预防为主”转变，这也是医疗服务在新时期探索与发展的关键。医疗保障的发展不能局限于目前“病有所医”的格局，也不能局限于保障基本医疗保险基金的平衡运行，医疗保障目标应当向保障人民健康的方向逐步调整，这是推进实施“健康中国”战略的必然要求。

综上所述，新时代对医疗保障的发展提出了一系列的新要求，赋予其新的内涵。目前，与实际的医疗保障需求、转型升级的民生需求、老龄化程度提升伴随快速增长的医疗保障需求等要求相比，我国的医疗保障只是基本实现了“病有所医”的目标，本质上只是一种“小医保”，并且在多方面已经呈现明显的不相适应，甚至在多个方面陷入困境。因此，我国的医疗保障亟须在现有基础上深化改革，实现转型升级。

三、“大医保”的内涵与要求：“病有良医”目标的提出

鉴于医疗保障体系受到内部因素制约与外部环境变化的双重挑战，必须拓展医疗保障体系的边界，使“病有所医”的“小医保”

向“病有良医”的“大医保”转型，才能突破当前的医保困境，平衡有限的医疗资源与人民群众无限的医疗需求之间的矛盾，从而逐步满足人民群众不断转型升级的健康需求。

（一）“大医保”的内涵

“病有良医”的目标既是“病有所医”目标的延续，更是“病有所医”目标的升华。为了实现这一目标的转变，相对应地必须实现从“小医保”到“大医保”的转型。“大医保”区别于“小医保”的本质就是医疗保障的“边界”问题。“小医保”即传统意义上的医保，以“病有所医”为目标，以基金筹集、分配与管理为任务；而“大医保”则超越“小医保”，不再只是静态地关注筹资和支付，而是能够助力“预防为主”的大健康格局的形成，逐渐实现“病有良医”，其最终目标是保障国民的健康需求。“病有良医”包括四层含义：一是“大医保”应该推动慢性病预防和健康管理，从“保疾病”逐渐走向“保健康”；二是“大医保”应致力于提高医疗卫生服务的可及性和效率，一方面使人们获得更可靠、更及时的医疗服务，另一方面使有限的医疗卫生资源发挥出最大的效用；三是“大医保”应致力于提高医疗卫生服务的质量，从“扩面提标”走向“提质增效”；四是“大医保”应以满足人民健康需求为导向，满足人民多样化、个性化的医疗和健康需求。总的来说，实现从“病有所医”到“病有良医”的目标转变是从根本上解决目前医疗保障体系困境的要求，是应对我国健康风险模式转型的必然选择，是新时代背景下回应我国社会主要矛盾转化的价值取向。

目标的不同决定了“大医保”和“小医保”的性质的差异，以及在保障范围、结构、权责利关系、运作机制等方面的边界范畴。

"大医保"是对医疗保障内涵与边界的重新界定，是更高水平、更多层次和更综合的医疗保障体系，而非一个制度。也就是说，"大医保"并非简单的以筹资和支付为中心而设计的医疗保险制度，而是一个不断适应我国发展变化的政治经济社会环境、不断促进整个医疗服务卫生体系的资源整合和优化，从而更好地满足人民健康保障需求的医疗保障体系。这一体系与"小医保"之间的区别主要体现在以下四个方面：从性质上来看，"大医保"不是对不同人群"分门别类"的保障，而是实现真正的"全民医保"，人人都能公平地享有基本医疗保障；从结构上来看，"大医保"不是以社会医疗保险为绝对主体的保障，而是包含社会医疗保险、商业医疗保险及多种形式的医疗救助的多层次的医疗保障；从责权利关系来看，"大医保"不是政府承担无限责任、个人及其他社会主体责任不明的保障，而是一种制度相对统一、责任明确、分担合理、互助共济的医疗保障；从运作机制来看，"大医保"不是一种只关注基金平衡的医疗保障，而是一种能够平衡人们的医疗服务需求的无限性与医疗资源的有限性，运用自身优势与合理的机制，通过"三医联动"等方式，不断提高医疗服务质量、促进医疗服务效率与整体水平提升的医疗保障。①

（二）"大医保"的基本要求

新时代"大医保"体系的建立在"健康中国"战略的背景下展开，是国家治理体系和治理能力现代化的重要组成部分。从"小医保"走向"大医保"，实质上是一种目标的转变。为了实现这一目标的转变，"大医保"对医疗保障体系的改革方向和任务提出了新的要

① 申曙光. 医疗保障机构职能整合：从"小医保"走向"大医保"的关键一步［JB/OL］. 财新网，2018-03-17. http://opinion.caixin.com/2018-03-17/101222695.html.

求。其中，最关键的包括以下三个方面：首先是从“保疾病”逐步走向“保健康”，这是“大医保”自身的定位问题；其次是“大医保”建设力量的问题，即由哪些主体参与“大医保”体系建设，分别扮演什么角色；最后是医疗保障的体制机制问题，要求明确“大医保”的管理边界，以及如何处理医疗保障与整个健康保障系统之间的关系。

1. 从“保疾病”走向“保健康”

医疗保障体系既具备分散疾病风险、减轻人们经济负担的“风险池”作用，又具备促进和改善人群健康的作用，“小医保”多强调其“风险池”作用，而对其健康促进作用关注不够。[①] 事实上，医疗保险是否具备健康促进作用受到一部分学者的质疑，并且因其在卫生政策中的主体地位及其引起的巨额支出而成为全球经济学家争论的焦点。对于目前各种医疗保险对不同人群健康状况的影响还没有定论，但确实有很多实证研究已经证明，我国的医疗保险制度可以促进参保居民健康水平的提高[②][③][④][⑤]，这就为进一步完善我国的医疗保障制度，并且将其关注点更多地落在医疗保障的健康促进作用上提供了依据。

由于我国的困难群众还存在“因病致贫、因病返贫”的问题，甚至部分中产阶级也存在“因病致贫”的可能，而“小医保”致力于减轻因疾病带来的经济负担，因此，“病有所医”依然是发展我国城乡居民大病保险、整合城乡居民基本医疗保险制度等各项医疗保险改

---

① 顾雪非．从医疗保障向健康保障迈进［J］．中国卫生，2016（7）．

② 吴联灿，申曙光．新型农村合作医疗制度对农民健康影响的实证研究［J］．保险研究，2010（6）．

③ Hong Wang，et al. The Impact of Rural Mutual Health Care on Health Status：Evaluation of a Social Experiment in Rural China. *Health Economics*，2009（18）：65-82.

④ 黄枫，甘犁．城镇不同社会医疗保险待遇人群死亡率交叉现象研究［J］．人口研究，2010（1）．

⑤ 潘杰，雷晓燕，刘国恩．医疗保险促进健康吗？——基于中国城镇居民基本医疗保险的实证分析［J］．经济研究，2013（4）．

革的基本目标。但是，在新时代背景下，这一目标已经不能应对老龄化高速发展、疾病谱变化带来的健康风险模式转型，即从“传染性疾病”为主要健康风险向以“慢性非传染性疾病—残疾—亚健康”为主要健康风险的模式的转型。[①] “小医保”作为一种事后补偿机制，表现出与这种健康风险模式转型的不相适应性：一是“小医保”不能满足慢性病预防和健康管理关口前移的要求，无法产生对以预防为主的大健康格局的促进作用；二是门诊服务补偿水平低，“重住院、轻门诊”的制度设计导致“小病大治”现象严重，医保基金的配置效率较低，无法发挥出医保体系激励医院控制成本的杠杆作用，也不利于形成合理的诊疗体系；三是长期护理保障、家庭医疗服务缺失，无法满足高慢性病发病率和高失能率所产生的大量医疗护理需求，一方面导致医保基金压力越来越大，另一方面也降低了居民对医保的获得感和满意度。显然，如果不对医疗保障体系的目标与范围进行重新调整，伴随健康风险模式的转型，医疗支出的长期、大幅上涨将成为必然趋势。根据经济合作与发展组织的估计，65 岁以上人口人均医疗费用大约是 65 岁以下人口的 2～8 倍。[②] 可见，老龄化和疾病谱变化将在未来对我国的医保基金造成巨大的压力。“小医保”制度体系已经不再适应转型升级的民生需求，也不符合“健康中国”的建设理念。因此，医疗保障体系不能仅仅满足于“病有所医”“全民医保”这些中间目标的实现，而要向着“病有良医”的过程目标及“全民健康”的终极目标定位发展。[③] “小医保”致力于医疗服务的可及性，属于健康维护的范畴，即以“病有所医”为目标；而“大医保”要

① 戴剑波．中国健康转型研究［J］．宁夏社会科学，2017（3）．

② 国务院发展研究中心“经济转型期的风险防范与应对”课题组．打好防范化解重大风险攻坚战：思路与对策［J］．管理世界，2018（1）．

③ 申曙光．新时期我国社会医疗保险体系的改革与发展［J］．社会保障评论，2017（2）．

求从健康的危险因素预防与控制、健康促进与管理等多方面着手，致力于维持和促进居民的健康状态，即以“病有良医”为目标。可见，“大医保”的“以健康为中心”并不是对“保疾病”目标的简单抛弃，而是在“小医保”的基础上对其目标进行延展与升华。

2. “保基本”与“多层次”的协同发展

从“小医保”向“大医保”的转型实际上是由我国社会、经济以及医疗技术快速、深刻地变革所决定的。一方面，随着物质文化水平的显著提升以及医药科技的迅猛发展，人们的生活观念、消费观念和健康观念也随之发生快速改变，其健康需求从“病有所医”升级为“病有良医”，要求提供内容更丰富、水平更高的医疗保障。因此，对医保的要求就不只是满足人们的安全感，还要提高人们对医保的获得感和幸福感。另一方面，由于地区之间、行业之间的收入差距逐渐扩大，不同人群的健康需求呈现多层次、多元化和个性化的发展趋向。然而，作为与我国现阶段生产力发展水平相适应的基本医疗保险制度，不可能超越其目标定位，为人们提供水平过高的保障。因此，这些暂时无法得到满足的多元化医疗需求，要求逐渐实现由“小医保”向“大医保”的转型：一是要根据“兜底线、织密网、建机制”的要求，完善基本医疗保险制度、医疗救助制度和大病保险制度，为人民的健康保驾护航；二是要在建设“保基本”机制的同时，发展多层次的医疗保障体系，使其朝着更加精准、多元化和个性化的方向发展，多层次和全方位满足人们的医疗保障需求。

事实上，我国以健全基本医疗保险为主体、其他多种形式保障为补充的多层次医疗保障构架已经初步形成，例如企业补充医疗保险、商业医疗保险等都属于多层次的范畴，对满足参保人员需求、提高保障水平具有积极作用。但是，当前既存在保基本与多层次的发展都不充分的问题，也存在保基本与多层次之间发展不平衡的问题。基本医疗保险逐渐覆盖全民，但却存在因碎片化带来的公平问题、保障水平较低的问题，以及其他诸多治理难题；而商业医疗保险则存在覆盖面非常低、投保人数少，商业保险企业营利能力弱等问题，总体规模偏小，所起作用有限。多层次医疗保障体系发展缓慢，不能形成相互协调配合的保障合力，不能满足人民群众多元化、个性化的保障需求。实现“小医保”向“大医保”的转型，要求明确不同层次医疗保障的责任边界，强化企业、个人的健康责任，建立适应各类人群需求的多层次医疗保障体系，即以医疗救助为主的托底层、以基本医疗保险为主的主体层，以及以多种形式的商业医疗保险为主的补充层。对三个层次统筹考虑，才能使其更好地衔接、协调，发挥整体效应。只有调动全社会的积极性，唤起每个责任主体的责任意识，才能发挥出全社会的最大合力，不断满足人民日益升级的对“病有良医”的需求。

3. 医疗保障体系与医疗服务体系的协同配合

医疗保障体系与医疗服务体系是健康保障系统的两个不可或缺的子系统，只有二者相互协调配合，共同作用，才有可能实现“病有良医”的目标。这两个子系统既有正向的相互促进的关系，也有反向的相互阻碍的关系。医疗保障体系对医疗服务体系的正向促进作用表现在两个方面：一是医疗保障体系通过分担居民的经济风险，为国民健康提供稳定的资金来源，从而提高了医疗服务体系的服务供给范围；二是医疗保障体系通过补偿机制的设计可以引导医疗服务体系的建设，例如通过支付方式改革发挥对医疗服务行为的监督、制约和规范作用，通过报销比例调整引导患者形成合理就医秩序等。[①] 医疗服务

① 张亮，等. 健康整合：引领卫生系统变革［M］. 北京：科学出版社，2014.

体系则是医疗保障体系发挥作用的直接载体[①]，医疗保障功能必须通过购买医疗服务来实现。并且，医疗服务体系的配合程度和效果将直接影响医疗保障体系“病有良医”目标的实现。

然而，相对于上述二者间理论上的良性互动而言，现实中的医疗保障体系与医疗服务体系之间经常呈现出负向摩擦与冲突。这种摩擦和冲突使得公平与效率及其具象化的政府与市场的关系一直得不到有效的协调。由于“医”“保”分离的体制设计，医疗保障体系与医疗服务体系在具体的管理目标上并不一致，甚至经常发生冲突。医疗服务体系关注服务的质量与可及性，而医保管理则更关注居民的受益面和基金安全问题。尤其是近年来基金收支平衡及其可持续发展受到挑战，医保管理部门不得不以“控制医保费用过快增长”为首要目标，这一目标的实现与医疗服务的质量提升很难得到同步保障。也就是说，“病有所医”和“病有良医”的目标都无法很好地实现，导致病人和医生对医疗保障系统的效果都不满意，这也成为医患矛盾长期得不到解决的原因之一。为了使医疗保障体系和医疗服务体系能够协同配合，共同保障人民健康，“大医保”要求二者必须明确各自的重点工作及其相互关系，以“病有良医”的实现为共同目标。2018 年 3 月 13 日，国务院机构改革中，将原来分散在人力资源社会保障部、国家卫生计生委、国家发展改革委以及民政部等部委的与医疗保障相关的职责和功能加以整合，组建国家医疗保障局。这一改革就是对健康保障系统结构的重新调整，使其更加科学合理，适应新时代的新要求，是从“小医保”走向“大医保”的关键一步。当然，“大医保”并非大包大揽所有职责，而是注重各部门、各行业尤其是医保部门与

① 张研，张亮. 医疗保障体系与服务供给体系的摩擦与整合［J］. 中国卫生经济，2017（1）.

卫健部门的协调配合，以“三医联动”的真正落地为推动力，促进医保系统公平与效率的共同提升。

综上所述，根据“大医保”在其目标与性质、结构与责权利关系，以及运作机制等方面提出的要求，可以发现，医疗保障体系的最终目的都是指向“病有良医”的实现。只有发展“大医保”，才能突破当前医疗保障体系的发展瓶颈和障碍，才能保障人民群众获得公平可及、系统连续的预防、治疗、康复、健康促进等健康服务。因此，从“小医保”到“大医保”的转型呼应了人民群众的健康需求和对美好生活的期望，同时也是“健康中国”战略实施的重要组成部分。

四、从“小医保”走向“大医保”的关键对策

“病有良医”目标的实现需要医疗保障体系与医疗服务体系的共同发展、协同配合，需要全社会长期的共同努力和探索。就医疗保障体系而言，从“小医保”到“大医保”的转型不可能一蹴而就，由于受当前的社会经济发展水平、政府管理体制机制现状、社会资本的发展程度等因素的限制，无法在短期内实现高水平、高质量的医疗保障，并且达到“病有良医”。因此，要将“病有良医”作为长期的改革方向和目标，根据医疗保障体系自身面临的难题以及新环境新要求，采取相应的对策，在不断完善“小医保”，更好地实现“病有所医”的同时，逐步发展“大医保”，实现“病有良医”的目标。

（一）进一步完善“全民医保”制度

“病有良医”的基础是“病有所医”，只有在继续完善“小医保”的基础上，才能发展“大医保”，实现医保转型。首先，打破当前制度条块分割导致的“碎片化”，实现基本医疗保障城乡均等化、区域

均等化、群体均等化，人人公平享有基本医保是当前的首要任务。目前，大多数省区市已经实现了新农合与城镇居民基本医疗保险的“二保合一”，接下来应推进城乡居民基本医疗保险与城镇职工基本医疗保险的“三保合一”。其次，基本医疗保障制度具有社会“稳定器”与“减压阀”的重要作用，对于推进健康领域的“精准扶贫”，防范“因病致贫、因病返贫”意义重大。因此，在推进医保制度并轨、完善全民医保的过程中必须向困难群众倾斜，为其参保加大政策及资金支持。需要注意的是，“因病致贫、因病返贫”并不是一个阶段性的问题，对困难群众进行精准扶贫，应该成为医疗保障体系一项持续性和战略性的任务。最后，为了促进基本医保的健康可持续发展，防范基金“穿底”，要通过医保支付方式改革和分级诊疗的同步推进，在减轻参保居民负担的同时，控制医疗费用的不合理增长。一方面，推进医保支付方式改革，从“被动给付”走向“主动购买”。通过鼓励和支持地区创新和试点，探索由单一的按项目付费向点数法、按病种分值付费、按疾病诊断相关分组付费（DRGs）等精细化的支付方式转变。另一方面，加快推进分级诊疗，优化医疗资源结构布局。通过加大对基层医疗机构的支持帮扶力度，促进医保补偿的差异化和合理化设计，培养合格的基层卫生人才，完善落实家庭医生签约服务，吸引患者在基层医疗机构就医，促进基本医疗保障的健康可持续发展。

（二）发展商业保险，完善多层次医疗保障体系

以“保基本、兜底线、促公平”为目标和原则的基本医疗保险制度的单一力量，并不能满足人民日益增长的对“病有良医”的需求。新时代“大医保”的发展必须以政府、市场和社会组织构成的有机整体为建设力量，推动基本医疗保险、大病医疗保险、医疗救助、商业

医疗保险、社会慈善等多支柱的协同发展，努力构建多领域、多层次、高水平的医疗保障体系。首先，要厘清基本医疗保险和商业医疗保险的责任和业务边界，进一步强化两者的衔接配合。基本医疗保险应遵循“保基本”的原则，保持适当、稳定的医疗保险待遇水平，既有效分散风险，又防止个人过度医疗、浪费资源，为商业医疗保险的发展留出空间。此外，还应通过建设数据共享平台、活化医保个人账户、开放经办管理服务市场等方式加强基本医疗保险和商业医疗保险之间的合作。其次，为提高医疗保障水平，满足人民“病有良医”的需求，要充分发挥商业医疗保险的优势。一是积极推进大病医疗保险，鼓励和引导人们购买大病医疗保险、护理保险等，利用市场的力量，提高社会抗击疾病风险的能力。二是利用市场竞争机制，发挥商业医疗保险在推行价廉质优的医疗服务、控制医疗费用方面的优势。三是通过不断创新补充医疗保险产品，满足人们多样化、多层次的健康需求。随着我国居民收入水平的提高，对健康的更高水平的认识和更高程度的重视，中高端医疗保险产品的市场需求也越来越大，具有很大的发展空间。最后，要通过吸引社会慈善力量增强医疗救助能力。政府应通过完善相关规则和标准的制定，提供政策和财政支持等措施，发掘社会捐赠、慈善基金会、志愿者组织、个人和企业、国际组织等渠道和资源，为困难群众提供形式多样的医疗救助。

（三）完善医疗保障管理体制，推动医保治理现代化

医疗保障管理体制决定了医保治理所采取的组织结构及其职责关系、管理方式等，因此，医疗保障管理体制的改革方向及效果直接影响到医保治理中各个重要关系的处理，例如，政府与市场的关系、政府与公民的关系，基本医疗保险与商业医疗保险的关系，以及医疗、

医保与医药的关系等，直接影响到医保治理体系和治理能力现代化的实现。虽然目前我国已跨出“大医保”管理体制改革的关键一步，但距离“大医保”的真正实现还有很大距离。当前我国医疗保障管理体制改革实际上是对医保职能的重新整合，变“九龙治水”为“一龙治水”，其主要功能在于提高决策效率和医保政策的执行力。[①] 但是，医保治理现代化的关键在于树立共享、共建、共治的现代化医保治理理念，构建多元合作、有机联动的现代化医保治理体系。因此，在对政府与市场这对核心关系的处理上，医疗保障管理体制改革还需要进一步明晰下一步的改革方向。为了实现医保治理现代化，首要任务就是要积极促进多元共治新格局的形成。通过引入社会力量，积极推动政府购买服务，构建竞争型的市场机制，充分调动和整合全社会的资源，形成医保治理合力。此外，医保治理现代化的实现还需借助先进科技的力量，以技术创新推动管理体制机制的创新。通过促进“互联网+”、大数据、云计算、人工智能等科学技术在医保领域的全方位应用，助力医保治理规范化和精细化、医保决策专业化和科学化，以及医保服务多样化和个性化的实现。

（四）适应老龄化发展趋势，促进医养融合

医养融合主要是指将医疗卫生资源引入养老机构、社区和居民家庭，与养老资源相互融合、促进，以满足老年人在养老过程中的医疗卫生服务需求，提升养老服务的整体水平。[②] 医养融合包括病前疾病预防、病中便捷就医和病后康复护理三个相互关联的阶段，反映了

---

① 熊茂友. 医保管理体制改革：支持多保合一 期待管办分离和经办竞争［JB/OL］. 健康界，2018-03-15. https：//www. cn-healthcare. com/articlewm/20180315/content-1023382. html.

② 王素英，张作森. 孙文灿. 医养结合的模式与路径：关于推进医疗卫生与养老服务相结合的调研报告［J］. 社会福利，2013（12）.

“持续照料”的养老理念，符合“大医保”对“病有良医”的追求。我国老龄化发展日益面临高龄化、失能化、失智化和空巢化，“小医保”已经无力满足巨大的老年医疗护理需求，医疗资源和医保基金承受着越来越大的压力，因此，为了积极应对老龄化问题，“大医保”的发展应致力于促进医养融合，并尽快建立长期护理保险制度。我国于 2016 年启动了长期护理保险制度的试点，包括上海、广州、青岛、承德、长春等 15 个首批试点城市，试点期间，该制度主要覆盖职工基本医疗保险参保人群。长远来看，我国长期护理保险制度应由政府主办，由商业保险等市场机构经办，兼顾公平与效率，提供更高效率、更高水平的护理服务。针对当前我国发展长期护理保险基础薄弱的现状，政府要在履行自身职责的基础上，处理好与市场的关系，以此兼顾公平和效率。政府要承担规则制定、组织管理和财政支持的职能，通过制定和完善法律法规，建立评估标准及监督机制，提供税收优惠政策和宽松的投资政策等，保障参保对象和保险运营机构的合法权益。

（五）应用大数据技术，建设智慧型“大医保”体系

“互联网+”、云计算和大数据等信息技术的发展为“大医保”的发展提供了技术支撑，通过创新医保治理手段和工具，建设智慧医保，有利于“病有良医”目标的实现。建设和推广智慧医保，主要是将现代信息技术尤其是大数据技术，应用于医保治理，以此引导医疗资源的优化配置，提高医保基金的使用效率。由于智慧医保对于平衡医疗服务质量和基金使用效率之间的矛盾具有促进作用，在实现医保控费的同时又能监控和促进医疗服务行为的规范和质量的提升，因此有助于克服“小医保”无法保障基金可持续发展的局限性，从而逐步

走向“病有良医”的“大医保”。具体来说，智慧医保助力“大医保”的发展主要体现在三个方面：第一，依托数据共享平台，优化服务流程，构建全方位、多渠道的服务应用模板，提供规范化、标准化、个性化的经办服务。通过建设“互联网+”医保服务平台，探索提升社会保障卡线上线下业务支撑能力，开发移动互联网端口，不断拓展和优化各种便民利民服务。第二，通过建立第三方医保基金管理结算平台，实现医保基金的专业化、规范化管理。通过对异常医疗行为的智能化筛查，减少不合理就医行为，实现智能科学控费。第三，通过建设实时智能监管系统，挖掘和应用大数据，建设集稽核内控、基金监管、监管联动、运行分析、风险预警为一体的医保大数据聚合机制和应用体系，对医保经办机构行为、医生医疗服务行为、参保人员就医行为等进行全方位的实时监控，对违规行为实施精准稽查，为医疗保障与医疗服务的专业化、精细化和科学化决策提供依据和支撑。

第十章

中国医疗保险改革40年：政策范式转移与制度约束

彭宅文[1]

摘要： 为更好地解释改革开放以来我国医疗卫生体系转型中财政投入增长迅速、政策创新经验突出，而医疗费用风险保护水平改善有限的现象，本文在医疗卫生体系政策分析框架下，审视了改革开放40年来社会医疗保险制度改革所经历的政策范式转移。2003年以来，我国医疗卫生体系的目标由为经济政策与经济增长服务，转向提高患者医疗费用风险保护水平，这意味着医疗卫生体系的政策范式转移开始启动。在由国家医疗卫生体系模式向社会医疗保险体系模式转型的过程中，地方政府竞争与部门利益及绩效竞争约束了政策目标与管控机制在政策执行中的转变。

关键词： 医疗卫生体系　政策范式转移　社会医疗保险体系　制度约束

---

① 彭宅文：中国社会保障学会青年委员会委员，中山大学政治与公共事务管理学院助理教授。本文主要内容发表于《社会保障评论》，2018年第4期。

一、研究问题的提出

新中国成立之后，政府在城市建立了面向城镇企业职工及其家属的劳保医疗制度、面向机关事业单位工作人员及其家属的公费医疗制度，在农村建立了面向村集体成员的合作医疗制度。这三大医疗保障项目基本实现了政策层面的“全民覆盖”，并有效地改善了国民健康水平。由于缺乏有效的风险分担机制，劳保医疗、公费医疗的“单位制或单位福利”属性，合作医疗的以集体为基础的非正式保险属性，使得这三大医疗保障待遇范围有限，医疗费用风险保护程度不高。这种政策设计为重工业优先发展战略的资本积累策略而生，但是其政策运行也恶化了国有企业预算软约束问题，阻碍了劳动力市场的发育与建立。改革开放之后，解决三大医疗保障项目的弱风险分担能力与低医疗费用风险保护水平问题是医疗保障制度改革面临的首要任务。然而，其解决方案的设计却围绕为计划经济体制向市场经济体制转轨，以及重工业优先发展战略向劳动密集型、出口导向型产业发展战略转型服务展开。劳保医疗和公费医疗通过社会统筹机制在资金筹集方面实现了由单位保障向社会医疗保险的转型，但是个人账户制度的引入使得门诊医疗费用风险私有化，医疗费用风险保护程度削减。职工基本医疗保险对外来务工人员的排斥，以及差异化、低水平农民工医疗保障项目的设立，为规避劳动者社会保险参与、降低参保成本提供了选择。同一时期，合作医疗在家庭联产承包责任制推行后随着农村集体经济的衰弱而式微，农村居民因此处于无保障的境地。服务于出口导向型产业发展战略，为控制劳动力成本及社会支出而进行“福利紧缩”成为转型期医疗保障制度建设的主题。

2003年以来，随着科学发展观、和谐社会等新发展理念的确立，医疗卫生体系改革的目标与工具呈现政策范式转移的新气象。在中央财政补贴的支持下，2003 年新型农村合作医疗的试点与扩面、2007 年城镇居民基本医疗保险的创立与发展，以及 2003 年职工基本医疗保险向农民工的开放等，使得我国进入全民医保的新阶段。2009 年，“新医改”将医药卫生体制改革的目标从为发展战略与经济政策服务，转为实现人人享有基本医疗卫生服务。党的十八大以来，“没有全民健康，就没有全面小康”重要论断的提出与“四个全面”战略布局的构建，“健康优先”统领的“健康中国”战略的发布，意味着我国医疗卫生体系的目标与政策工具正在经历深刻的政策范式转移。

医疗卫生体系在计划经济时期的创立，在市场转型期的改革，以及 21 世纪以来的转型与完善，都紧密配合国家发展战略的调整（体制转轨与发展转型），且成效突出。然而从社会政策的本质属性出发，我国医疗卫生体系制度建设与政策范式转移的绩效却变得复杂。与社会政策研究中被解释变量的测量难题一样，测量维度与指标设计的差异将影响我们对政策绩效的判断。①

从立法资源分配、政府注意力分配，到政策资源配置，改革开放以来的医疗卫生体系建设一直是政府的施政重点任务之一。在制度建设层面，职工基本医疗保险的建立与完善，居民基本医疗保险的创新与全民覆盖效果的达成，以及“新医改”推动的“三医联动”改革

---

① 社会政策研究中的“被解释变量问题”，聚焦如何科学地将社会政策进行概念操作化。操作化思路将影响测量指标的选择，进而可能得到差异化的政策图景。艾斯平-安德森（Esping-Andersen）曾批评以加总的社会支出测量福利国家扩张并不能够反映政府的福利努力程度，因为未能瞄准穷人的社会支出可能将扩大社会不平等程度，而不能发挥其应有功能。他主张从社会政策绩效的维度进行概念操作化，如以养老金的收入替代率水平为主构建劳动力去商品化指标去测量社会政策的发展。相关讨论请参见 Costa Esping-Andersen. *The Three Worlds of Welfare Capitalism*. Princeton University Press，1990；对被解释变量测量问题的专门研究可以参见 Jochen Clasen and Nico A. Siegel. *Investigating Welfare State Change：the “Dependent Variable Problem” in Comparative Analysis*. Cheltenham：Edward Elgar Publishing，2007.

等都具有重要的政策创新价值。

从政策投入的角度来看，我国卫生总费用以及其中的政府卫生支出分别从1978年的110.21亿元、35.44亿元，增长至2016年的46 344.88亿元、13 910.31亿元，分别增长了近421倍、393倍；卫生总费用占国内生产总值的比重由1978年的3.02%增长至2016年的6.22%。从政策产出的角度来看，世界卫生组织将卫生政策的目标细分为三：国民健康的改善、患者非医疗性服务预期的回应和疾病医疗费用风险保护程度及公平性。[①] 其中，医疗服务质量与患者非医疗性服务预期的回应性紧密关联，但由于缺乏可靠的统计数据，我们无法有效展开分析。以出生时预期寿命、孕产妇死亡率等健康指标测量的国民健康的改善并不一定能够反映医疗保障制度的绩效，而可能与经济增长以及医疗技术进步有关，更具有获得感不明显以及滞后的特征。医疗费用风险保护程度及公平性成为测量我国医疗卫生体系政策变迁的重要指标。[②] 1978年以来，尽管卫生总费用占国内生产总值的比重稳步增长且已经翻倍，但是城乡居民的医疗费用负担改善的效果并不明显。[③] 其中，城镇居民人均年医疗保健支出占消费支出比重自1986年开始持续增长，至2006年到达顶点之后基本维持在这一水平

---

① World Health Organization. *The World Health Report* 2000：*Health Systems*：*Improving Performance*. Geneva：World Health Organization，2000：24-26.

② 这三类指标从政策绩效维度，而不是政策投入维度测量医疗卫生体系。其中，患者的疾病医疗费用风险保护程度由医疗保障提供的药品和医疗服务给付范围与待遇支付水平共同决定，它侧重测量患者的医疗费用负担。我们的指标选择思路也参考了 Adam Wagstaff，Daniel Cotlear，Patrick Hoang-Vu Eozenou，and Leander R Buisman. Measuring Progress towards Universal Health Coverage：With an Application to 24 Developing Countries，Policy Research Working Paper No. 7470. Washington，DC.：World Bank，2015.

③ 从社会风险与需要的角度来看，社会政策需要解决与疾病相关的两个问题：其一，居民因疾病及治疗暂时丧失劳动能力而无法获得收入的收入中断风险；其二，居民因疾病及医疗的不确定性而产生的医疗费用风险。二者的属性并不一样，测量指标设计也有较大差异。我国的医疗保障制度并不提供疾病及治疗期间的收入保护给付，这里主要聚焦在后者。国际劳工组织针对社会保障的相关国际公约对此有详细区分和讨论。相关研究可以参见 International Labour Office. *World Social Protection Report* 2014/2015：*Building Economic Recovery*，*Inclusive Development and Social Justice*. Geneva：ILO，2015.

上下波动，并无下降趋势；农村居民人均年医疗保健支出占消费支出比重自1980年开始呈明显的上升趋势，并且与城镇居民的这一指标保持一定的差距。可见，改革开放40年来，急剧增长的卫生政策投入没有带来居民医疗费用风险保护水平同等的改善，也没有缩小城乡居民间的不平等差距。[①]

自2003年以来，我国医疗卫生体系进入政策范式转移的新阶段，为什么政策范式转移并没有带来政策绩效的明显改善？进一步地，政策目标的调整、政策思路的转变以及政策工具的创新遭遇了哪些制度性约束？这些问题值得我们重点关切。目前，针对我国医疗卫生体系的研究主要分布在政策设计与政策变迁、政策绩效实证两个方面。前者如杜创、朱恒鹏针对市场化转型过程中城市医疗卫生体系政策设计逻辑变迁的研究[②]，王绍光等人对世纪之交城镇职工基本医疗保险建立后城市医疗卫生政策绩效的分析[③]，顾昕针对2003年之后卫生筹资转型的讨论[④]，郑功成对中国医疗保障体系的战略规划研究[⑤]，以及申曙光、张家玉对医疗保险转型思路的研究[⑥]等；后者主要基于微观计量技术评估政策效应，比如很多研究详细评估了新型农村合作医疗对

---

① 费用负担的测量重点是分析自付医疗费用之于患者支付能力的相对水平（保护程度），以及这种相对水平的个体间分布及差异（保护公平性）。我国并无专门的统计体系，也没有公开过针对性的统计数据。以居民人均年医疗保健支出占消费支出比重作为代理变量进行测量是一个次优选择。更深入的讨论，请参见彭宅文，岳经纶. 新医改、医疗费用风险保护与居民获得感：政策设计与机制竞争［J］. 广东社会科学，2018（4）

② 杜创，朱恒鹏. 中国城市医疗卫生体制的演变逻辑［J］. 中国社会科学，2016（8）.

③ 王绍光，何焕荣，乐园. 政策导向、汲取能力与卫生公平［J］. 中国社会科学，2005（6）.

④ 顾昕. 公共财政转型与政府卫生筹资责任的回归［J］. 中国社会科学，2010（2）.

⑤ 郑功成. 中国社会保障改革与发展战略：理念、目标与行动方案［M］. 北京：人民出版社，2008：186-232；郑功成. 中国社会保障改革与发展战略（医疗保障卷）［M］. 北京：人民出版社，2011.

⑥ 申曙光，张家玉. 医保转型与发展：从病有所医走向病有良医［J］. 社会保障评论，2018（3）.

农村居民的消费[①]、贫困风险[②]以及健康改善[③]的影响。本文将在已有研究的基础上，从政策范式转移的视角审视改革开放以来我国医疗卫生体系的变迁，希望能够识别出政策范式转移与发展阶段转换的历程与特征，并着重分析其遭遇的约束与挑战。

本文第二部分将在梳理医疗卫生体系中政府角色的基础上构建政策分析框架，并从比较医疗卫生体系的角度定义政策范式转移的内涵，为全文的分析提供思路与工具。第三部分将在政策范式转移的视角下，描述改革开放以来的医疗卫生体系政策变迁及特征。在此基础上，第四部分将从分权与地方政府竞争、分工与部门利益竞争两个视角讨论医疗卫生体系政策范式转移所遭遇的制度约束。

二、分析框架：政府角色与医疗卫生体系政策范式转移

在中国的卫生法制与公共行政中，医疗卫生体系被分解为三个独立的子部分，其中医疗保障体系主管医疗费用筹资，医疗服务体系负责医疗服务递送，国家发展与改革委与药品监督管理部门则负责医药价格与质量监管。改革开放以来，筹资、递送与管制改革思路与改革步伐的差异，使得医疗卫生体系改革与发展变得艰难，且绩效不彰。为了对医疗卫生体系转型与政策范式转移进行深入科学地分析，本部分内容将在梳理医疗卫生体系中政府角色的基础上搭建政策体系分析框架，并从比较医疗卫生体系的视角定义社会医疗保险模式及其政策

---

① 白重恩，李宏彬，吴斌珍．医疗保险与消费：来自新型农村合作医疗的证据［J］．经济研究，2012（2）．

② 吴本健．新型农村合作医疗制度对贫困缓解的作用：基于收入和热量贫困线的比较分析［J］．社会保障评论，2018（2）．

③ 白晨，顾昕．社会医疗保险与健康老龄化：新型农村合作医疗制度“营养绩效”分析［J］．社会保障评论，2018（2）．

范式转移的内容。

（一）医疗卫生体系中的政府角色

基本医疗服务并不具备公共产品的非竞争性和非排他性特征。政府的干预主要着眼于解决医疗保险市场和医疗服务市场中的不确定性和信息不对称问题。[①]

风险厌恶的消费者为了规避疾病及医疗消费的不确定性对自己收入的影响而选择购买商业医疗保险。在商业医疗保险市场，由于参保者拥有疾病及健康的私有信息，保险公司的风险分担机制设计多数时候只能依据市场平均疾病风险进行定价，保险合同仅仅能够吸引实际疾病风险损失高于平均水平的人参保。保险公司可以通过区别定价以及风险选择来应对参保者的上述逆向选择行为，但是这种市场行为可能导致医疗费用风险保护产品的供给缺口，低收入者和高疾病风险者无法通过保险市场解决其医疗费用风险保护问题。为了降低逆向选择所致的效率损失，政府会通过强制参保的方式要求所有劳动者或居民参加法定社会医疗保险计划。当然，通过一般性税收融资、基于公民身份建立的普惠型国民医疗服务体系，实际上也是通过强制参与来解决逆向选择问题的。

医疗卫生体系中政府干预的理据并没有止于强制参保而建立法定社会医疗保险，相反，社会医疗保险作为第三方付费机制，建立了

① 在整个医疗卫生服务领域（含公共卫生服务），政府干预源自四种形式的市场失灵：医疗服务是一种有益品（Merit Goods），医疗保险与医疗服务市场的不确定性与信息不对称问题，公共卫生服务及设施是公共物品，外部性问题。其中，基本医疗服务领域的政府干预主要是因为医疗保险与医疗服务市场的不确定性与信息不对称问题。相关分析参见 Carolyn Hughes Tuohy and Sherry Glied. The Political Economy of Health Care//Sherry Glied and Peter C. Smith, eds. *The Oxford Handbook of Health Economics*. Oxford: Oxford University Press, 2011.

“参保者（患者）——社会医疗保险——医疗机构”的三角关系之后，进一步诱发或者恶化了患者、医生的道德风险。为回应这些新问题，医疗卫生体系还需要进行机制设计，相机解决患者过度使用医疗服务的道德风险与医生的供方诱导需求问题。

患者的道德风险主要表现在两个方面。其一，相对于未参保的状况，参保者由于获得保险保护而倾向于降低事前预防的投入，而使自己暴露在更大的疾病风险之下。其二，第三方支付制度使得个人医疗服务消费决策时的私人边际成本和社会边际成本之间出现了缺口。面对较低甚至免费的医疗服务价格，患者会弱化医生搜寻的激励，并消费过量的医药服务。这两种不同类型的道德风险（前者属于事前道德风险，后者属于事后道德风险）将导致疾病的发病概率以及治疗成本的增加。[①] 为抑制保险及第三方支付诱致的服务需求膨胀，医疗卫生体系需要引入就医流向管理政策以及患者医疗费用分担政策。

医患之间的信息不对称及委托代理问题并没有随着医疗卫生体系的建立而消解。医疗卫生体系，如社会医疗保险可以雇用专业力量来缩小其与医生及医疗机构在疾病与诊疗方面的专业知识差距，但是医疗机构仍占有信息优势，并可能据此诱导患者的就医行为以谋取医疗机构的利益。更为关键的是，第三方支付制度使得患者对医疗成本的监控动力不足，“医患合谋”常能达成，患者过度使用医疗服务的道德风险与医生的供方诱导需求同时发生、相互强化。控制供方诱导需求行为的关键在于，通过医疗费用支付方式改革，调整医生与医疗机构的行为激励。

---

① Nicholas Barr. *The Economics of the Welfare State*. *5th ed*. Oxford：Oxford University Press，2012：238–243.

（二）政府角色与政策分析框架

与政府在医疗卫生体系中的角色相匹配，一个健全、有效的医疗卫生体系需要协调参保者（患者）、筹资机构（如社会医疗保险经办机构）、医疗服务提供者之间复杂的三角关系，并解决上述市场失灵问题。

早期的医疗卫生体系分析框架主要围绕资金筹集和服务递送两个功能展开。例如，有学者设计的分析框架在重视资金筹集与服务递送两大功能的基础上，进一步将资金筹集方面的功能细化为征缴资金、风险分担、服务购买及支付等三大内容。[①] 这种分析思路与一般性的社会政策分析框架保持了一致，但是并没有体现服务给付的特性，也没有关注医疗服务领域特殊的市场失灵问题。对此，一些学者的研究认为，医疗卫生体系在资金筹集与服务递送之外还应该具备管制的功能。资金筹集关注筹资来源、方式及水平等问题。服务递送聚焦递送机构的两个属性——产权属性与营利属性，管制的焦点着眼于处理参保者（患者）、筹资机构与服务提供者三大主体的三组双边关系。其中，参保者（包含潜在患者）与筹资机构的关系聚集在参保覆盖策略与资金筹集方式两大议题，筹资机构与服务提供者的关系围绕服务提供者的市场准入与补偿机制问题展开，服务提供者与参保者之间的关系聚焦在就医选择权管控与待遇给付（含患者医疗费用分担）上。[②] 三大主体间的六个（三组）主要问题基本上与前文提到的三种类型的信息不对称问题（市场失灵）对应。相对于管制的议题，管制的主体

① Joseph Kutzin. A Descriptive Framework for Country-Level Analysis of Health Care Financing Arrangements. *Health Policy*, 2001, 56 (3).

② Heinz Rothgang, Mirella Cacace, Simone Grimmeisen and Claus Wendt. The Changing Role of the State in Health Care Systems. *European Review*, 2005, 13 (1).

与管制的方式对于识别或设计不同的管制机制更加重要。其中，管制主体包括政府、社会自治组织与私人市场参与者等三类行动者。而管制方式也有三类：等级性管控、平等的集体谈判、个体或群体间的竞争。将管制主体与管制协调方式进行组合匹配，则可以得到以下三种理想型的管制机制：①政府等级管制，通过等级从属关系进行行政管控；②社会性自我管制，通过社会自治组织间的集体谈判形成解决方案；③市场竞争管制，基于私人市场参与者的竞争配置资源。[①]

以上文献梳理为我们提供了一个完整的政策分析框架：针对基本医疗服务领域中的市场失灵，医疗卫生体系包括资金筹集、服务递送与管制三大功能；其中管制功能旨在回应上述市场失灵问题，并与资金筹集与服务递送的政策设计紧密关联；管制机制在某种程度上统领了资金筹集与服务递送的政策设计[②]，并有着多样化的选择。

（三）医疗卫生体系类型与政策范式转移

医疗卫生体系的政策变迁及范式转移可以基于医疗卫生体系类型学的已有研究成果展开。划分医疗卫生体系模式一直是比较社会政策与比较卫生政策的研究热点。温特等（Wendt，Frisina & Rothgang）对已有研究进行了整合性梳理，并基于其构建的医疗卫生体系政策分析框架对典型模式进行了概念性探索分析。依据资金筹集、服务递送与管制三个维度，政府、社会自治组织以及私人市场参与者的角色及相对重要性，理论上可以描绘出27种医疗卫生体系模式。其中，3种理想型的医疗卫生体系模式最具代表性。它们分别是：①国家医疗卫

① Heinz Rothgang，Mirella Cacace，Lorraine Frisina，Simone Grimmeisen，Achim Schmid and Claus Wendt. *The State and Healthcare*：*Comparing OECD Countries*. New Yordk：Palgrave Macmillan，2010：14-15.

② Katharina Böhm，Achim Schmid，Ralf Götze，Claudia Landwehr and Heinz Rothgang. Five Types of OECD Healthcare Systems：Empirical Results of a Deductive Classification. *Health Policy*，2013，113（3）.

生体系，筹资、递送与管制主要是由政府主导，以英国为代表；②社会医疗保险体系，社会自治组织在筹集、递送与管制方面负主要责任，以德国为代表；③私人医疗卫生体系，筹资、递送与管制主要由市场性力量来控制，以美国为代表。[①] 基于该项研究创立的分类思路与划分标准，这个研究团队的后续聚类分析为医疗卫生体系模式划分的科学性提供了较好的实证依据。[②]

更为关键的是，温特等的研究，在划分医疗卫生体系理想型的基础上，还基于霍尔（Hall）的多层次政策变迁概念分析框架，讨论了医疗卫生体系转型的三种方式。在霍尔的分析视野中，政策变迁在三个层次展开。其中，一阶政策变迁是指政策工具（或技术）的水平或者参数调整变化；二阶政策变迁强调在总体政策目标不变的情况下政策工具的改进；三阶政策变迁也被称为政策范式转移，它意味着构成公共政策的政策工具参数、政策工具以及政策目标都发生了重大变化。相比一阶、二阶政策变迁，政策范式转移意味着整个公共政策的目标与政策论述都发生了重要变化。[③] 与之相对应，医疗卫生体系的变迁也分为三个层次：①政策范式转移，即政策总体目标变迁，并且医疗卫生体系（模式）由一种理想型转为另一种理想型；②内部系统变迁，即筹资、递送与管制中的某一个维度发生变迁，但是整体政策范式仍维持稳定；③内部水平变化，指筹资、递送与管制中的某一个

① Claus Wendt, Lorraine Frisina and Heinz Rothgang. Healthcare System Types: A Conceptual Framework for Comparison. *Social Policy and Administration*, 2009, 43 (1).

② Katharina Böhm, Achim Schmid, Ralf Götze, Claudia Landwehr and Heinz Rothgang. Five Types of OECD Healthcare Systems: Empirical Results of a Deductive Classification. *Health Policy*, 2013, 113 (3); Claus Wendt. Changing Healthcare System Types. *Social Policy and Administration*, 2014, 48 (7).

③ Peter A. Hall. Policy Paradigms, Social Learning, and the State: The Case of Economic Policymaking in Britain. *Comparative Politics*, 1993, 25 (3).

或多个维度的参数水平发生变化。[①]

下文的分析我们将基于医疗卫生体系的概念分析框架展开，不会只关注社会医疗保险的资金筹集功能，而是将其视为一种医疗卫生体系模式，并从医疗卫生体系政策范式转移的视角审视相关改革与变迁。

三、改革开放以来我国医疗卫生体系的政策范式转移

新中国成立以来，我国的医疗卫生体系建设经历了三个阶段。其中，计划经济时期建立的劳保医疗和公费医疗是改革的起点；市场转型时期，医疗卫生体系改革实现了资金筹集与风险分担政策由单位保障、财政负责向社会统筹、劳资双方缴费转变；2003 年以来的改革则在资金筹集、服务递送与管制机制等三个方面有了重大改革。

（一）改革起点：计划经济时期的医疗卫生体系

新中国初期，在劳动力资源相对丰富而资本相对稀缺的资源禀赋下，为了支持重工业优先发展的赶超型发展战略，我国采用了计划手段代替市场机制来调控宏观经济环境，降低发展重工业的成本。[②] 为了获得资本密集型重工业发展所需要的资本，我国的收入分配及再分配政策围绕“低消费、高积累”的原则展开。在城市部门，计划经济体制下的劳动管理制度通过低工资政策来降低用人单位的劳动成本。为了弥补低工资政策对劳动力维持与再生产的负面影响（工伤、疾病

① Claus Wendt, Lorraine Frisina and Heinz Rothgang. Healthcare System Types: A Conceptual Framework for Comparison. *Social Policy and Administration*, 2009, 43 (1).

② 林毅夫，蔡昉，李周. 中国的奇迹：发展战略与经济改革（增订版）[M]. 上海：格致出版社、上海三联书店、上海人民出版社，2014：22-40.

与生育），并解决劳动力丧失之后退出劳动力市场的收入保障问题（残疾与退休），政府于1951年建立了劳动保险。作为劳动保险的项目之一，劳保医疗主要解决疾病或非因工负伤时的劳动力再生产保障问题。1952年，政府根据类似的逻辑面向公共部门的机关事业单位工作人员及其家属建立了公费医疗制度。资本积累不仅在城市推行“低工资”政策，还积极在农村无偿或者低代价地转移农业剩余。为了使统购统销、工农产品价格“剪刀差”政策能够稳定和长期地转移农业剩余，政府一方面依靠严格的户籍制度控制农村劳动力外流，另一方面在农村推行特殊的生产和分配方式以保证农业剩余的顺利转移。除灾害救助之外，政府基本上没有投入财政资金建设农村社会保障制度。为了解决农村劳动力的维持和再生产问题，自1955年开始，合作医疗制度逐步在农村集体经济的基础上建立起来。农村合作医疗并没有获得国家财政的支持，而是一种社区筹资的非正式医疗费用保险计划。

计划经济时期的医疗卫生体系以城市为重点，其政策设计的主要特征有如下几点。

1. 资金筹集

在计划经济时期的财政体制之下，劳保医疗和公费医疗的资金筹集主要来自财政资金。劳动保险制度建立之初，用人单位按月缴纳相当于各企业全部职工工资总额3%的费用作为劳动保险金；劳动者不需要缴费。每月缴纳的劳动保险金中的30%存于中华全国总工会账户内，作为劳动保险总基金，70%存于各企业工会基层委员会账户内，作为劳动保险基金。1969年之后，企业开始停止提取劳动保险金，原来在劳动保险金开支的劳动保险费改在企业营业外列支，由企业实报实销。劳动保险的社会化风险分担机制由此中止，蜕变为单位保障。

其中，企业医疗保障费用的主要来源是劳保医疗卫生费（包括支付诊所或卫生室建设及其人员费用），也在企业生产成本项目中列支。与同为劳动保险项目的养老保险不同，劳保医疗自建立之初就没有社会化的风险分担机制。考虑到国有企业财务与财政的关系，劳保医疗的资金实际上来自国家财政。公费医疗的资金则直接来源于财政预算。其中，机关及全额预算管理单位的公费医疗经费由国家财政按人头拨付给各级卫生行政部门，不足部分由地方财政补贴。

2. 服务递送

计划经济时期，医疗卫生体系的医疗服务递送主要由公立医疗机构执行。需要强调的是，除城市公立医院之外，企业与机关事业单位一般会从单位福利基金出资建立诊所或者卫生室，大型国有企业甚至还会建立自己的医院体系。单位的医疗机构一般会进行首诊，之后会根据需要转入更高级别的城市医院。

3. 管制

协调处理参保对象、劳保医疗（公费医疗）机构与医疗机构之间的关系，尤其是控制患者的道德风险以及医生的供方诱导需求行为，主要是通过政府的行政管控展开的。

（1）在医疗费用风险分担方面，财政筹资的医疗保障计划只是面向城镇，农村居民只能够依靠集体经济基础上的合作医疗。除城乡差别之外，城镇的医疗保障计划并没有建立跨单位的风险分担机制，而只是在单位内部分散风险。劳保医疗、公费医疗以及集体福利成为形塑单位制的重要力量。单位的重要性程度、生产经营状况以及员工的年龄结构，成为影响单位医疗保障财务状况及待遇水平的重要因素。基于财政资金筹资，城市居民在医疗保障方面的社会权利资格不是基于普惠制原则，也不是基于风险和需要，而事实上取决于单位的经济绩效和政治绩效。

（2）在患者道德风险管控方面，城市医疗卫生体系基本上没有在政策上制定患者医疗费用分担机制。当然，一些管理运行措施发挥了管控费用的作用。一方面，由于患者的医疗费用由单位承担，所以单位的诊所、卫生室或者医院有较强的激励去管控患者的就医选择权，事实上发挥了“守门人”的作用。另一方面，一些贵重药品以及诊疗期间的餐费由患者分担。

（3）在医疗机构供方诱导需求管控方面，政府通过事业单位工资制来管控公立医疗机构的诊疗激励。与企业的“低工资”政策思路一样，公立医疗机构的工资水平也是受政府管控而人为压低的。当然，医疗服务定价的行政管控以及低估，通过事业单位稍高水平的集体福利进行了补偿。

（二）第一阶段：发展战略调整、国有企业改革与城市社会医疗保险的建立

劳保医疗、公费医疗支持和配合了计划经济时期经济发展战略以及资本积累方式对劳动和收入分配制度的要求，也为化解医疗费用风险，确保劳动力的生产和再生产，以及提高居民健康水平做出了积极的贡献。但是，其政策设计的缺陷导致风险分担与费用控制效果较差。由于缺乏企业间的风险分担机制，企业经济收入和劳保医疗支出的双重分化，对劳保医疗的财务可持续性与待遇公平性构成挑战；职工不缴费与医疗费用分担机制的缺乏，使得患者过度使用医疗服务的道德风险失去控制；国有企业的预算软约束还使得企业控制职工福利费膨胀的激励弱化。因此，计划经济后期，劳保医疗的财务状况恶化，保障水平不高且单位间保障水平差异较大。国有企业也因为承担

了过多的社会职能及沉重的社会负担而经营效率不高。

改革开放之初，我国的医疗卫生体系需要在服务国家发展战略调整的基础上回应上述问题。为实现市场化转型，国有企业改革与劳动力市场建设的要求推动着医疗卫生体系筹资及风险分担机制的改革。国有企业改革的重要任务之一就是预算约束硬化，这需要解决充分就业目标所导致的大量隐性失业人员的冗员负担以及由此导致的劳动保险、职工福利等方面的社会负担。劳动力市场发育需要引入失业机制，并实现区域间、行业间、企业间的劳动力流动。相应地，劳动保险需要脱离单位，建立社会化的风险分担机制。为实现由重工业优先发展向出口导向型发展战略的转型，新建立的社会医疗保险有选择地向外来务工人员扩面，在事实上形成了劳动力成本低廉的优势。这两个逻辑导致医疗卫生体系改革选择了“福利紧缩”的策略。一方面，相对于劳动保险和公费医疗，新建立的社会医疗保险需要增加个人责任，降低待遇水平；另一方面，地方政府间的竞争使得社会医疗保险的扩面受到约束。

从改革过程来看，20世纪80年代，不少地方的劳保医疗开始尝试引入医疗费用控制机制。80年代后期，建立社会化风险分担机制的试点改革开始增多。1993年，《中共中央关于建立社会主义市场经济体制若干问题的决定》将我国城镇职工基本医疗保险的制度模式定位为社会统筹与个人账户相结合之后，各地开始有组织地进行试点。其中，江苏镇江与江西九江的试点尤为突出。在总结和评估试点经验的基础上，国务院于1998年颁布了《关于建立城镇职工基本医疗保险制度的决定》，确立了统账结合的医疗保险制度模式及政策设计。从1983年开始，农村正式开始推行的以家庭为单位的农业联产承包责任制，取代了原来以农业生产队为基础的集体农业经济，农村生产和经营方式都发生深刻变化，家庭成为农村基本生产单位，农村公共积累下降，集体经济衰弱。相应地，合作保健站（村卫生室）失去了资金来源，赤脚医生也不可能依靠过去的方式取得报酬。合作医疗制度因经济和组织基础的丧失而迅速瓦解，多数农村居民无法获得医疗保障。

市场转型期的医疗卫生体系建设，最终在城市建立了城镇职工基本医疗保险体系，实现了筹资及风险分散机制的变革。从政策总体目标来看，这一阶段的医疗卫生体系的改革依然具有鲜明的发展型社会政策的烙印[①]，着力服务于发展战略调整与经济改革。其主要特征如下。

1. 资金筹集

随着劳保医疗和公费医疗向城镇职工基本医疗保险的转轨，以及农村合作医疗的衰落与崩溃，整个医疗卫生体系只是面向城市部门的就业者（包括企业和机关事业单位）。在资金筹集方面，基本医疗保险费由用人单位和职工共同缴纳，用人单位缴费率控制在职工工资总额的 6%左右，职工缴费率一般为本人工资收入的 2%。由于国有企业预算约束的硬化，企业的缴费具有专项税费的性质，与计划经济时期企业的职工福利费支出不同。

2. 服务递送

服务递送依然由公立医疗机构执行。但是，医疗机构间的分工与协作关系发生了变化。随着国有企业社会职能的剥离，作为集体福利重要载体的单位诊所、卫生室甚至企业医院进行了改制或者私有化。依靠单位自建医疗机构对患者进行首诊以及分级诊疗的机制消失了。

---

① Yeun-wen Ku and Catherine Jones Finer. Developments in East Asian Welfare Studies. *Social Policy and Administration*, 2007, 41 (2).

随着事业单位改革的推进，医疗机构间的协作逐渐演变为竞争关系。由于财政补贴不足，为了获得更多的病人资源及医疗收入，医疗机构间的竞争使得分级诊疗体系无法有效运转。

3. 管制

城镇职工基本医疗保险制度在医疗费用分担与患者道德风险管控方面发挥了一定的作用。但是总体而言，整个管制机制依然是政府主导的，并保留了很多计划经济体制的特色。

（1）在医疗费用风险分担方面，城镇职工基本医疗保险面向城市公共部门和私人部门建立了风险分担机制。不同于同期建立的城镇职工基本养老保险只面向城市企业部门，职工基本医疗保险的参保对象包括企业职工、机关事业单位工作人员以及社会组织雇员。当然，其实际扩面策略受出口导向型发展战略的影响。出口导向型发展战略建立在劳动力资源丰富的比较优势之上，农村经济体制改革与户籍制度的松动释放出来的农村剩余劳动力是沿海地区制造业发展的基础。但是，职工基本医疗保险的覆盖范围在2003年之前并没有积极向在非公有制企业就业的、不具有本地户籍的农民工群体开放。为回应医疗费用风险，一些地方政府为农民工群体单独建立了筹资水平低、待遇水平差的社会医疗保险项目，例如上海、成都等地的农民工综合保险；另一些地方政府则为本地户籍的低收入人群建立了医疗救助制度。

（2）在医疗保障待遇与患者道德风险管控方面，职工基本医疗保险引入了个人账户制度与患者医疗费用分担机制。个人账户制度的引入将患者门诊医疗费用风险转移给了参保者。相对于劳保医疗的门诊医疗保障待遇范围与水平，个人账户的引入导致了门诊医疗保障待遇的“福利紧缩”。患者医疗费用分担方面，药品与医疗服务准入目录、起付线、共同支付以及封顶线等措施出台，它们在收获医疗费用控制绩效的同时，也在一定程度上牺牲了的医疗费用风险保护水平。[①]

（3）在医疗机构供方诱导需求管控方面，职工基本医疗保险并没有出台有效的措施，而是延续了以往计划经济时期的制度安排。初创的城镇职工基本医疗保险政策并没有供方诱导需求管控方面的政策设计，医疗费用支付依然采用按项目付费。然而，公立医院的管理运行机制却发生了急剧变革。随着财政制度的改革，尤其是分税制的推行，地方政府投入医疗卫生事业的能力和激励功能都迅速弱化。公立医院获得的财政拨款不足，医疗服务受行政管制定价而低于市场水平，公立医院有可能通过诱导患者不合理地使用医疗服务来获得收入补偿以及发展资金。

（三）第二阶段：社会建设与“新医改”

2003 年 10 月召开的党的十六届三中全会首次提出“科学发展观”的发展理念，2004 年 9 月召开的党的十六届四中全会明确提出了构建“和谐社会”的新目标，我国的经济社会发展战略进入了构建社会主义和谐社会的新阶段。发展战略的转型使得我国医疗卫生体系的目标出现了根本性的变化，由服务于经济增长转变为回应居民的医疗费用风险。

在政策总体目标改变的同时，医疗卫生体系的资金筹集、服务递送与管制都发生了深刻的变化。[②] 为了回应职工基本医疗保险扩面缓慢的问题，国家于 2003 年开始连续发布政策，出台具体措施推进困

---

① 彭宅文．我国的医疗保险个人账户：历史、问题与前景［J］．社会保障研究，2008（1）．

② 郑功成．健康中国建设与全民医保制度的完善［J］．学术研究，2018（1）．

难国有企业职工、灵活就业人员、非公有制企业雇员及农民工群体的参保扩面。针对非就业城乡居民的参保难题，财政补贴家庭参保的居民社会医疗保险政策创新出台，新型农村合作医疗与城镇居民基本医疗保险相继建立和推广。随着财政补贴力度的加大，城乡居民基本医疗保险迅速扩面，最终实现了全民覆盖。另外，国家还逐步建立了城乡居民社会医疗救助与城乡居民大病保险，向大病患者提供额外的风险保护。精准扶贫启动之后，农村居民的医疗救助与医疗保险工作更是受到重视。2009 年开始的“新医改”在巩固全民医保覆盖的基础上，将医疗服务体系改革尤其是公立医院改革作为重点，推动“三医联动”，在药品价格形成机制改革、支付方式改革以及公立医院补偿方式改革等方面出台综合性措施。

2003 年以来，医疗卫生体系改革目标的调整，以及由此推动的资金筹集、服务递送与管制的变革，使得我国的医疗卫生体系进入了政策范式转移的新阶段。

1. 资金筹集

与城镇职工基本医疗保险依靠用人单位和劳动者社会保险缴费筹资不同，城乡居民基本医疗保险的筹资获得了财政补贴的支持。城乡居民基本医疗保险采取了定额缴费的筹资方式，个人缴费约占 1/3，政府补贴另外的 2/3（平均水平）。财政资金通过“补需方”的方式，迅速推动了城乡居民基本医疗保险的扩面。除社会医疗保险之外，政府还投入大量资金推动了城乡居民医疗救助政策的发展。

2. 服务递送

“新医改”以来，政府积极推动医疗服务体系的结构性改革。一方面，政府积极完善公立医院管理体制，实行政事分开和管办分开，逐步推进“去行政化”改革，重建政府与公立医院的关系，提高公立医院服务效率。另一方面，政府通过完善市场准入等方式，鼓励社会力量以出资新建、参与改制等多种形式投资医疗机构。多元化的医疗服务体系正在形成。

3. 管制

城乡居民基本医疗保险的创立与扩面，分级诊疗改革措施的出台，公立医院补偿机制改革的深化，推动着医疗卫生体系的管制机制的更新。

（1）在医疗费用风险分担方面，城镇职工基本医疗保险的扩面与城乡居民基本医疗保险的创立和推广，使得我国实现了社会医疗保险的全民覆盖，并且随着城乡居民基本医疗保险的整合，辖区内跨户籍的居民医疗费用风险分担机制得以建立，这对实现户籍人口城镇化与基本公共服务均等化具有重要意义。居民基本医疗保险的筹资采用个人缴费与财政补贴相结合的方式，在某种程度上是社会医疗保险模式与国家医疗卫生体系模式的整合。公共财政以“补需方”的方式推动医疗卫生体系的发展，具有重要的政策创新意义。

（2）在医疗保障待遇与患者道德风险管控方面，门诊统筹政策的推出与分级诊疗体系的建立具有重要意义。新型农村合作医疗与城镇居民基本医疗保险在发展之初，由于筹资水平的约束而将住院医疗费用风险保障作为重点。在筹资水平提高的基础上，两大居民医疗保险项目开始探索门诊医疗费用的社会统筹，建立门诊医疗费用的风险分担机制。目前，城镇职工基本医疗保险为了回应患者门诊医疗费用风险保护需要，也开始将完善个人账户制度列入政策议程，不少地方已经开始用门诊医疗费用社会统筹改革来逐步取代个人账户。以风险分担的社会团结机制取代个人储蓄的风险私有化机制，标志着医疗卫生体系在医疗保障待遇方面的重要进步。另外，为实现患者就医流向合理化，管控患者在医疗资源搜寻与选择上的道德风险，分级诊疗体系也是“新医改”的重点任务之一。区别于前一时期依靠差别化的待遇支付水平来引导患者就医流向，分级诊疗建设将重点放在了引导优质医疗服务资源进入社区上面。其中，“医联体”的改革探索是重要内容之一。

（3）医疗机构供方诱导需求管控，是“新医改”中公立医院改革的核心议题。为促进医疗服务体系内部的竞争，政府积极推动公立医院“去行政化”改革以及社会办医，希望通过促进竞争、管控行政垄断的方式提高服务递送效率。在公立医院改革方面，“三医联动”旨在协调医疗费用支付方、医疗机构以及医药产业的管制机制。其中，取消药品加成、提高医疗服务定价水平以及完善医疗费用支付方式，是公立医院补偿机制改革的重要内容，政府希望以这种结构性改革来破除以药补医机制。然而，这种结构性改革究竟是行政管控主导还是基于市场力量的集体协商仍在探索之中，各地改革呈现差异化的模式。

（四）小结：医疗卫生体系的政策变迁与政策范式转移

以上分析分别描述了改革开放之初的医疗卫生体系特征，以及政策变迁的两个阶段。表 10-1 概括了三个时期医疗卫生体系的政策设计内容与特色。

表 10-1　改革开放以来医疗卫生体系的政策变迁与政策范式转移

	改革起点	改革第一阶段	改革第二阶段
政策体系	劳保医疗+公费医疗	职工基本医疗保险	全民医保

续表

	改革起点	改革第一阶段	改革第二阶段
政策目标	配合重工业优先发展战略进行资本积累的要求，解决低工资政策背景下劳动力的维持和再生产问题	配合计划经济向市场经济转型及出口导向型发展战略的调整，剥离国有企业社会负担，形塑全球化背景下劳动力成本优势	回应医疗费用风险与健康改善需要，提高基本医疗服务可及性与公平性，推进社会建设
资金筹集	政府主导	社会主导	社会 + 政府
服务递送	公立医疗机构	公立医疗机构	公立医疗机构主导 多元医疗服务体系
管制	政府主导	政府主导	政府管控淡化 社会力量增强
（1）覆盖方式与医疗费用风险分担体系	“全民覆盖”；单位内风险分担，单位间医疗保障待遇实现部分程度的差序格局	区域内医疗费用风险分担；职工医保实际覆盖有限，多数居民无医疗保障	全民医保，职工与居民二元风险分担体系，多层次医疗保障体系建立
（2）待遇水平与患者道德风险管控	患者道德风险管控措施较少，政策层面的待遇范围与保障水平较好（城市）	医保个人账户将门诊医疗费用风险私有化，建立了患者医疗费用分担机制	门诊统筹推动门诊医疗保护水平提高，分级诊疗开始管控患者就医选择与流向
（3）补偿方式与供方诱导需求管控	无支付方式改革，医疗机构事业单位工资制	医疗保险按项目付费，医疗机构事业单位工资制遭遇逐利行为	医药价格改革、支付方式改革与医疗机构补偿方式改革联动
医疗卫生体系类型（模式）	国家医疗卫生体系	国家医疗卫生体系（筹资具备社会医疗保险体系特征）	社会医疗保险体系

从政策目标与医疗卫生体系类型变迁来看，2003年以来的医疗卫生体系建设正在经历政策范式转移。根据霍尔的多层次政策变迁概念

分析框架，只有当全局性政策目标发生变化（第三阶政策变迁），并推动政策工具（第二阶政策变迁）、政策工具参数设计（第一阶政策变迁）改革时，政策范式转移才会发生。2003年以来的医疗卫生体系建设扭转了过去发展型社会政策的取向，不再以配合经济发展战略调整与塑造经济增长优势为目标，而以患者医疗费用风险保护与居民健康水平改善为出发点。并且在这个过程中，我国的医疗卫生体系类型正在进行更新。改革第一阶段建立的社会医疗保险只是在资金筹集的局部实现了政策变迁，而管控机制依然是政府主导。2009年的"新医改"则逐步确立了社会医疗保险在患者道德风险与医疗机构供方诱导需求管控方面的主导地位。在医疗卫生体系类型学的概念上，社会医疗保险体系模式正在加快建立和巩固。

在改革第一阶段，城镇职工基本医疗保险取代了劳保医疗和公费医疗，在资金筹集维度实现了重大政策变迁，但是这种政策变迁并不具有政策范式转移的特征。城镇职工基本医疗保险建立的出发点是服务于国有企业改革、劳动力市场建设，以及出口导向型发展战略。这与计划经济时期社会政策服务于经济政策与发展战略的逻辑并没有差异。在服务递送及管制方面，以往行政管控主导的机制依然维持不变，国家医疗卫生体系的模式特征依然存在。更为关键的是，医疗卫生体系在2003年之前的改革实际是围绕"福利紧缩"，以控制职工社会保险缴费成本和财政卫生支出而展开的。医疗保险个人账户的引入、严格的患者医疗费用分担机制，实际上向参保者转移了部分医疗费用风险。居民医疗保障的广泛缺乏与职工基本医疗保险因受控而缓慢扩面，则导致因病致贫风险的增加。

四、政策范式转移的制度约束：央地关系与部门利益

2003 年以来，我国医疗卫生体系的政策范式转移是自上而下由中央政府推动的。国家发展理念的变迁启动了医疗卫生体系政策目标的调整与回归，医疗卫生体系的资金筹集、服务递送与管制也开始经历急剧的变革。尽管资金投入增长迅速，但是政策投入仍没有带来患者医疗费用负担的显著改善，居民对“新医改”的获得感在某种程度上褪色。医疗卫生体系政策范式转移的绩效问题值得关注。从社会政策变迁动力的相关理论视角出发，中央政府推动的改革与政策范式转移正在遭遇两方面的制度约束。我们将从地方政府竞争与部门绩效竞争两个维度展开分析。

（一）央地关系、地方政府竞争与医疗卫生体系目标转变

在财政联邦制的制度背景下，财政分权旨在通过地方政府间的竞争来约束地方政府的财政支出行为及效率。[①] 但是，由于资本与劳动的稀缺性与流动性的差异，地方政府间的竞争常围绕争夺资本与优势劳动力（人才）的税收优惠竞争展开，税收竞争的压力会对公共支出造成负面影响，其结果会导致公共产品尤其是收入再分配性社会政策遭遇逐底竞争。[②] 中国的地方治理围绕政治集权和经济（财政）分权的主轴展开，这进一步导致地方政府发展社会政策、进行收入再分配的动力不足。央地关系以及地方政府竞争，使得中央政府推动的医疗卫生体系目标转变在地方政府层面遭遇阻碍。

---

① Torsten Persson and Guido Tabellini. Does Centralization Increase the Size of Government?. *European Economic Review*, 1994, 38（3-4）.

② Paul Pierson. Fragmented Welfare States：Federal Institutions and the Development of Social Policy. *Governance*, 1995, 8（4）.

经济分权同垂直的政治管理体制紧密结合是中国式分权的核心内涵。经济分权使得地方获得了推动地方经济发展的资源和财政激励，政治激励与治理模式使地方政府能够很好地贯彻中央要求。基层治理改革的缓慢以及户籍制度的限制，容易导致地方政府出现不够重视民众诉求的情况。地方政府为经济增长而竞争的行为逻辑由此产生。[①] 为了追求任期内的“政绩最大化”，地方政府对其所承担的经济、社会、文化等各项职责会表现出不同的取向。短期的经济增长成为重要的目标，而公共物品提供、环境保护、社会保障方面的职能让位，或者服务于这一职能。

在此背景下，中央政府可以通过加强医疗卫生体系改革绩效在地方政府绩效考核中的比重，以及增加中央转移支付的方式来协调地方政府的激励，推动医疗卫生体系目标转变在地方政府的执行。但是，相关改革措施的绩效并不明显，地方政府限制医疗卫生体系目标转变的激励依然很强。这主要表现在以下三个方面。

第一，控制劳动力成本，消极对待职工基本医疗保险的扩面。城镇职工基本医疗保险的政策费率水平为8%，一些地市为了应对赤字压力还会提高政策费率水平。在五大社会保险项目中，职工医疗保险的政策费率水平位居第二，是劳动力成本的重要组成部分。地方政府在招商引资的竞争中，竞相放松劳动标准，控制社会保险的扩面速度与实际费率水平，以构建劳动力成本的区位优势。在《社会保险法》颁行之前，一些地方政府选择通过构建差异化、低水平的农民工社会医疗保险项目来控制参保成本。《社会保险法》颁行之后，社会医疗保险体系碎片化的趋势得到控制。但是，地方政府仍然可以控制政策

① 中国式分权治理与地方政府竞争如何影响中国的经济增长与公共产品提供？详细分析可以参见张军，周黎安. 为增长而竞争：中国增长的政治经济学［M］. 上海：上海人民出版社，2008.

执行力度的方式来影响职工基本医疗保险的扩面水平与实际费率负担。城乡居民基本医疗保险建立之后，一些企业会鼓励或诱导职工参加居民医疗保险以减轻缴费成本。图 10-1 清晰地描绘了我国社会医疗保险体系扩面的过程。

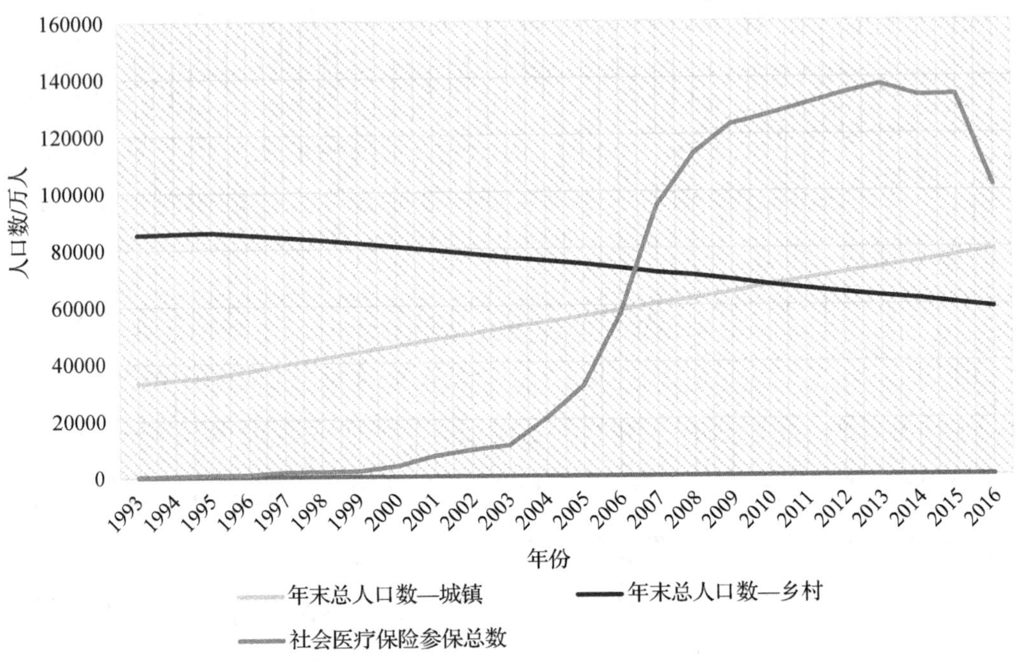

图 10-1 中国社会医疗保险人口覆盖率及结构特征变迁（1993—2016 年）

数据来源：根据《中国劳动统计年鉴》《中国统计年鉴》等相关年份数据计算。

职工医疗保险参保职工数占城镇就业人数比重、职工医疗保险参保职工数占第二、第三产业就业人数比重在 2003 年之后的确迅速增长，但是在 2016 年仍分别为 52.43%、38.71%，50%左右的城镇就业人员（或非农就业者）仍没有参加职工基本医疗保险。鼓励非农就业者参加居民基本医疗保险，可以部分将基本医疗保障的财政投入责任转移给中央政府的居民参保补贴，并可以维持或者构建劳动力成本优势。然而，居民医疗保险较低的筹资水平与待遇水平并不利于提高患者的医疗费用风险保护水平。

第二，控制地方政府的财政性医疗卫生支出水平。中央财政通过转移支付引导地方政府发展医疗卫生体系的努力可能遭遇障碍。例如，地方财政用于社会医疗救助的资金并不是基于居民基本医疗救助的需要，而是根据地方财力来确定的，这导致医疗社会救助无法发挥兜底的作用。公立医院补偿机制改革取消药品加成，导致公立医院的政策性“亏损”，需要提高医疗服务价格及增加财政支出来补偿。但是，地方政府通常选择由地方社会医疗保险基金来补偿其中的部分亏损，而迟于支付或不支付地方财政的补偿额度。更为关键的是，面临公立医院的财务赤字，不少地方政府选择通过政策变通的方式帮助公立医院获得隐性的补偿，例如，默许医疗机构在药品采购中的“二次议价”行为，或者通过所谓“药房托管”来获得隐性的收入补偿，这使得中央政府破除以药养医的相关政策效用消解。

第三，地方政府因照顾本地医药产业发展而扭曲医疗卫生体系管制。当前，大健康产业成为地方政府产业结构转型的重点方向之一。地方政府可能延续发展型社会政策的改革逻辑，使得医疗卫生体系的改革服务于地方医药产业的发展。地方政府在药品集中招标采购过程中经常会照顾本地药品与医疗器械厂商，而不一定从质量与价格的角度做出最优选择。为了帮助地方政府构建优质医疗资源的区位竞争优势，地方政府可能会扭曲城乡区域卫生资源规划，帮助优质三甲医院跨区域扩张；而大医院的无序扩张与鼓励社会办医，会增加医疗服务体系内部竞争，这与提高医疗服务递送效率的改革方向冲突。在降低患者医疗费用负担水平与促进辖区医药产业增长方面，地方政府竞争的逻辑常使得医疗卫生体系的管制机制失灵。卫生政策服务于地方医药大健康产业增长的发展型社会政策思维仍具有深厚的基础。

（二）部门利益、机制竞争与医疗卫生体系管制机制转变

制度主义的福利国家理论认为，社会政策的历史遗产将对当前的政策变迁与发展路径有着重要的影响。[①] 相应地，当前社会政策的制度安排将有着严重的路径依赖倾向，它对未来的改革类型与改革程度影响深远。[②] 医疗卫生体系的政策范式转移过程也将是渐进的，旧的医疗卫生体系政策范式的受益者将会积极利用其政治资源或者市场地位影响新政策范式的创立、巩固与拓展。

在当前的政策范式转移过程中，国家医疗服务体系向社会医疗保险体系转型，意味着国家主导的政府行政管控机制将被社会主导的集体协商谈判机制取代。因此，位居关键管控环节、掌握行政管制权力与资源的行政部门以及受益于这种行政管制方式的医疗服务递送者，将积极利用其政治机会、行政资源以及市场资源，维护旧的管制机制。尽管我国的医疗卫生体系自 20 世纪 90 年代末已经开始采用社会保险的筹资方式，但是公立医疗机构补偿方式改革以及供方诱导需求控制仍由行政管控机制主导。2009 年的“新医改”方案，开始将医疗费用支付方式改革作为完善公立医院补偿机制的重要措施，这意味着我国医疗卫生体系的管制政策设计终于在供方诱导需求管控方面出现机制竞争的格局。受部门利益影响，管制机制竞争非常激烈。同时，部门间的改革行动缺乏协调，为追求局部、中间性绩效的改善，各部门的改革相互掣肘，而最终影响政策范式转移的顺利推进。

---

① Paul Pierson. *Dismantling the Welfare State：Reagan，Thatcher，and the Politics of Retrenchment*. Cambridge University Press，1994：27-52；Desmond S. King and Bo Rothstein. Institutional Choices and Labor Market Policy：A British-Swedish Comparison. *Comparative Political Studies*，1993，26（2）.

② Peter Starke. The Politics of Welfare State Retrenchment：A Literature Review. *Social Policy and Administration*，2006，40（1）.

医疗卫生体系的管制政策设计需要解决人口覆盖、筹资与风险分担、患者道德风险管控与医疗机构供方诱导需求管控三个方面。其中，医疗机构供方诱导需求管控的难度最大，价值最高。在国家医疗卫生体系模式时期，供方诱导需求管控主要是通过政府行政手段实现的。① 政府主导的行政管控机制，主要是通过行政手段管控基本医疗服务生产要素的价格。第一，政府对医护人员医疗服务定价实施行政管控，公立医疗机构的医疗服务定价无法市场化，且远低于市场水平。管制部门希望通过医疗服务低价来惠及患者，但是医护人员无法通过医疗服务收入获得正常的人力资本投资回报。这是医疗服务提供者诱导患者需求，获得收入补偿的制度性根源。② 第二，为控制药品价格，政府以行政手段干预价格形成。除已经取消的政府定价药品零售价格行政限价管制外，政府主要通过行政色彩浓厚的招标采购政策形成中标价及药品零售价格。③ 中标药品零售价由中标价与医疗机构加成收入构成，社会医疗保险按照中标药品零售价格对医疗机构进行支付。药品加成收入是医疗机构收入补偿的重要来源，政府希望控制价格进而控制医疗机构每单位药品销售的利润（即加成收入），但是医生则可以通过影响患者药品的消费品类与数量决策而获益。价格管制并没能协调医生的服务激励，诱导患者使用过量的高价药品常常发生。在社会医疗保险型的医疗卫生体系模式中，供方诱导需求管控主要通过医疗支付方式展开。通过改革医疗费用支付方式，建立合理的经济激励，引导医生在追求自己收益最大化的同时，提高医疗服务质

---

① 高春亮，毛丰付，余晖. 激励机制、财政负担与中国医疗保障制度演变：基于建国后医疗制度相关文件的解读［J］. 管理世界，2009（4）.

② 陈钊，刘晓峰，汪汇. 服务价格市场化：中国医疗卫生体制改革的未尽之路［J］. 管理世界，2008（8）.

③ 朱恒鹏. 管制的内生性及其后果：以医药价格管制为例［J］世界经济，2011（7）.

量并降低医疗费用开支。

2009年3月发布的“新医改”方案实际上是在坚持行政管控机制的基础上，探索引入医疗费用支付方式改革。行政管控机制的弊端以及其与医疗费用支付方式改革之间的冲突被忽视。2009年11月，《改革药品和医疗服务价格形成机制的意见》的颁布进一步规范了药品价格管制措施，它在某种程度上巩固了行政管控机制。2010年2月发布的《关于公立医院改革试点的指导意见》中，公立医院补偿机制改革主要通过行政手段调整药品价格和医疗服务价格展开。取消药品加成之后，药品集中招标所形成的药品中标价格就是社会医疗保险的支付价格。取消药品加成造成的公立医疗机构的收入损失，通过提高医疗服务价格的方式最终主要由社会医疗保险支付，社会医疗保险只是被动的支付者。因为医药价格信息的失真和扭曲，同期开展的医疗费用支付方式改革实际上无法准确地按照病种（按病种支付）或者预算单位（总额预付制）进行“打包支付”。由于无法与医疗机构就支付方式及水平进行平等协商和议价，费用支付方式容易成为某种形式的行政限价或者行政控费手段。

2015年，政府逐步放弃药品价格的行政管制。2015年5月，《推进药品价格改革的意见》发布，要求“取消药品政府定价，完善药品采购机制，发挥医保控费作用，药品实际交易价格主要由市场竞争形成”。这意味着两种管制机制竞争的格局出现逆转，基于社会医疗保险的集体协商与议价机制取代了行政管控机制。2017年6月，《国务院办公厅关于进一步深化基本医疗保险支付方式改革的指导意见》则进一步要求“建立健全医保经办机构与医疗机构间公开平等的谈判协商机制、‘结余留用、合理超支分担’的激励和风险分担机制”，与医疗保险体系型医疗卫生模式相匹配的医疗费用支付方式终于开始确立。

部门利益之争导致医疗卫生体系不同政策范式管制机制的更迭过程曲折又漫长。虽然医疗卫生体系的政策目标调整启动了政策范式转移，但是新旧管制机制竞争乃至更迭是一个长期的社会学习与部门利益协调过程。这将部分解释为什么 2003 年以来不断增加的政策投入没能有效转化为显著的患者医疗费用负担的减轻。

五、结论

改革开放以来，我国医疗卫生体系开始了由国家医疗卫生体系模式向社会医疗保险体系模式的转型。区别于仅将社会医疗保险局限在筹资与风险分担功能的视角，以及将资金筹集、服务递送与管制隔离分析的碎片化视角，本文基于文献梳理，从政府角色与医疗卫生体系功能的角度出发，构建了相对完整的政策分析框架，并突出了管制主体、管制议题以及管制机制分析维度的重要性。进一步地，整合比较医疗卫生体系与政策范式转移的分析思路，从医疗卫生体系政策变迁与政策范式转移的视角，审视了改革开放以来的社会医疗保险改革过程。

自改革开放（20 世纪七八十年代）到世纪之交（20 世纪末与 21 世纪初），我国的医疗卫生体系在资金筹集与风险分担维度实现了重要的政策变迁，建立了城镇职工基本医疗保险。然而，服务于经济体制转轨（改革）与出口导向型发展战略的确立（开放），城镇职工基本医疗保险体系实际削减了居民的医疗费用风险保护权益，且未能有效扩大人口覆盖面。2003 年以来，随着国家发展理念的更新，医疗卫生体系开始告别发展型社会政策思维，而以提高医疗费用风险保护水平与改善国民健康为目标。在中央政府的推动下，医疗卫生体系政策范式转移进入关键时期，然而央地关系与地方政府竞争，以及由此导致的地方政府间收入再分配与社会政策建设逐底竞争的思维，限制了中央层面公共政策格局转向在地方政府层面的落实。国家医疗卫生体系模式下的行政管控机制也因部门利益以及绩效竞争而呈现出很强的韧性。当然，经过漫长的学习与实践，社会医疗保险主导的、以市场竞争为基础的协商谈判机制最终开始取代行政管控机制，医疗卫生体系政策范式转移进入新阶段。

本文对我国医疗卫生体系政策范式转移的深入分析，在某种程度上有助于解释改革开放以来我国医药卫生体制改革政策投入激增，但是患者医疗费用风险保护水平改善不明显的原因。当然，地方政府竞争与部门绩效竞争影响医疗卫生体系绩效的途径与机制，还有待实证研究支持和拓展。在政策启示方面，新成立的国家医疗保障局已经整合了医疗卫生体系的资金筹集与管制职能，这有利于在领导与组织资源方面巩固政策范式转移的成果。但是，如何避免落入行政管控药品与医疗服务价格的窠臼，推动确立以市场为基础的药品与医疗服务价格形成机制，进而发现真实的价格信息以帮助医疗费用支付方式有效调节医生与医疗机构的激励，仍值得重视和研究。

第十一章

中国残疾儿童社会福利 40 年：发展、路径与反思

乔庆梅[1]

摘要：残疾儿童弱势性特征决定了残疾儿童福利应被置于优先发展的地位。本文回顾了我国残疾儿童福利的发展历程和当前主要成就，包括孤残儿童供养、残疾儿童教育、残疾儿童康复等；分析了我国残疾儿童福利的实施路径，指出我国残疾儿童福利经历了项目向制度、政府向社会、选择向普惠的发展路径；同时，对残疾儿童福利在中国的发展进行了反思，即应充分调动社会力量，实现城乡统筹、普惠与个性的结合。

关键词：残疾儿童　社会福利　成就　展望

---

① 乔庆梅：中国社会保障学会理事，中国人民大学劳动人事学院副教授。本文主要内容发表于《社会保障评论》，2018 年第 3 期。

一、问题的提出

近年来，我国残疾人事业进入了快速发展时期，尤其是第二次全国残疾人抽样调查以来，作为其中重要内容的残疾儿童福利有了质的飞跃。然而，我国残疾儿童数量庞大，现有福利供给远未能满足现实需求。根据中国残疾人联合会发布的《2006 年第二次全国残疾人抽样调查主要数据公报（第二号)》，截至 2006 年年底，全国残疾人口 8 296 万人，其中 0~14 的残疾儿童 387 万人，占残疾人口总数的 4. 66%（其中 0~5 岁残疾儿童占 1. 7%，6~14 岁残疾儿童占 2. 96%)；0~17 岁残疾儿童 504. 4 万人，占残疾人口总量的 6. 08%。[①] 而据此，中国残联估算，到 2010 年年底，我国残疾人口有 8 502 万人。如果按照同样的比例推算，那么，到 2010 年年底，我国 0 ~ 14 岁残疾儿童有 396. 2 万人，0~17 岁残疾儿童有 516. 9 万人。与第一次全国残疾人抽样调查相比，虽然 0~14 岁残疾儿童减少了 421. 15 万人，占残疾人口的比例也下降了 11. 14%[②]，但人口绝对数量仍相当庞大。

数量庞大的残疾儿童产生了巨大的福利需求，形成了促进我国残疾儿童福利发展的强大动力。到目前为止，我国已逐步建立了包括残疾儿童供养、残疾儿童康复和特殊教育、重度残疾人生活津贴和护理津贴制度在内的残疾儿童福利政策，福利水平逐步提高，项目内容逐渐完善。然而，我国残疾儿童福利发展仍面临着异常艰巨的任务，对现有残疾儿童福利政策进行回顾、反思，有助于我们对这一事业的未

① 中国残联. 2006 年第二次全国残疾人抽样调查主要数据公报（第二号). 中华人民共和国中央人民政府网，2009-05-08. http://www.gov.cn/fwxx/cjr/content_1308391.htm.

② 根据中国残联公布的《1987 年全国残疾人抽样调查研究资料——中国残疾儿童状况》（网址：http://www.cdpf.org.cn/sjzx/cjrgk/200804/t20080407_387559.shtml)，第一次全国残疾人抽样调查中，我国残疾儿童人数为 817. 35 万，占儿童总数的 2. 66%，占残疾人口总数的 15. 8%。

来发展做出正确的判断。

学界对残疾儿童相关政策的研究成果丰富，例如对残疾儿童教育的研究、对残疾儿童康复的研究、对残疾儿童家庭支持的研究等，但从综合视角对残疾儿童社会福利进行研究的文献却比较有限。笔者在中国知网搜索篇名中含有“残疾儿童”和“福利”关键词的文章，共搜索出学术文章（含硕士学位论文）26 篇，最早的一篇是聂长顺发表在 1995 年第 3 期《日本研究》上的《日本残疾儿童的福利和教育》，介绍了日本的残疾儿童福利，包括残疾预防、家庭福利服务、福利设施服务、精神异常福利等儿童福利服务；最新的一篇文章是蒋劲雨发表在 2017 年 12 月《社会福利》（理论版）上的《积极福利视角下残疾儿童的康复教育发展研究》，从积极福利的视角，分析了我国残疾儿童康复教育发展的现状、残疾儿童康复教育发展的制约瓶颈，提出了积极福利视角下我国残疾儿童康复教育的发展对策与建议。鉴于制度实践和理论研究的现状，有必要全面、历史地对我国残疾儿童福利事业进行回顾和总结，以有利于我们对这一问题做出客观的评价，对其未来的发展有清醒的认识和判断。

二、中国残疾儿童福利的发展与现状

残疾儿童的特点决定了残疾儿童福利需求的迫切性。然而，由于历史因素的制约，我国残疾儿童福利虽有一定程度的发展，但仍以救助性的措施为主，体系化、制度化、实质性的残疾儿童福利仍然处于形成之中。如果从“社会福利提升生活质量”的政策界定看，我国现有大部分残疾儿童福利措施仍不具有社会福利的属性，以基本生活保障为目标的收养供养、项目式的救治与康复等措施是我国残疾儿童福利的主体内容，供给不足仍然是我国残疾儿童福利事业发展的现状。

系统梳理我国残疾儿童福利发展历程和主要内容，可以发现我国残疾儿童福利主体制度的局限和不足。

（一）孤残儿童收养制度

孤残儿童收养制度是我国建立的最早的针对残疾儿童的福利制度，该制度在建立之初便得到了较好的实施。1951 年《关于旧有社会救济福利团体的团结改造问题》在全国城市救济福利工作会议上获得通过，开始由国家统一实施孤残儿童的养育工作。之后的几年，《一九五六年到一九六七年全国农业发展纲要（草案）》（1956）、《高级农业生产合作社示范章程》（1956）和《关于人民公社若干问题的决议》（1958）相继颁布，确立了农村孤残儿童五保供养制度，标志着国家和政府全面承担起了孤残儿童的养育责任。

改革开放以后的头 30 年是我国孤残儿童收养事业发展和规范的重要时期。1997 年，民政部等六部委联合发布了《关于进一步加快特殊教育事业发展的通知》，提出“孤残儿童福利事业是社会保障工作的重要组成部分”，确立了“促进孤残儿童福利事业的发展水平与当地国民经济和社会发展水平相适应”的目标；1999 年 12 月 30 日，民政部颁发了《社会福利机构管理暂行办法》，完善了包括孤残儿童收养机构在内的社会福利机构的审批、管理制度；之后的《家庭寄养管理暂行办法》（2003）、《关于加强孤儿救助工作的意见》（2006）、《关于进一步加快特殊教育事业发展的通知》（2008）等文件，进一步明确了发展孤残儿童福利制度、加强孤残儿童保护的政策方向。此外，“十一五”期间民政部还相继实施了儿童福利机构建设“蓝天计划”，发布了《“儿童福利机构建设蓝天计划”实施方案》，提出“以改善孤残儿童成长环境、提高孤残儿童生活质量为目标”的福利机构建设方针。

1. 孤残儿童院内养育。孤残儿童院内养育（儿童福利院供养）主要包括儿童福利院收养和五保供养制度，是通过国家和集体举办的社会福利机构对孤残儿童进行监护、养育的方式。儿童福利院的收养对象主要是无依靠、无抚养人的孤儿、弃婴和残疾儿童，以及虽有抚养人但抚养人难以尽到监护义务的残疾婴幼儿。目前，儿童福利院承担了孤残儿童收养的主要任务，成为孤残儿童福利的重要实施主体之一。据民政部2017年8月发布的《2016年社会服务发展统计报告》统计，截至2016年年底，全国共有儿童福利机构465个，床位9.0万张；未成年人救助保护中心240个，床位1.0万张。①② 在儿童福利院中，有社会工作者及专业人士为孤残儿童提供全面的养护服务，是当前解决孤残儿童成长、监护问题的重要途径。随着收养制度的完善和全社会福利水平的提高，许多社会福利机构对孤残儿童的养育已经从传统的主要负责孤残儿童的生活照料发展成为满足孤残儿童生活、教育、康复、就业等养育并重的综合性儿童福利机构，尤其自20世纪90年代以来，这种发展趋向更加明显。

2. 孤残儿童院外养育。孤残儿童院外养育是20世纪90年代以后逐步兴起的，主要方式是孤残儿童家庭寄养。这种养育方式的兴起得益于1991年《中华人民共和国收养法》对收养关系确立与解除、收养效力等问题的规范。之后几年颁布的如《外国人在中华人民共和国

---

① 民政部. 2016年社会服务发展统计公报. 民政部官网，2017-08-03. http://www.mca.gov.cn/article/sj/tjgb/201708/20170815005382.shtml.

② 另据民政部《民政统计季报》（2018年第1季度）（http://www.mca.gov.cn/article/sj/tjjb/qgsj/2018/201806041601.html），全国儿童收养救助机构667个，儿童收养救助服务床位10.5万张，收养与救助孤儿39.8万人。因为该统计数据明确为“收养救助”机构和“收养救助”孤儿数，非本文所研究的“残疾儿童福利”，故仅作参考，不做正文引用数据。

收养子女登记办法》（1999 年）、《中国公民收养子女登记办法》（1999 年）、《家庭寄养管理办法》（2014 年）等进一步形成了较完善的孤残儿童收养法律体系，使家庭寄养成为孤残儿童养育的重要方式。家庭寄养政策的实施方式是，由政府提供孤残儿童的生活费、医疗费和教育费用，由福利机构承担对孤残儿童的监护责任并选择合适的家庭，由被选择的家庭承担对孤残儿童的具体照料工作。与传统的机构养育方式相比，这种方式具有许多优点，孤残儿童可以生活在家庭的氛围中，享受家庭的温暖，对于弥补孤残儿童的情感缺失、提升其社会参与度具有重要意义。同时，这种政府面向社会购买服务的方式，还可以减轻政府在服务供给中的负担，充分调动社会力量参与孤残儿童福利供给。根据民政部 2017 年 8 月发布的《2016 年社会服务发展统计报告》，截至 2016 年年底，在全国 46.0 万孤儿中，37.3 万人是由社会散居供养的，全国全年办理家庭收养登记 1.9 万件。[①] 随着家庭寄养的发展，各地的实践不断丰富，出现了诸如上海模式、北京模式等各具特色的做法，涌现出了一批著名的“乳娘村”，如山西大同的散岔村、安徽合肥的吕面坊村等，对弥补政府的残疾儿童福利供给不足发挥了重要作用。

（二）残疾儿童特殊教育福利

教育福利是我国社会福利领域的又一项重要内容。我国的残疾儿童教育福利——特殊教育制度是随着新中国的成立而建立的。1953 年，专门的特殊教育管理机构——教育部聋哑教育处成立，目的是加强对盲、聋哑教育的管理。1956 年，教育部发布《关于盲童学校、

① 民政部. 2016 年社会服务发展统计公报. 民政部官网，2017-08-03. http://www.mca.gov.cn/article/sj/tjgb/201708/20170815005382.shtml.

聋哑学校经费问题的通知》，指出盲校和聋哑学校是特殊学校，经费开支标准应高于普通学校。1982年，《中华人民共和国宪法》第四十五条指出："国家和社会帮助安排盲、聋、哑和其他有残疾的公民的劳动、生活和教育"，将特殊教育提到了宪法的高度。1986年，《中华人民共和国义务教育法》获得通过，其中第四条、第五条分别规定："国家、社会、学校和家庭依法保障适龄儿童、少年接受义务教育的权利"；"凡年满六周岁的儿童，不分性别、民族、种族，应当入学接受规定年限的义务教育"，从而赋予了残疾儿童与健全儿童一样享受义务教育的权利。1988年，全国特殊教育工作会议指明了特殊教育的发展方向，即逐步形成以一定数量的特殊教育学校为骨干，以大量特殊教育班和随班就读为主体的残疾儿童教育的格局，实行多种形式办学，并在之后成立了以社会福利事业单位为依托的特殊教育班，建立了聋儿语言训练班和盲童班以及智力低下儿童训练班。1990年，《中华人民共和国残疾人保障法》第三章对包括残疾儿童在内的残疾人教育作出了详细、明确的规定。1994年，《残疾人教育条例》除进一步提出"地方各级人民政府应当将残疾儿童、少年实行义务教育纳入当地义务教育发展规划并统筹安排实施"外，还对残疾幼儿的学前教育进行了规定，明确了实施残疾幼儿教育的机构，提出了"残疾幼儿的教育应当与保育、康复结合实施"。2001年《关于"十五"期间进一步推进特殊教育改革和发展的意见》以及2007年《"十一五"期间中西部地区特殊教育学校建设规划（2008—2010年）》对特殊教育的改革发展以及教育的公平性提出了新的要求。2009年5月11日，在北京召开的全国第四次特殊教育工作会议提出了以"平等、参与、共享"的理念，普及残疾儿童少年义务教育，发展残疾儿童学前教育、康复教育的发展目标。2009年5月，国务院办公厅转发《关于进一步加快特殊教育事业发展的意见》，提出要提高残疾儿童义务教育普及率，发展残疾儿童学前教育；随后几年《特殊教育提升计划（2014—2016 年）》、《残疾人教育条例》陆续实施或修订，在一定程度上促进了残疾儿童教育福利的发展，基本形成了以随班就读和特殊教育班为主体、以特殊教育学校为骨干的残疾儿童义务教育体系。值得一提的是，2017 年 1 月 11 日，国务院常务会议审议通过了修订后的《残疾人教育条例》，将学前教育、义务教育、职业教育、普通高级中等以上教育以及继续教育放到了同等重要的地位，这是从国家层面首次将残疾儿童学前教育统一纳入残疾人教育的具体发展规划；同时，对各阶段教育的方式、教育资源的规划、残疾儿童接受教育的保障措施分别进行了规定，使各学龄阶段残疾儿童接受教育的权利和义务具体化、可操作化。2017 年 4 月，教育部、中国残联正式印发《残疾人参加普通高等学校招生全国统一考试管理规定》，开展残疾人高等融合教育试点工作，将《国家通用手语常用词表》《国家通用盲文方案》纳入国家语委语言文字标准体系；同年 7 月，中国残联、教育部等部门制定实施《第二期特殊教育提升计划（2017—2020 年）》，促进特殊教育的发展。根据中国残联发布的《2017 年中国残疾人事业发展统计公报》，2017 年，残疾人事业专项彩票公益金助学项目为全国 1.9 万人次家庭经济困难的残疾儿童提供了普惠性的学前教育资助；通过多渠道资金支持 2 971 名残疾儿童接受学前教育。①

（三）残疾儿童康复

由于儿童时期特殊的生长和发育特征，康复对于残疾儿童比对其

① 中国残疾人联合会. 2017 年中国残疾人事业发展统计公报. 中国残疾人联合会官网，2018-04-26. http://www.cdpf.org.cn/zcwj/zxwj/201804/t20180426_625574.shtml.

他残疾人群体具有更重要的意义，康复程度甚至会直接影响残疾儿童一生的发展。

我国残疾儿童康复工作发展较晚。1961 年，中央政府提出了针对残疾儿童的“养、教、治相结合”的方针，但由于当时特殊的经济和社会条件，并没有真正把残疾儿童的康复工作付诸实践。20 世纪 80 年代，我国包括残疾儿童康复在内的残疾人康复事业才开始有了实质性的发展，国家对残疾人康复的投入逐渐加大。

在残疾儿童康复领域，主要有民政部门和中国残联系统推动两部分工作。

1. 民政部门组织实施的福利院收养孤残儿童康复工作。1982 年，民政部开始与联合国儿童基金会合作，先后举办了多期残疾儿童福利院康复专业训练班，培养了一批康复专业的医务人员，使残疾儿童康复工作具备了最初的人才基础。此后，各地的儿童福利院纷纷建立起自己的康复训练机构，在北京、南京、上海、福州、广州等残疾儿童康复工作发展较好的地区，福利院收养的 80%以上残疾儿童得到了肢体功能、生活自理能力、智力等方面的康复训练。部分省市如上海，根据本地的情况，成立了由康复专业人员组成的社区工作组，对残疾儿童日托站的康复工作进行巡回指导，推动了当地残疾儿童康复事业的发展。2004 年，民政部启动“明天计划”，为城乡各类社会福利机构中具有手术适应证的残疾孤儿和由民政部门监护分散供养的残疾孤儿实施康复手术。目前，已有 12.5 万名残疾孤儿获得康复，有 2.5 万多名经“明天计划”治疗康复的儿童被国内外家庭收养。“明天计划”救治的病种已从手术矫治拓展到全科医疗康复。[①] 此外，民政部

① 祝闽．“明天计划”给她破茧成蝶的力量［N］．中国社会报，2018-06-05（3）．

还与一家基金会合作开展了“重生行动”，对全国贫困家庭中0~18周岁的唇裂、腭裂未成年人实施手术康复计划。

2. 中国残联组织实施的残疾儿童康复工作。中国残联在推动残疾儿童康复事业发展中发挥了重要作用。根据中国残联官方网站发布的《中国残疾人事业主要业务发展情况（2003—2007年）》，从2003—2007年，在残联的推动下，共为97 163名聋儿和121 159名智力残疾儿童提供了康复训练，为11.5万名聋儿家长和3.5万名智力残疾儿童家长提供了培训。自2009年起，中国残联又组织实施了0~6岁残疾儿童的抢救性康复工作，0~6岁残疾儿童康复福利实现了一定程度的普及性和普惠性。此外，中国残联还组织了其他多种方式的残疾儿童康复行动，如“彩金康复”项目，利用福利彩票资金为1.2万名贫困聋儿购置配发了助听器，为10 000名贫困肢体残疾儿童实施了矫治手术；配置了辅助器具及术后康复训练，包括对聋儿、肢体残疾儿童、智力残疾儿童和孤独症儿童的康复与扶助。2011年，中国残联组织开展了针对贫困残疾儿童的康复救助项目“七彩梦行动计划”，为聋儿人工耳蜗植入助听器配发及康复训练，为肢体残疾儿童手术矫治和康复训练以及矫形器装配，为脑瘫及孤独症儿童康复训练和矫形器装配、残疾儿童假肢矫形器装配和辅助器具适配等服务提供补助，中央财政安排33.24亿元专项资金，支持该项计划的实施。2012年10月31日，卫生部、中国残联在北京正式启动了0~6岁儿童残疾筛查工作的规范制定，这标志着在全国范围内建立了残疾儿童筛查机制。将儿童残疾筛查纳入基层卫生服务工作，是我国儿童残疾预防和康复领域的重大突破。2015年，国务院印发《关于加快推进残疾人小康进程的意见》，对解决0~6岁残疾儿童康复、残疾儿童义务教育及残疾家庭儿童教育问题提出了设想；2017年1月11日，国务院第

161次常务会议通过了《残疾预防和残疾人康复条例》，提出了逐步实现0~6岁视力、听力、言语、肢体、智力等残疾儿童和孤独症儿童免费得到手术、辅助器具配置和康复训练等服务；2018年5月30日，国务院常务会议原则通过了《关于建立残疾儿童康复救助制度的意见》，标志着我国残疾儿童康复开始走向制度化。制度的建立促进了残疾儿童康复事业的发展。据中国残联发布的《2017年中国残疾人事业发展统计公报》，2017年，全国有141 239名0~6岁残疾儿童得到了基本康复服务，孤独症儿童康复服务机构达1 611家。[①] 虽然这一数据与残疾儿童实际数量相距甚远，但接受服务的残疾儿童规模却在不断扩大。

值得一提的是，除民政和残联等政府部门组织实施残疾儿童康复工作之外，随着我国慈善事业的发展，一大批民间组织和慈善团体在儿童康复尤其是贫困残疾儿童康复中发挥着越来越重要的作用。鉴于篇幅所限，本文不再赘述。

（四）其他福利补贴

除前述残疾儿童康复、教育、供养等福利制度之外，还有一些针对残疾儿童的其他福利措施，例如，自2016年开始实施的重度残疾人生活补贴和护理补贴制度，其中包含了对未享受孤儿基本生活保障的重度残疾儿童的补贴。另外，除了全国性的政策，部分经济较发达地区也推出了地方性的残疾儿童康复福利政策。例如，北京市2008年制定了《北京市残疾儿童少年康复补助暂行办法》，对部分残疾儿童提供辅助器具、康复训练补助；2011年，北京市又制定了《北京

---

① 中国残疾人联合会. 2017年残疾人事业发展统计公报. 中国残疾人联合会官网，2018-04-26. http://www.cdpf.org.cn/zcwj/zxwj/201804/t20180426_625574.shtml.

市残疾儿童少年康复补助办法》，对“年龄不满十六周岁、持有残疾人证的、在康复服务定点机构接受康复训练和服务或需要配发辅助器具的残疾儿童少年实施补助；对经过评估需要配发辅助器具的残疾儿童少年，在市残联确定的辅助器具配发目录范围内免费予以配发”。上海市实施了“阳光宝宝卡”政策，为上海市 0～16 岁智力、听力、肢体、视力残疾和自闭症等 5 类残疾儿童实施康复服务补贴，凡持有“阳光宝宝卡”的儿童均可以到上海市残疾人康复职业培训中心接受康复训练，每人每年可享受 3 000～15 000 元不等的康复经费补贴（其中肢体残疾康复训练补贴 10 000 元/人·年，听力言语、视力、智力、康复训练补贴 3 000 元/人·年，孤独症儿童康复训练补贴 12 000 元/人·年，脑瘫儿童康复训练补贴 15 000 元/人·年），等等。当然，大多数地方性政策均是以地域和户籍为依托的，不同区域间的残疾儿童享受到的福利是不同的。

三、我国残疾儿童福利实施的路径分析

综合分析我国残疾儿童福利制度的发展，是一个缓慢渐进的发展过程。

（一）主管部门组织的项目化实施一度是残疾儿童福利的主要实施方式

我国残疾儿童福利实施过程中曾存在着类目繁多的“项目”“活动”“计划”等，这充分表明，在制度发展之初，我国残疾儿童各项福利措施，从孤残儿童供养制度，到残疾儿童教育、残疾儿童康复等，多是以具体项目的方式实现的，稳定性、可持续性和福利性明显不足，而随机性、随意性较强。例如，前述的残疾儿童康复工作，无

论是中国残联推动的0~6岁儿童抢救性康复工作，还是民政部组织实施的“明天计划”“重生行动”等，都具有典型的临时性、应急性特征，康复水平和康复技术手段有限，康复的专业性难以满足现实的需要。[①] 虽然发展至后来，普惠性的残疾儿童康复项目大大缓解了残疾儿童的急迫需求，但由于缺乏相应的制度和政策配套，家庭的负担并未有实质性的减轻。例如，孤残儿童供养制度虽然形成了较为规范的实施方式，但仍离不开诸如“蓝天计划”等项目性措施的支持，这一方面说明制度未能随着时代发展而发展，另一方面也说明为孤残儿童提供基本生活、康复及教育保障的目标已经不能满足现实的需要。例如，集中供养方式虽然有其特殊性，但缺乏针对儿童的个性化服务，福利院的封闭管理也不利于儿童的社会参与和社会融合，故而很难体现福利性特征。又如残疾儿童教育，虽然一直以来这一问题备受关注，但从中国残联的统计看，全国特殊教育学校在校学生仅有8 466人，享受残疾儿童学前教育支持的残疾儿童也仅有2 971名[②]，和我国的残疾儿童规模不成比例。因此，以具体项目作为主要载体的残疾儿童福利，虽然短时间能够取得一定的成效，但在制度发展、受益范围推广方面却受到较大的限制。

（二）政府曾承担了大一统的残疾儿童福利供给的责任

毫无疑问，在残疾儿童福利供给领域，政府应当承担主导者责任，应当在法律制定、制度规范、资金支持、资源调配等方面承担主

---

① 根据第二次全国残疾人抽样调查数据，在我国387万名残疾儿童中，接受过医疗服务或救助的残疾儿童仅22.49%，接受过辅助器具、康复训练和服务无障碍设施服务的残疾儿童均不到10%，超过一半以上的残疾儿童未曾接受过任何扶助或服务。

② 中国残疾人联合会. 2017年中国残疾人事业发展统计公报. 中国残联官方网站，2018-04-26. http://www.cdpf.org.cn/zcwj/zxwj/201804/t20180426_625574.shtml.

要责任，兼顾和统筹不同类型的残疾儿童、不同城乡分布和不同福利需求的残疾儿童的福利供给，这既是缘于政府的职能定位，也是由残疾儿童的特征决定的。而从我国残疾儿童福利发展路径看，自新中国成立初期最基本的孤残收养工作，到当今的残疾儿童供养、康复、教育、养护津贴，政府不但承担了残疾儿童福利的财政基础和法律规范制定，而且是残疾儿童福利项目的组织者、实施者以及服务提供者；从福利对象的甄别，到服务项目、服务内容和服务方式的确定以及服务的递送，都是在政府部门的“亲力亲为”下进行的（残联虽然不是严格意义上的政府部门，但它却承担着行政职能）。这样虽然可以集中资源优势促进残疾儿童福利在某一领域的快速发展，但会形成社会资源利用不足、福利供给过度依赖政府的弊端，最终出现“政府推则进、政府停则停”的局面。福利多元主义认为，社会的全部福利是国家、市场、志愿组织、家庭及个人福利的总和，福利提供者之间的功能分配可以使一方提供的减弱通过他方的加强来弥补。因而，福利来源的多元化应当是残疾儿童福利的发展方向，除政府外，个人、家庭和志愿组织、民间机构等都可以作为福利的提供者，并承担相应的责任。社会力量在残疾儿童福利领域的社会参与和责任承担，可以集中在服务提供领域，即在政府的主导和监管下，发挥其灵活性强、专业化程度高的优势，使其成为残疾儿童福利服务的提供者、实施者。因此，随着社会福利社会化的进一步发展，残疾儿童福利供给也应体现社会化的特征，充分利用社会资源是残疾儿童社会福利的发展趋势。

（三）残疾儿童福利正经历着从选择性到普惠性的发展过程

在残疾儿童福利领域，虽然法律的规定并不具有选择性，但在政策实施过程中，由于历史的、现实的原因，总是难以达到普惠的目标，包括教育福利、孤残儿童供养、康复及其他津贴等，不同城乡分布的、不同残疾类型的、不同发展地区的残疾儿童，所能享受到的福利内容、保障水平都存在巨大的差距。以教育福利为例，根据第二次全国残疾人抽样调查数据，我国6~14岁学龄残疾儿童中，仅有63.19%的残疾儿童在普通教育或特殊教育学校接受义务教育，6岁残疾儿童的在学率仅为35.24%；尤其在中西部地区，学龄残疾儿童的在学率仅为60.66%和61.25%，均低于全国平均水平。从各类残疾儿童在学情况看，智力残疾和多重残疾儿童的在学率仅为64.82%和41.12%，一级、二级残疾儿童在学率仅为35.37%和58.14%。[①] 即便到2017年，也仍然存在前述受资助学前教育儿童与实际残疾儿童数量的悬殊比例，这体现了典型的政策实践中的选择性（虽然这种选择性并非主观或故意）。随着包括残疾儿童福利在内的社会福利事业的发展，我国的残疾儿童福利开始逐步走向普惠化，尤其是从近几年颁布或实施的几项主要制度法规看（如《残疾人教育条例》、“两项津贴”制度、《残疾预防和残疾人康复条例》等），残疾儿童福利正逐步从由一部分人享受的选择性福利走向覆盖全体残疾儿童的普惠制福利。

四、我国残疾儿童社会福利的反思

显然，如果以“社会福利”的视角审视目前的残疾儿童福利，会发现许多残疾儿童所享受到的福利与“提升生活质量”的目标仍有相当的差距。我国残疾儿童福利的许多内容仍然是基本的“救助”，只起基本生活保障的作用。随着全社会福利水平的提升，残疾儿童福利

① 第二次全国残疾人抽样调查办公室，北京大学人口所．第二次全国残疾人抽样调查数据分析报告［M］．北京：华夏出版社，2008：144-148.

也应从当前的残补型的救助向制度化、稳定性的福利迈进[①]，并最终实现普惠型福利。

（一）赋予残疾儿童福利在社会福利体系中的优先地位

“一个国家的儿童福利体系，取决于建构这一体系的基本认识和指导思想”[②]，残疾儿童福利亦如是。残疾儿童作为儿童群体中的弱势者，福利供给的不足常常使残疾儿童较一般儿童更容易被排斥在社会福利之外。如前文所述的义务教育，作为我国较为完善的一项儿童福利制度，许多残疾儿童仍很难享受到。而至于其他有限的零星的福利措施，诸如公共服务、儿童娱乐设施等，残疾儿童更是处于无法实际企及的状态。与此相对照，残疾儿童对医疗、康复及其他福利服务的需求却远比一般的儿童及其他社会群体迫切，一些对于健全儿童非常普通的服务，对残疾儿童而言则是基本的生活乃至生存权益的问题。因此，为了保障残疾儿童平等的生存权、发展权，保障残疾儿童平等享受社会发展成果，残疾儿童福利必须置于优先发展的地位，应是全部社会福利事业发展的重要组成部分。

（二）在强化政府责任的同时充分调动社会力量

社会福利的主要特征之一即在于国家的主体性，现代社会福利不仅是解决社会成员生存与生活保障的措施，而且是国家治理现代化中必不可少的工具和手段。[③] 残疾儿童福利不但涉及残疾儿童的生活质

---

① 姚建平，梁智．从救助到福利：中国残疾儿童福利发展的路径分析［J］．山东社会科学，2010（1）．

② 陆士桢．建构中国特色的儿童福利体系［J］．社会保障评论，2017（3）．

③ 郑功成．社会保障与国家治理的历史逻辑及未来选择［J］．社会保障评论，2017（1）．

量和福利水平，更重要的是关涉其基本的生存与生活。一方面，在残疾儿童福利体系尚未健全的情况下，如何发挥现有制度的功能并保持其稳定性，直接影响到保障效果，尤其对孤残儿童以及农村和贫困地区的残疾儿童更是如此。故而，强化残疾儿童福利供给中的政府责任，使政府承担起残疾儿童的养育、教育、康复和医疗之责，赋予残疾儿童平等的发展权利是制度发展的要义。另一方面，政府在残疾儿童福利供给中的弊端也是显而易见的，比如灵活性不足、个性化服务缺乏等。加强针对不同残疾类型、不同残疾程度和不同年龄阶段乃至不同家庭状况的残疾儿童的个性化福利供给，成为当前残疾儿童福利发展领域的必由之路。在实践领域，虽然与残疾儿童有关的教育、抚养、康复福利已有一定程度的发展，但仍有相当一部分残疾儿童医疗救治、教育康复的责任是由家庭承担的，造成了家庭的沉重负担。而福利多元主义的实践告诉我们，充分调动、利用社会资源，不但能将政府从具体琐细的工作中解放出来，而且对提升残疾儿童福利服务的针对性、资源利用的有效性具有重要意义。

（三）残疾儿童福利发展应实现城乡和区域统筹

不可否认，近年来我国无论是城市残疾儿童还是农村残疾儿童，都能够享受到一定范围内的福利服务（如0~6岁残疾儿童康复服务）。但由于长期以来城乡发展的不均衡、区域之间的不平衡，农村地区和欠发达地区基础设施和社会服务体系发展薄弱，这两类地区的许多残疾儿童即使能得到一定福利服务，也多以一次性救助、应急或抢救性项目为主，远不能满足残疾儿童康复、医疗及教育的持续性需要。我国每年发生的诸多虐待、遗弃残疾儿童的事件，其原因与残疾儿童福利不足、家庭不堪重负密切相关。根据第二次全国残疾人抽样调查数据推算，我国农村和欠发达地区分布着我国绝大多数残疾儿童（例如，我国农业户籍的残疾儿童占残疾儿童总量的 83.4%，远高于非农业户籍残疾儿童的 13.8%[①]），农村、欠发达地区残疾儿童对福利的迫切需求与当前残疾儿童福利资源分布倒挂的现实形成了巨大的反差。因此，在城乡和区域间残疾儿童福利发展极不平衡的情况下，应全面客观评价我国残疾儿童福利事业，充分利用互联网和信息技术，基于现代社会社区和社会组织平台的建设[②]，统筹城乡之间、发达地区和欠发达地区之间残疾儿童福利的发展，将更多的福利资源向农村倾斜、向欠发达地区倾斜，满足农村及欠发达地区残疾儿童福利需求，缩小城乡和区域差距，将残疾儿童福利有效传递至需求最迫切的群体之中。

（四）普惠性的残疾儿童福利与个性化的服务相结合

和其他所有儿童一样，残疾儿童需要享受一般的社会福利服务，但残疾儿童的多样性决定了单纯的一般性福利服务难以满足残疾儿童的需要。因此，应针对残疾儿童的实际需要，针对不同残疾类型、不同残疾等级和不同年龄阶段的残疾儿童，提供适合其发展要求的生活、教育、康复、医疗及辅助器具配置服务。例如，对于院内养育的孤残儿童，不但要提供基本的生活养育，而且应在医疗、康复、教育等各方面承担全面的政府责任，提供多样化的福利选择；对于家庭寄养的孤残儿童，除了经费的支持和对儿童的监护，还应该加强对寄养家庭的甄选、管理和支持；对于一般家庭内养育的残疾儿童，除了针

① 第二次全国残疾人抽样调查办公室. 第二次全国残疾人抽样调查资料（上、下）［M］. 北京：中国统计出版社，2007.

② 童星. 国家治理现代化进程中的社会保障［J］. 社会保障评论，2017（3）.

对残疾儿童的福利之外，还应对其家庭提供必要的扶助，建立并完善残疾儿童家庭政策。再如，对于 0~6 岁的听力残疾、视力障碍、智力残疾，以及孤独症等精神残疾儿童，应尊重教育、康复一体化的特征，实现教育、康复并重；对于 6 岁以上的学龄残疾儿童，应具体区分其不同的残疾类型、不同的残疾程度，以确定哪些残疾儿童适合在特殊教育学校和特教班接受教育，哪些残疾儿童适合以随班就读的方式享受教育福利，等等。

从社会学的视角分析，残障的存在不是由于残疾人群体身体、智力的缺陷，而是由于社会缺乏相应的、必要的措施来弥补他们的缺陷，从而造成了他们参与社会的障碍。残疾儿童群体的弱势特征决定了残疾儿童福利较其他福利更具优先发展的迫切性。在社会保障制度全面发展、社会福利制度逐步提升的时代背景下，我国残疾儿童福利发展经历了从补缺型向制度化的发展过程，也经历着从基本生存保障到多项福利服务并重的演进。然而，制度的发展具有相继性，也不可避免地存在着路径依赖，我国的残疾儿童社会福利的发展需要从制度定位、理念更新、资源调配等多方面着手，赋予其优先发展的地位。

第十二章

中国慈善事业发展40年：回顾与展望

陈　斌[①]

摘要：慈善事业是中国社会保障体系的有机组成部分。改革开放40年来，伴随经济改革和社会转型，中国慈善事业也于20世纪90年代走向复苏并缓慢发展。特别是2016年《中华人民共和国慈善法》的制定与实施，标志着中国慈善事业从传统走向现代。总体而言，中国慈善事业发展依然滞后，这种局面亟待改变。

关键词：慈善事业　慈善法　慈善发展

中国自1978年开始改革开放以来的40年发展历程成就了日益繁荣与强盛的中国。它不仅仅深深改变了整个中国和每个国人的命运，也大大促进了与之相伴生的慈善事业的发展。尽管秉持仁爱之心的慈善理念与践行乐善好施的慈善行为古已有之，但慈善作为一项事业来

① 陈斌：德国慕尼黑大学绍尔兄妹政治学研究所博士后，中国社会保障学会秘书处学术干事。本文是作者博士论文中的一部分。

发展则是始于改革开放之后，伴随着改革开放的进程于20世纪90年代中期开始走向复苏，并以《人民日报》发表题为“为慈善正名”的社论和中华慈善总会的成立为标志。40年来，中国的慈善组织在不断增加，筹集的慈善资源在不断增长，慈善活动开始向科学、教育、文化以及环保等领域拓展。慈善事业作为调动社会资源、调节贫富差距、润滑社会关系、促进社会公平、提升国民素质、推动社会文明进步的特殊机制，正在发挥着日益重要的功能。因此，回顾、总结中国慈善事业的变迁历程，探究慈善事业未来发展的难点与困境，对于实现慈善事业的现代化转型具有重要意义。

一、中国慈善事业的转型与变迁历程

（一）中国慈善事业的转型

在中国的改革发展进程中，慈善成为一项事业是与改革开放同步的，也是与市场经济同步的，同时还是与中国特色社会主义初级阶段的认知同步的。正是改革开放促使政府职能转变，从而使慈善成为一个行业得以可能；正是市场经济的发展打破了存在贫困的现实，从而使慈善事业拥有了得以发展的人力、物力、财力资源；正是对社会主义初级阶段的正确认知，才增强了对社会主义也需要慈善事业的认识。[①] 改革开放40年，整个社会对慈善的认识是一个逐步深化的过程，慈善事业经历了被政府“排斥”、接纳到倡导的变迁轨迹。[②] 伴随着经济社会的不断发展和人们生活水平的不断提高，慈善事业将进

---

① 赵歆. 改革开放40周年：从慈善观念之变看慈善文化的变迁［EB/OL］. 2019-04-15. https://gongyi.ifeng.com/a/20181115/45225085_0.shtml.

② 郑功成. 当代中国慈善事业［M］. 北京：人民出版社，2010：123-155.

一步发挥其在缩小贫富差距、化解社会矛盾、促进共享发展成果等方面的重要功能，也将进一步扮演弘扬互助友爱精神、推动社会文明进步的重要角色。

新中国成立前，历史上修桥筑路、施医给药、施钱助学、助婚助葬、办义田、设义庄等各式各样的慈善活动因具有浓厚的恩赐色彩而被归入传统慈善的范畴。新中国成立后，由于“一大二公”的计划体制和以国家为责任主体、城乡单位共同负责的社会保障制度等相关制度安排囊括了社会成员生老病死等一切内容，慈善事业失去了存在的空间。[①] 20 世纪 90 年代产生的慈善事业，也很难被称为现代慈善事业，因为当时的慈善事业具有浓厚的官办色彩，而且还留有传统慈善的痕迹，存在不平等、非专业化、精英化、非制度化等问题。尽管慈善事业在新中国经历了 20 多年的发展，但由于一直是以官方慈善组织为主体，也未形成专业化的工作队伍，资源动员能力不足，而且因缺乏必要的法律法规规制，慈善领域乱象丛生。《中华人民共和国慈善法》（以下简称《慈善法》）的颁布与实施，是中国慈善事业从传统转向现代的标志，这种转型主要表现在以下几个方面。

1. 从恩赐转向平等，慈善行为主体之间的地位确立

在《慈善法》颁布前，歧视受助者、有损受助者人格尊严的现象时有发生，但政府并未出台相应法规予以规制。例如，2007 年 8 月 22 日，湖北《楚天都市报》报道一则消息——《湖北五名贫困大学生受助不感恩被取消资格》，因为受助学生未给资助人写信汇报情况

① 郑功成. 慈善事业的长足发展离不开政策法制建设［EB/OL］. 2019-04-15. http://www.caoss.org.cn/4article.asp? id=351.

并表示感谢，主办方取消了五名贫困大学生继续获得资助的资格。①

《慈善法》颁布后，法律突出了慈善行为主体之间的平等性，受益人不再是接受恩赐与施舍，而是具有平等法律人格的独立主体。《慈善法》第一条即规定，制定本法是为了保护慈善事业各参与主体的合法权益。慈善活动的不同参与主体在法律中具有平等人格，并不存在谁高谁低。《慈善法》还规定，慈善组织不得对受益人附加违反法律法规和违背社会公德的条件。作为慈善活动的受益对象，他们是最终获得现金资助或服务提供的人。法律的规定体现了现代慈善不是捐赠者对受助者的施舍或恩赐，而是建立在平等基础上的，慈善法律关系的各方当事人的人格是平等的。此外，《慈善法》还规定实施慈善服务需要保护受益人和志愿者的尊严。以往，中国的立法更多地强调尊重捐赠人意愿、保护捐赠人隐私，而忽略了受益人也有意愿与尊严受到保护的权利，致使受益人在接受帮助时处于较为弱势的地位。对志愿者亦是如此，认为既然是做好事，就可以公开透明。法律明确受益人、志愿者的权利，保护受益人、志愿者的权益不受侵犯。这无疑是一个巨大的进步，体现了现代慈善与传统慈善的重要区别，即更加强调受益者、志愿者权利的平等性，注重对受益者、志愿者的权利与人格尊严的保护。②

2. 从非专业化转向专业化，慈善组织发展方向确立

《慈善法》颁布前，具有官方背景的慈善组织依然占据主导地位，这些慈善组织的管理人员和办事人员大都具有国家公务员身份或是政府部门退休人员，并未真正形成专业化的人才队伍，也不具有专业化

---

① 李剑军. 湖北五名贫困大学生受助不知感恩被取消资格［N］. 楚天都市报，2007-08-22.

② 郑功成.《中华人民共和国慈善法》解读与应用［M］. 北京：人民出版社，2016：193.

的资源动员能力。民间慈善组织因受双重管理体制限制，很多慈善组织无法获得合法地位，因而难以筹集资源并进行专业化运作。因此，慈善组织发育不成熟、专业化运作能力不强是普遍存在的问题。

《慈善法》颁布后，法律明确了慈善组织必须依法成立的程序和独立主体地位，又明确了其必须以慈善为宗旨和非营利的属性，以及可以采取基金会、社会团体、社会服务机构等组织形式。在慈善组织准入方面，法律取消了原来要求慈善组织必须有业务主管单位的规定，代之以具备法定条件的慈善组织可直接向民政部门申请登记。此外，法律进一步明确只有依法登记成立的慈善组织才能开展社会化的慈善活动，才能取得公开募捐与减免税费的资格，这些规制即是确立了慈善事业必须走专业化发展道路。①

3. 从官办转向民办，慈善组织民间性确立

《慈善法》颁布前，具有官方背景的慈善组织一直占据主导地位。其中，改革开放之初成立的慈善组织是以官办基金会的形式存在，这些基金会基本是由政府发起成立的；20世纪90年代中期产生的慈善会（慈善协会）基本是从民政部门分化出来的，和各级政府有着密切的关系，很多地方将慈善会作为民政部门下属的一个职能部门，在具体运作环节上也与政府有着诸多相似之处。② 随着2004年《基金会管理条例》的颁布以及后续相关政策的放宽，国家开始允许企业和个人设立非公募基金会，民间意义上的慈善组织开始增多。然而，无论是从组织规模还是资源募集能力来看，具有官方背景的慈善组织仍是主体。

---

① 郑功成.《慈善法》开启中国的善时代［J］. 社会治理，2016（5）.

② 田凯. 非协调约束与组织运作：中国慈善组织与政府关系的个案研究［M］. 北京：商务印书馆，2004：1-2.

《慈善法》颁布后，法律明确了慈善组织属于非营利组织。非营利组织是属概念，慈善组织是种概念，二者在逻辑上是种属关系。因此，慈善组织自然具有非营利组织的基本特征：组织性、民间性、自治性、志愿性、利润非分配性。[①] 此外，在慈善组织准入环节，《慈善法》明确取消了双重管理体制，允许符合法定条件的慈善组织直接向民政部门登记；规定了慈善组织依法成立行业组织，实行行业自律。同时放开了慈善组织的募捐资格，亦是维护慈善行业公平竞争、实现慈善组织独立发展的基本举措。这些规定均预示着中国慈善组织将还原于民间，成为真正独立自主的现代慈善组织。

4. 从精英化转向大众化，慈善参与主体日益广泛

在慈善捐赠方面，改革开放后的慈善参与主体先后经历了从政府、海外力量到企业主导的变迁过程，个人捐赠在整个慈善捐赠中的占比一直维持在10%~30%，始终未能占据主流。[②] 并且由于官方背景的慈善组织具有主导性，慈善活动往往自上而下发起，一些慈善行动的发起者和慈善资源的动员者往往“非富即贵”，慈善活动变成了少数精英的“聚会”。[③] 因此，《慈善法》颁布前的慈善活动仍然是以富人或先富起来的群体为主导，呈现精英化的特征，并未表现出大众化的氛围。

《慈善法》颁布后，鼓励人人行善，无论捐款、捐物还是参与志愿服务，均是法律倡导的内容，其目的在于促进慈善事业从精英化走向真正意义上的大众化。[④] 一方面，《慈善法》通过弘扬乐善好施的

---

① 杨思斌，李佩瑶. 慈善组织的概念界定、制度创新与实施前瞻［J］. 河北大学学报（哲学社会科学版），2016（5）.

② 陈斌. 改革开放以来慈善事业的发展与转型研究［J］. 社会保障评论，2018（2）.

③ 刘威. 冲突与和解：中国慈善事业转型的历史文化逻辑［J］. 学术论坛，2014（2）.

④ 郑功成.《慈善法》开启中国的善时代［J］. 社会治理，2016（5）.

文化传统，营造有利于慈善事业发展的社会氛围，引领社会成员人心向善；明确界定慈善活动的主体、内涵与外延，用“大慈善”取代以往仅限于扶贫济困的“小慈善”，从而使慈善事业的发展空间得以大大拓展。另一方面，该法扫清了影响或妨碍人们行善的制度障碍，疏通了人人皆可行善的路径，为社会各界参与慈善创造了条件。此外，《慈善法》在慈善服务一章中对志愿服务进行了具体规范，这是法律倡导“有力出力”的体现。因此，《慈善法》鼓励有钱出钱、有物出物、有力出力，均是立足于促进慈善事业从精英慈善走向社会成员广泛参与的大众慈善。

5. 从非制度化转向制度化，慈善政策体系日臻完善

《慈善法》出台前，一方面，由于缺乏相应的法律法规规范，实践中诸多慈善活动难以顺利展开。例如，股权捐赠、房屋捐赠、知识产权捐赠等慈善行为难以顺利实施，因慈善剩余财产处理争议而“对簿公堂”。另一方面，由于缺乏必要的法律法规规制，慈善领域乱象丛生。例如，一些组织或个人假借慈善之名行敛财之实，一些打着慈善名义的山寨组织开展公开募捐，但这些现象往往不能得到依法惩处。①

《慈善法》出台后，法律明确了慈善捐赠的标的和捐赠方式，从而为扫除股权、房屋、知识产权等新型捐赠物捐赠的障碍创造了条件；法律还规定了慈善组织管理成本和对慈善剩余财产的处理方式，从而起到了定分止争的作用；同时，法律也对慈善信息公开的义务与责任进行了规范，从而使公众了解与监督慈善组织与慈善活动有了法律依据。此外，法律还明确了民政部门、第三方评估组织以及社会公

---

① 郑功成.《慈善法》开启中国的善时代［J］. 社会治理，2016（5）.

众三位一体的监管体制，也建立了系统性的法律责任规范，从而为打击上述违法行为提供了法律依据。因此，《慈善法》对慈善领域行为或活动的鼓励与禁止性措施，构成了慈善事业向制度化发展的标志。

综上可见，改革开放 40 年，中国慈善事业遵循着从传统向现代转型的发展路径，并以《慈善法》的颁布和实施为标志，实现了从恩赐转向平等、从非专业化转向专业化、从官办转向民办、从精英化转向大众化、从非制度化转向制度化。

（二）中国慈善事业的变迁历程

从改革开放 40 年慈善事业的发展历程来看，慈善事业的变迁是一个渐进的过程，同时也是从传统慈善向现代慈善事业转型的过程。其中，慈善组织形态呈现出从官办基金会出现、官方背景慈善会兴起、官民慈善组织共生向民间化演进；慈善参与主体表现出从政府、海外、企业为主向大众化转型；政策体系体现出从限制发展、个案优待、有限支持向全面鼓励的特征演变。以慈善组织形态、参与主体和政策体系三维测度标志为依据，中国慈善事业的变迁大体可以分为以下四个阶段。

1. 慈善事业的探索期（1978—1993 年）

以 1978 年党的十一届三中全会召开为标志，中国政府纠正“文化大革命”及之前的“左”倾错误思想，明确了以经济建设为中心的发展目标，由此中国社会进入了一个巨大的变革时期。政治环境开始革新，经济体制开始转轨，随之而来的是社会结构变迁与社会阶层分化，贫富差距开始显现。然而，由于政府财力有限，无法承担全部的救济责任，从而开始了向民间“借力”的探索。改革开放之初，第一批到欧美考察的中国政府官员发现，发达国家到处都是基金会，原来在政府之外可以通过基金会筹资做社会事业，于是出于为经济建设服务的初衷，纷纷打报告设立基金会。[①]

1981 年 7 月，中国儿童少年基金会由中国福利会、中国人民保护儿童全国委员会、全国妇联等 17 个全国性社会团体和单位发起成立，这是新中国成立后第一个以公开募捐形式为儿童少年教育福利事业服务的全国性公益基金会。自中国儿童少年基金会成立后，一批有着重要影响力的基金会相继成立，如 1982 年成立的宋庆龄基金会、1984 年成立的中国残疾人福利基金会。除此之外，中国妇女发展基金会、中国青少年发展基金会、中国扶贫基金会等也成立于这一时期。

然而，由于计划经济时代对慈善的排斥心理并未消散，这一时期成立的基金会基本是由政府主导的，定位于对政府职能的补充和配合，与政府保持着极为密切的关系。一方面，政府扮演着基金会的发起者角色，很多基金会被视为政府的一个部门；另一方面，政府承担着拨款责任，很多基金会在成立之初由于本身法律地位不明确、活动能力也不强，慈善救济所需的资金大多来自政府拨款，民众自发捐赠所占比重比较低。[②] 此外，基金会的负责人也基本是由政府派出或任命，组织机构的设置、各部门的工作职责都遵循上级主管部门的意见。因此，这一时期成立的基金会具有浓厚的官办色彩，政府在其中扮演着主要参与者角色。

在政策体系方面，由于基金会是一种从国外引进的新组织形式，国内之前并没有先例，所以一开始也没有任何法律法规加以规范，导致的结果便是各行其道。在当时，除了官方成立的全国性和地方性基金会外，民间自办的各种以基金会命名的组织层出不穷。正是在这种

---

① 杨团，葛道顺. 中国慈善发展报告（2009）［M］. 北京：社会科学文献出版社，2009：15.

② 杨团，葛道顺. 中国慈善发展报告（2009）［M］. 北京：社会科学文献出版社，2009：62.

杂乱无序的背景下，为规范对基金会等社会组织的管理，国务院在民政部设立了社会团体登记管理部门，并着手制定相关法规。

这一阶段出台的有关慈善事业的法规主要有两部。一是1988年国务院颁布的《基金会管理办法》，这是新中国第一部关于基金会的立法，并首次将基金会纳入社会团体法人范畴。不过，由于出台仓促，其内容比较简单，对基金会的定义也不准确，但在一定程度上结束了改革开放后基金会无章可循、无序发展的状况。二是1989年国务院颁布的《社会团体登记管理条例》，然而，该法规并没有对什么是社会团体给出一个立法上的定义，只是采取列举的方式，其中明确规定对基金会的登记管理也适用。

总体而言，上述两部法规均显示当时政府对基金会的发展奉行的是控制和限制的态度。一方面，《基金会管理办法》规定基金会除了受到业务主管部门和民政登记机关的管理之外，还受到中国人民银行的审批和监管；另一方面，由于《社会团体登记管理条例》明确规定基金会的登记管理也适用，由此导致基金会成为民间组织中唯一同时接受两部国务院行政法规规制的社会组织。

由此可见，由于计划经济时期对慈善的负面解读依旧存在和政府主导的特点，这一阶段成立的基金会只是拥有现代慈善组织的“外在形式”，并不具有民间性，并且也未出现任何带有慈善名称的慈善组织。而从政策体系来说，由于基金会是一个新生事物，所以在制度建设上经历了从无到有的过程，但整体而言呈现限制基金会发展的特征。因此，这一阶段只能归结为中国慈善事业的探索时期。

2. 慈善事业的正名期（1994—2003年）

1994年是中国慈善事业发展的标志性年份。这年2月，人民日报首次正面发表社论——《为慈善正名》，明确提出“社会主义需要自己的慈善事业，需要自己的慈善家”。该社论的发表，可以视为政府认同慈善并鼓励慈善事业发展的政治宣言。同年4月，中华慈善总会成立，这是新中国成立后第一个全国性的综合性慈善组织。

中华慈善总会成立后，各种直接冠以“慈善”名称的慈善组织在中国如雨后春笋般涌现。到20世纪90年代末，不仅省（自治区、直辖市）、市、地区和县设立了慈善组织，一些街道和乡镇也组织和注册了本地区的慈善会。据不完全统计，截至2000年年底，全国共建有慈善组织306个。其中，省级慈善会（基金会）25个、地（市）级慈善会109个、县（市）级慈善会106个、乡（镇、街道）级慈善会66个。[①] 然而，从发起主体及组织性质来看，这一阶段成立的慈善会（慈善协会）大多数还是官方背景的慈善组织，并由政府自上而下发起。大量慈善组织是依托于政府民政部门成立，和各级政府有着极为密切的关系，[②] 不仅慈善组织的负责人来自于政府部门，而且工作人员也由政府部门派出。

在参与主体方面，1998年，中华慈善总会等通过与电视台合作发起抗洪赈灾晚会，从而掀起了人们的捐赠热情。然而，海外力量仍是这一时期的捐赠主体。从捐赠数额来看，1996—2003年，各部门累计接受社会各界捐赠款物折合人民币230多亿元。根据中华慈善总会当时的统计，中国每年的捐赠大约75%来自国外，15%来自中国富人，10%来自平民百姓。[③] 此外，据中国青少年发展基金会统计，2004年

① 于学廉，等. 2000年中国慈善事业研究报告［M］. //时正新. 中国社会福利与社会进步报告（2001）. 北京：社会科学文献出版社，2001：158.

② 田凯. 非协调约束与组织运作：中国慈善组织与政府关系的个案研究［M］. 北京：商务印书馆，2004：1-2.

③ 黄剑波. 福利慈善、社会资本与社会发展：论宗教在当代中国社会中的参与需要和可能［J］. 广西民族研究，2005（3）.

之前，中国在工商部门登记注册的企业有1 000万家，但仅有10万家为慈善事业捐过款物，另外99%的企业未参加过任何捐赠，国内人均捐赠不足1元人民币。[①] 因此，除了灾情严重的特定年份之外，这一阶段社会公众参与捐赠的热情并不高。

在政策体系方面，这一阶段取得了一定进展。在慈善捐赠规制方面，其中最重要的是1999年颁布的《中华人民共和国公益事业捐赠法》，该法是新中国成立后出台的首部捐赠法律，也是我国慈善领域的第一部法律，其对慈善组织的捐赠来源进行了法律规范，但由于诸多条款过于原则性，可操作性不强。在慈善组织管理方面，1998年9月国务院颁布了新的《社会团体登记管理条例》，同年亦颁布了《民办非企业单位登记管理暂行条例》，进一步强化了“双重管理体制”；在税收优惠方面，1994年1月1日起实施了《中华人民共和国企业所得税暂行条例》，1994年1月颁布了《中华人民共和国个人所得税法实施条例》，其中，前者规定了企业捐赠在年度应纳税所得额3%以内的部分可以享受税前扣除优惠；后者规定个人捐赠在应税所得额30%以内的部分可从其应税所得额中予以扣除。然而，尽管法律如此规定，但现实中慈善捐赠行为能否享受税前扣除待遇，主要采取申请审批的结果，最终只有个别官办慈善组织能获得税前扣除资格。因此，尽管这一阶段出台了一系列规范和支持慈善事业的法律法规，但因“双重管理体制”被强化且政策的可操作较弱，对慈善事业的支持作用有限。

综上所述，在这一阶段，“慈善”得以正名，各种冠以“慈善”名称的慈善组织纷纷成立，但由于这一时期依然是以具有官方背景的

---

① 王刘芳. 国内1 000万家企业中有99%企业无慈善捐助记录［N］. 北京日报，2005-06-06.

慈善会（慈善协会）兴起为主，慈善参与主体主要是海外力量，政策体系呈现限制民间慈善组织准入且税收政策优待个别官办慈善组织等特征，所以这一时期只能称之为慈善事业的“正名期”。

3. 慈善事业的发展期（2004—2015 年）

这一阶段是以 2004 年 9 月党的十六届四中全会通过的《中共中央关于加强党的执政能力建设的决定》提出的要健全社会保险、社会救助、社会福利和慈善事业相衔接的社会保障体系为标志，这是党的文件首次将发展慈善事业提高到“最广泛最充分地调动一切积极因素，不断提高构建社会主义和谐社会的能力”的高度来认识。2005 年 3 月，第十届全国人民代表大会第三次会议所作《政府工作报告》中明确提出“支持慈善事业发展”，这是新中国成立后慈善事业第一次被写进政府工作报告。由此可见，发展慈善事业已经完全得到党和政府的认同与支持，而不再被排斥和否定。因此，中国慈善事业在短期内获得了较快发展。

在慈善组织形态方面，2004 年《基金会管理条例》颁布，标志着一种新的基金会形态——非公募基金会诞生，从而开启了官方背景慈善组织与民间慈善组织共同存在、共同发展的时代。截至 2015 年年底，基金会数量从 2004 年的 892 个增加到 4 784 个，其中非公募基金会达到 3 198 个，占基金会总数的 66. 8%；社会团体数量从 2004 年的 15. 3 万个增加到 32. 9 万个，翻了一倍；民办非企业单位数量增长最快，从 2004 年的 13. 5 万个增加到 32. 9 万个。[①] 此外，各种网络慈善组织和“草根”慈善组织也在蓬勃发展。然而在民间慈善组织兴起的同时，官方背景慈善组织也在不断发展，无论是组织规模还是资源

---

① 中华人民共和国民政部. 社会服务发展统计公报（2004—2015 年）[EB/OL]. 2019-04-15. http://www.mca.gov.cn/article/sj/tjgb/.

筹集能力，官方背景的慈善组织依然占据主导地位。

关于慈善参与主体，2008年汶川发生里氏8.0级地震，全国掀起了慈善捐赠的热潮，这一年的慈善捐赠总额首次突破1 000亿元，达到1 070亿元；并且个人捐赠首次超过企业捐赠，达到458亿元，占当年慈善捐赠总额的42.8%；而企业捐赠388亿元，占比为36.26%。[①] 根据北京、上海、成都、重庆等城市的调查，90%以上的被访问者均表示向灾区捐过款物。[②] 不过，除2008年之外，企业捐赠一直是这一时期慈善捐赠的“主导者”，企业捐赠占慈善捐赠总额的比重一直维持在60%左右；而个人捐赠占比并不高，一般维持在10%~30%。

慈善政策体系在这一阶段也取得了一定发展。首先，在慈善组织准入方面，2013年3月，《国务院机构改革和职能转变方案》发布，提出重点培育公益慈善类社会组织，并明确规定成立这类组织不再需要业务主管单位，可直接向民政部门申请登记，由此突破了双重管理体制的限制。其次，在慈善组织信息公开方面，由于汶川地震捐款被挪用以及随后发生的“郭××事件”等一系列事件，掀起了“全民问责”的浪潮，慈善组织尤其是官办慈善组织陷入公信力危机，政府紧急出台了一系列监管措施。例如，2011年出台的《公益慈善捐助信息公开指引》，明确了慈善组织信息公开的基本原则、内容、时限以及方式等。最后，在慈善促进措施方面，慈善税收优惠政策进一步完善，2007年修订的《中华人民共和国企业所得税法》提高了企业捐赠的免税额度（从3%提高至12%），《中华人民共和国个人所得税

① 中民慈善捐助信息中心. 2008年度中国慈善捐助报告［EB/OL］. 2019-04-15. http://gongyi.sina.com.cn/gyzx/2009-03-11/10027613.html.

② 邓国胜，等. 响应汶川：中国救灾机制分析［M］. 北京：北京大学出版社，2009：56.

法》放宽了个人捐赠的免税范围。2014 年 12 月，国务院颁布《关于促进慈善事业健康发展的指导意见》，这是新中国成立以来中央政府出台的第一个专门促进慈善事业发展的文件。然而，尽管这些政策均表明政府支持慈善事业的政策力度开始增强，但政策的可操作性不强。此外，股权、不动产、专利技术等新型捐赠形态因缺乏相应的法律依据而在这一时期处于无所适从的状态。与此同时，诸多违背捐赠人意愿的行政性捐赠与有损受助人人格尊严的慈善行为一直缺乏相应法律规制。因此，尽管这一时期的政策支持体系取得了一定进展，但依然对慈善事业发展的促进作用比较有限。

综上所述，在这一阶段，尽管民间慈善组织开始起步，但官方背景的慈善组织依然占据主导地位；尽管大众参与慈善捐赠的热情日益高涨，但企业仍是这一时期的捐赠主体；尽管党和政府明确支持慈善事业发展，慈善组织准入、税收优惠等政策取得一定进展，但慈善政策体系依然尚不完备，对慈善事业的支持作用有限。因此，慈善事业发展期依然没有真正实现中国慈善事业向现代转型。

4. 慈善事业的转型期（2016 年至今）

在这一阶段，中国慈善事业真正从传统慈善向现代法治化慈善转型，并以 2016 年《慈善法》的颁布为标志。据前文所述，在《慈善法》颁布前，无论是在慈善事业的探索期、正名期还是发展期，因慈善组织形态的官方主导性、参与主体非大众化，以及政策体系所呈现的限制慈善事业发展等特征，所以无法将其归结为现代慈善事业范畴。而《慈善法》重塑了现代慈善的平等理念与价值追求，树立了现代慈善事业所具有的专业性、规范性、大众性等基本原则，中国现代慈善事业的发展具有了坚实的法制基础。

一方面，《慈善法》突出了慈善行为主体之间的平等性，赋予了各慈善参与主体之间的平等法律人格，从而为保护慈善参与各方尤其是受助者与志愿者的尊严提供了法律保障。另一方面，《慈善法》明确了慈善组织的独立性与民间性，取消了双重管理体制，允许慈善组织直接向民政部门登记；规定了慈善组织依法成立行业组织实行行业自律；同时放开了慈善组织的募捐资格，这亦是维护慈善行业公平竞争、实现慈善组织独立发展的基本举措。再者，《慈善法》鼓励人人行善，其目的在于促进慈善事业从精英化走向真正意义上的大众化①，法律扫清了影响或妨碍人们行善的制度障碍，疏通了人人皆可行善的路径，为社会各界参与慈善创造了条件。总之，《慈善法》体现了全面鼓励现代慈善事业发展的特征。除了突出慈善参与主体之间的平等地位，明确慈善组织的民间属性，倡导人人行善的大众化慈善氛围，法律亦专章规定了政府对支持现代慈善事业发展的促进措施。比如，在税收优惠方面，法律规定慈善组织、捐赠人、受益人依法享受税收优惠，并规定国家对开展扶贫济困的慈善活动实行特殊的优惠政策；对于企业慈善捐赠，明确了相应的结转制度，等等。

此外，由于《慈善法》是一部综合性立法，法律本身存在诸多原则性规定，从而需要相关配套法规才能真正具有可操作性。为此，《慈善法》颁布后出台了一系列配套措施，涉及慈善组织认定登记、慈善募捐、网络募捐、慈善信托备案、志愿服务、慈善组织监督管理、信息公开等。因此，以《慈善法》为核心，各项配套法规为辅助，慈善政策体系日臻完善。

从以上线索可见，改革开放40年，中国慈善事业经历了从探索、正名、发展到转型的渐变过程，其中，《慈善法》的颁布与实施，是

---

① 郑功成.《慈善法》开启中国的善时代［J］. 社会治理，2016（5）.

中国慈善事业从传统向现代转型的标志，中国慈善事业将以此为依据，真正走向专业化、规范化和大众化。

二、中国慈善事业发展的主要成就

改革开放40年，中国慈善事业经历了从传统慈善向现代慈善的渐进变迁。其中，慈善组织形态表现出从官方主导转向民间化，参与主体体现出从政府为主向大众化转型，政策体系呈现从限制发展转向全面支持，从而证明了中国慈善事业发展所取得的成就是巨大的。概而言之，中国慈善事业发展所取得的成就主要包括以下几个方面。

（一）慈善理念得以革新

改革开放以来，慈善事业的发展与政府和社会对慈善事业认识的深化密切相关。

1. 党和政府对慈善理念的认识不断深化

在计划经济时期，党和政府弘扬雷锋精神和互助友爱，但对慈善没有比较客观、准确的认识，加之公有制下的社会保障为城镇居民提供了诸多福利，旧时代留下的慈善组织迅速消失，这一情况一直延续至改革开放之初；直到1994年《为慈善正名》的发表，慈善的正面价值才得以回归，各种冠以“慈善”名称的慈善组织才得以出现；再到21世纪初，慈善事业被写进党和政府重要文件并被积极倡导，慈善事业得以快速发展。此外，《慈善法》的颁布重塑了现代慈善事业的平等理念和价值追求，体现了现代慈善事业所具有的专业化、规范化、大众化等基本原则，从而成为中国慈善事业从传统向现代转型的标志。因此，这种观念的变化直接构成了中国慈善事业变迁的思想基础。

2. 公众对慈善理念的认识和理解亦不断变迁

以慈善事业的运作成本为例，社会公众经历了从不能接受到逐步接受并最终以立法的形式得以确定的过程。以往，社会公众认为做善事就应该不求回报，理应自己承担所有成本。如今，慈善事业走向专业化，慈善组织聘请专职工作人员并支付相关费用已基本得到社会认可，其中，《慈善法》中明确规定慈善组织的管理费用即体现了社会公众认可了慈善从业者的价值和功能。

总之，改革开放 40 年来，慈善事业的发展与整个社会对慈善事业认识的深化相伴相生，这种认识的深化与理念的革新构成了中国慈善事业发展的思想基础，也扫清了现代慈善事业发展最重要的观念障碍。

（二）慈善组织发展迅速

慈善组织是慈善事业的具体实施者，是慈善事业赖以存在、发展的机制保障，没有大量合法的民间慈善组织，便不可能有发达的现代慈善事业。[①] 作为独立于政府之外的民间公益团体，它充当着捐赠者与受益者之间的中介与桥梁。根据《慈善法》第二章第八条的规定：“本法所称慈善组织，是指依法成立、符合本法规定，以面向社会开展慈善活动为宗旨的非营利性组织。慈善组织可以采取基金会、社会团体、社会服务机构等组织形式。”因此，法律承认的慈善组织形式大体分为三类，分别是公益性社会团体、社会服务机构（原民办非企业单位）以及基金会。改革开放以来，尤其是近年，我国社会组织的数量增长迅速，侧面印证了作为社会组织重要组成的慈善组织，也得

---

① 郑功成. 当代中国慈善事业［M］. 北京：人民出版社，2010：5-6.

以迅速发展（见表 12-1）。

表 12-1　　2007—2017 年全国社会组织统计

时间（年）	社会团体（万个）	民办非企业单位（万个）	基金会（个）	社会组织数（万个）
2007	21. 2	17. 4	1 340	38. 7
2008	23. 0	18. 2	1 597	41. 4
2009	23. 9	19. 0	1 843	43. 1
2010	24. 5	19. 8	2 200	44. 5
2011	25. 5	20. 4	2 614	46. 3
2012	27. 1	22. 5	3 029	49. 9
2013	28. 9	25. 5	3 549	54. 8
2014	31. 0	29. 2	4 117	60. 6
2015	32. 9	32. 9	4 784	66. 3
2016	33. 6	36. 1	5 559	70. 3
2017	35. 5	40. 0	6 307	76. 2

资料来源：民政部《社会服务发展统计公报（2007—2017）》，http://www.mca.gov.cn/article/sj/tjgb/.

1. 慈善组织数量逐年增长

从表 12-1 可以看出，2007—2017 年，全国社会组织数量从 38. 7 万个增加到 76. 2 万个，总数翻了近一番。其中，社会团体从 2007 年的 21. 2 万个增加到了 2017 年的 35. 5 万个，增长了 67%，这其中最具代表性的是慈善会组织，自 1994 年中华慈善总会成立后，各地慈善会组织纷纷建立起来。经过 20 多年的发展，慈善会已经基本建立了覆盖全国的组织网络，各级慈善会总数超过 2 000 家。[①] 就民办非企业单位（社会服务机构）而言，其从 2007 年的 17. 4 万个增加到了

① 杨团. 中国慈善发展报告（2013）[M]. 北京：社会科学文献出版社，2013：56.

2017年的40.0万个，这类社会组织在近十年发展最为迅速，总数翻了一倍多。中国的基金会组织产生于20世纪80年代初，自1981年第一家基金会——中国儿童少年基金会成立起，到2007年，中国基金会总数达到1 340个；再到2017年年底，各类基金会总数达到6 307个，发展极为迅速。

此外，还有一些特殊社会组织从事慈善事业，例如网络慈善组织、各种单位内部不需要登记的慈善活动团体以及大量的志愿者协会等，都构成了中国慈善组织的有益补充。

2. 慈善组织的专业化分工越来越细

除了慈善组织的数量增长外，慈善组织的专业化分工也在逐步细化。以往，中国的慈善组织大多以运作型为主，既负责筹集资金，也负责项目运作，当前已有一部分慈善组织开始从运作型向资助型转变，如南都公益基金会；同时，培育和支持慈善组织发展的支持型慈善组织也开始出现，如恩派公益组织发展中心。此外，各种提供专业服务的服务型慈善组织越来越多，如各种社区社会组织主要负责项目执行和慈善服务提供。慈善行业的枢纽型组织也越来越多，如2013年成立的中国慈善联合会是全国性的慈善行业组织，随后深圳、浙江等地亦成立了地区性的行业组织，这些组织发挥着建立健全行业规范、促进行业自律等功能。总之，改革开放40年来，中国慈善组织的专业化分工日益细化，同时这也是现代慈善事业发展的要求。

3. 慈善组织的活动领域日益广泛

改革开放40年，中国慈善组织的活动领域是一个逐步拓展的过程。改革开放之初，慈善组织主要从事救灾济贫、扶弱助残等活动，如中国儿童少年基金会、中国青少年发展基金会等，这一方面与中国的经济社会环境相关，另一方面也受到社会对慈善认识局限的影响。

当前，中国慈善组织的活动领域已拓展到环境保护、艺术发展、公共服务、公益支持甚至国防建设、地质科学等广泛领域，如云南三益文化国防基金会、中国古生物化石保护基金会等。《慈善法》对慈善的界定也从传统的“小慈善”转变为囊括科学、教育、文化、卫生等广泛领域的“大慈善”，从而也有利于我国慈善组织活动范围进一步扩大。

总之，无论是从慈善组织数量增长、专业化分工日益细化，还是从活动领域不断拓展来看，中国慈善组织在改革开放40年尤其是近10年来取得了发展。

（三）慈善捐赠稳步增长

社会捐赠是慈善事业发展的物质基础，它是慈善组织和慈善活动得以存在和开展的物质前提。改革开放40年，在慈善组织快速发展的同时，慈善捐赠也在逐年增长。根据前文所述，在改革开放之初，政府拨款和海外捐赠占据了主导地位，但进入21世纪后，国内企事业单位和个人捐赠成为各慈善机构资金的主要来源。

1. 慈善捐赠总额稳步增长

从图12-1可以看出，中国慈善捐赠呈现整体增长的趋势。2007年，共接收境内外慈善捐赠309.25亿元，约占当年GDP的0.12%；2008年，慈善捐赠总额首次突破1 000亿元，达到1 070亿元，占当年GDP的0.33%；此后，捐赠总额在经历短暂回落后，从2012年开始持续增长，到2017年，共接收慈善捐赠总量已达到1 499.86亿元，占GDP的0.18%。近十年来，中国慈善捐赠总额累计增加了385%，超过了同期GDP的增长幅度（235.38%）。此外，捐赠占GDP的比重也提升了44.61%。

此外，由图 12-1 可见，慈善捐赠总额在 2008 年和 2010 年出现了两个峰值，这主要是受重大灾难事件影响的结果。2008 年年初的南方冰雪灾害和 5 月 12 日汶川地震，引发了全国人民的捐赠热情，从而使得当年的慈善捐赠总额大幅增加，并且个人捐赠总额首次超过企业捐赠。2010 年，玉树地震、舟曲泥石流、西南干旱和南方洪涝等自然灾害再一次掀起了慈善捐赠的热潮，进而推动了当年慈善捐赠总额大幅增加。

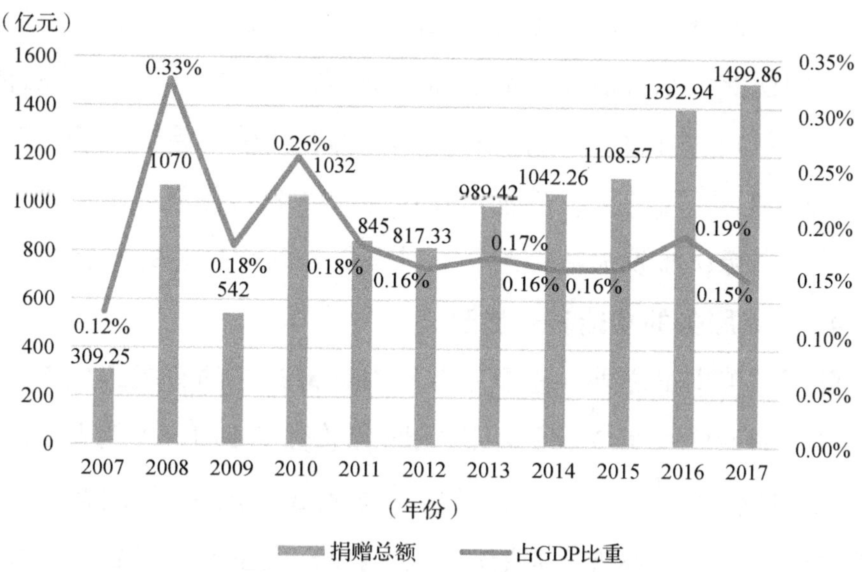

图 12-1　2007—2017 年社会捐赠总额及其占 GDP 比重

资料来源：《中国慈善捐助报告（2007—2017）》，http://www.charityalliance.org.cn/u/cms/www/201809/20232201v09l.pdf.

2. 网络捐赠日益流行

随着互联网的快速发展，网络捐赠已成为社会公众尤其是年轻人参与慈善捐赠的重要方式。以微信为代表的自媒体凭借其高效、便捷、互动性强等优势，增强了网民、慈善组织之间的交流沟通，并且随着手机支付工具的应用，网络捐赠更为便捷。根据民政部规定的首批12家互联网平台发布的年报，2017年全年，共有62亿人次通过这12家互联网募捐平台进行捐赠，相当于全民全年人均完成4.5次捐赠。①

3. 慈善信托从无到有

《慈善法》专章规定慈善信托，明确了慈善信托的设立方式、受托人资格、受托人职责、监察人权利等内容，从而使这一符合中国传统文化的行善方式得以真正落地实施。在《慈善法》实施首日，多家信托公司便推出慈善信托产品。截至2018年8月31日（《慈善法》实施两周年），全国慈善信托备案总数达到97单，慈善信托资产总额达到10.4亿元。② 总之，慈善信托作为一种新的慈善形式，将有利于调动慈善资源，激发大额捐赠，尤其是促进家族慈善的发展。

4. 志愿服务的功能日益显著

除了慈善捐赠之外，志愿服务作为慈善参与的有机组成部分，也取得了快速发展。2017年，中国志愿者总数达到1.58亿人，服务时间达17.93亿小时，志愿者贡献价值达到548亿元。③ 因此，作为社会文明进步的重要标志，志愿服务在构建社会主义和谐社会、促进社会文明进步中发挥了积极作用。

总之，随着整个社会对慈善事业认识的逐步深化，越来越多的企业和个人通过捐款、捐物或志愿服务等形式参与到慈善活动中，从而促使我国慈善捐赠数额逐年增长。

---

① 菅宇正．筹款总额超25亿元，公募慈善组织参与偏低［N］．公益时报，2018-03-06（8）．

② 本刊编辑部．慈善法实施两周年取得十大进展［J］．中国民政，2018（18）．

③ 翟雁，辛华．2017年中国志愿服务发展指数报告［EB/OL］．2019-04-15. https://www.pishu.com.cn/skwx_ps/initDatabaseDetail? siteId = 14&contentId = 9784091&contentType = literature&type = %25E6%258A%25A5%25E5%2591%258A.

（四）慈善政策体系日臻完善

改革开放以来，尤其是近 20 年来，慈善事业的发展离不开一系列与慈善相关的政策环境的改善，是政策与法规推动着中国慈善事业的发展。其中，《慈善法》的颁布，推动了中国慈善事业从传统慈善向现代法治化慈善事业转型。

1.《慈善法》出台前的相关规制

《慈善法》出台前颁布的一系列法律法规主要包括《基金会管理办法》（1988）、《社会团体登记管理条例》（1989/1998）、《民办非企业单位登记管理暂行条例》（1998）、《中华人民共和国公益事业捐赠法》（1999）、《基金会管理条例》（2004）、《公益慈善捐助信息公开指引》（2011）、《关于促进慈善事业健康发展的指导意见》（2014），等等。尽管这些法律法规存在可操作性不强或限制慈善事业发展等问题，但亦对慈善事业的发展起到了一定的规制作用。

2.《慈善法》：传统慈善与现代慈善的分界线

2016 年颁布的《慈善法》是中国现阶段规范慈善事业发展最重要的法律。该法是中国首部综合性的慈善立法，也是中国慈善事业发展历程中具有里程碑意义的重大事件，实现了中国慈善事业从传统慈善向现代慈善的转换。法律明确了慈善组织的非营利属性，取消了双重管理体制而代之以直接登记制度，进而确立了慈善组织的独立地位；法律突出了慈善参与主体之间的平等地位，赋予了捐赠者与受赠者的平等法律人格；法律规定了慈善领域活动或行为的鼓励与禁止性措施，有利于慈善事业的制度化发展；同时，法律倡导有钱出钱、有物出物、有力出力，从而有利于慈善事业走向大众化。因此，《慈善法》确立了平等、规范、专业、大众化等现代事业所具有的基本原则，从而为中国现代慈善事业的发展提供了基本的法制保障。

3.《慈善法》配套政策不断完善

由于《慈善法》是中国慈善领域第一部基础性法律，法律本身存在的诸多原则性规定，需要制定配套法规才能具体落实。《慈善法》颁布后，一系列配套法律法规得以制定或修订。例如，在法律层面，《中华人民共和国红十字会法》得以修订，《中华人民共和国境外非政府组织境内活动管理法》颁布实施；《中华人民共和国企业所得税法》和《中华人民共和国个人所得税法》分别根据《慈善法》修订，前者明确企业公益性捐赠支出超过年度利润总额12%的部分，准予结转以后三年内在计算应纳税所得额时扣除，后者规定“个人将其所得对教育、扶贫、济困等公益慈善事业进行捐赠，捐赠额未超过纳税人申报的应纳税所得额30%的部分，可以从其应纳税所得额中扣除；国务院规定对公益慈善事业捐赠实行全额税前扣除的，从其规定”。在行政法规层面，《志愿服务条例》颁布实施，《社会组织登记管理条例》（草案征求意见稿）已向社会公开征求意见。在部门规章方面，《慈善组织认定办法》《慈善组织公开募捐管理办法》《关于慈善组织开展慈善活动年度制度和管理费用的规定》《慈善信托管理办法》《慈善组织信用信息管理办法》《社会组织信息公开办法》等相继出台。此外，还有一些部门文件以及地方出台的相应配套法规。总之，这些配套法律法规的颁行，推动了《慈善法》的顺利实施，也进一步促进了慈善政策体系的完善。

由此可见，中国的慈善政策体系取得重大进展，并处于不断完善的过程之中。

三、当前慈善事业发展的主要问题

在充分肯定中国慈善事业发展40年来所取得的巨大成就的同时，还必须承认，中国慈善事业的现代化转型尚未成熟。尽管《慈善法》的颁布与实施是中国慈善事业从传统向现代转型的分界线，但慈善事业发展的现实中还存在诸多缺陷与不足，还需要进一步改革，并完善相关政策，才能真正推动中国现代慈善事业的顺利发展。

（一）慈善组织发展不足

慈善组织是慈善事业的实施主体，大量专业化的慈善组织存在是现代慈善事业得以发展的基本前提。然而，尽管《慈善法》明确了慈善组织的民间属性、组织形式、设立条件等内容，但当前中国慈善组织依然存在诸多不足之处，主要表现在以下几个方面。

1. 慈善组织结构不合理，服务型慈善组织偏少

慈善事业的实质是通过社会化的方式为有需要者提供相应的援助，除了款物接济外，慈善服务构成了十分重要的内容，慈善价值的体现关键在于慈善服务。并且，从慈善事业发展的趋势来看，随着我国法定社会保障体系的日益健全，以提供款物援助的慈善活动将会相对式微，而直接提供养老、育幼、助残等社会服务的服务型慈善组织将会发挥越来越重要的功能。

然而，尽管社会对养老、育幼、助残等社会服务的需求不断增长，但目前中国的慈善组织主要局限于扶贫济弱等传统慈善领域，并且以筹资和项目运作为一体的运作型慈善组织为主，而以专门提供服务为主的慈善组织发展不足。

2. 慈善组织专业化水平不高，能力不济

尽管自党的十八大以来，国家开始全面推进社会治理创新，并将一部分政府职能向社会组织转移置于相当重要的位置，但政府在转移职能的过程中遇到了一个严重问题，即慈善组织普遍能力不足。一方面，官方背景慈善组织因脱胎于政府系统，普遍存在行政化色彩浓厚、专业能力不强等问题；另一方面，民间慈善组织由于长期受到限制，先天能力不足加上后天“营养供应”的缺失，也普遍存在资源短缺、专业能力不足等劣势。

在实践层面，这种能力不足主要表现在以下两个方面[①]。一是慈善组织能力偏弱，服务水平差、效率低下，难以承担政府职能转移。二是专业人才缺乏。慈善行业缺乏大量专业人才，并且大量的慈善相关专业人才正在离开这个行业。根据 2014 年发布的《中国公益人才发展现状及需求调研报告》[②]，人才缺失是慈善事业难以走向专业化发展的重大障碍，一方面慈善组织难以招到合适的人才，另一方面慈善领域的发展空间受限又制约了高素质人才进入其中。由于待遇低等原因，80.3%的被调查慈善组织管理者认为招募到满意员工的难度很大；与此同时，慈善人才的流失也非常严重，其中 70%以上流向了非慈善领域。

因此，专业化水平不足、能力不济是中国当前慈善组织面临的重要问题之一，这一问题直接阻碍着中国慈善事业走向专业化发展之路。

3. 慈善组织内部治理不规范，行政化问题依然存在

尽管《慈善法》明确要求慈善组织建立健全内部治理结构，但由

---

① 褚蓥等. 改革慈善：现代慈善事业创新改革理论与实践［M］. 北京：社会科学文献出版社，2016：2-3.

② 该调研项目由南都公益基金会、壹基金、敦和基金会等联合零点研究咨询集团联合发起。

于受到历史惯性影响，慈善组织内部治理问题依然较多，主要表现在以下几个方面。

（1）众多慈善组织在人事安排上依然受制于业务主管单位。在传统的双重管理体制之下，与慈善组织相关的重要权利基本上都赋予了业务主管单位，其几乎掌握了法律赋予理事会的全部重要权利。在这种治理机制之下，慈善组织的去行政化不但取决于执行团体自身的能力，更取决于业务主管单位的态度。为此，组织治理不独立、没有人事权的慈善组织，很容易向业务主管单位靠拢，较难割断"行政化"的根基。比如中国互联网发展基金会，其工作人员招聘就是直接通过中央网络安全和信息化委员会办公室统一进行的。

（2）众多慈善组织的工作思维方式依然滞后。双重管理体制的取消加速了中国官方背景慈善组织去行政化的进程，但这种去行政化主要停留在外在形式，如去公务员化、财务独立化等。官方背景慈善组织长期以来形成的灵活性差、自主筹资能力不足、官僚作风等问题依然十分明显。比如，在网络募捐盛行的今天，通过互联网筹款已经成为众多慈善组织募捐的重要途径，但众多官方背景慈善组织依然延续传统路径。根据《公益时报》发布的"首批12家互联网募捐平台2017年年度运营报告"，重新获得公募资格的慈善组织基本仍是具有官方背景的慈善组织，而这些组织利用网络募捐的比例较低，只有将近30%利用了这些平台进行筹款。

（3）众多慈善组织信息不透明，制度不完善。以财务透明为例，目前除了基金会以外，还没有社会服务机构（民办非企业单位）和社会团体的财务披露平台，而且为数众多的组织都没有自己的网站，或者通过相应的网络平台披露自己的财务信息。

因此，由于慈善组织内部治理不规范，这一问题直接影响着慈善组织公信力的提升及其专业化运作能力。

（二）慈善参与大众化的氛围尚未形成

从捐赠方来看，中国慈善事业的参与主体仍以企业为主，个人参与尚且不足，有钱出钱、有物出物、有力出力的大众化参与氛围尚未形成。

1. 个人捐赠比例低

从中外现代慈善事业发展的基本规律来看，慈善捐赠的大众化首先表现为个人捐赠占慈善捐赠总额的比例高于企业，公众养成了良好的捐赠习惯。然而，根据中国慈善联合会最新发布的《2017年度中国慈善捐助报告》，2017年我国全年捐赠总额达到1 499.86亿元，其中个人捐赠仅占23.28%。

2. 捐物渠道尚未通畅

在中国，物资捐赠一般是在重大自然灾害发生的年份才骤然增加，在其他年份则归于平静，捐赠闲置物品等物资的社会氛围尚未形成。例如，中国绝大多数地方还没有设置闲置物品回收点。总体来说，闲置物品再利用这一慈善捐赠方式在中国的推广并不尽如人意，不仅捐赠数量少、总额低，而且未能真正得到制度化发展。

3. 志愿服务尚未实现稳定化

志愿者在我国目前还未构成慈善组织的重要力量。因为志愿者常年坚持在一个或几个组织内做相对固定的志愿工作的非常之少，大多数都是一次性地参加活动，并未形成稳定的、固定的志愿行为。即便是一次性服务，中国内地志愿服务的参与率与美国以及中国香港地区相比依然相当之低，2016年我国志愿服务参与率仅为4.2%。[①]

由此可见，尽管《慈善法》主张人心向善、倡导人人行善，并已为社会各界参与慈善活动扫清了制度障碍，但目前中国慈善参与的大众化氛围还未形成。

（三）全方位政策支持体系尚不健全

尽管《慈善法》的颁布及其配套政策的相继出台为构建慈善事业的政策体系奠定了良好基础，但当前中国慈善政策体系依然不完善，具体表现为：

1.《慈善法》存在诸多原则性规定，可操作性不强

由于《慈善法》是中国慈善事业发展进程中第一部基础性和综合性立法，法律本身存在诸多原则性规定或授权性条款。例如，在慈善促进措施中，"国家对开展扶贫济困的慈善活动，实行特殊的优惠政策"，但法律本身并没有指出特殊的优惠政策具体指什么。再如，在培育公民慈善意识方面，"国家鼓励高等教育培养慈善专业人才，支持高等学校和科研机构开展慈善理论研究"，但究竟如何培养慈善人才，怎样支持慈善理论研究，法律并没有作出进一步解析。因此，由于缺乏具体的政策规定，法律本身规定的诸多内容还缺乏可操作性，因而无法落实。

2.《慈善法》存在规制不完整问题

尽管《慈善法》的内容十分丰富，涉及慈善组织、慈善募捐、慈善捐赠、慈善信托、慈善财产、慈善服务、信息公开、促进措施、监督管理、法律责任以及总则和附则共12章内容，但法律本身对部分

---

① 杨团．中国慈善发展报告（2017）［M］．北京：社会科学文献出版社，2017：83.

问题缺乏完整规制。以慈善服务为例，尽管法律单设一章规范慈善服务，但涉及的内容主要是志愿服务，并未解决慈善服务相关的关键性问题，如慈善服务的具体内容、慈善服务相关主体的基本权利与义务、慈善项目和慈善服务实施的一般程序与服务标准，等等。再如，目前的税收政策仅仅是对不同主体参与慈善活动实行税收减免，并未涉及遗产税、赠予税等税制安排。根据发达国家和地区的经验，往往还会出台遗产税、赠予税等反向激励的税收政策。唯有如此，才能真正激发公众的捐赠热情，进而实现慈善事业的大发展。

3. 部分配套措施与《慈善法》相冲突，导致慈善组织认定备受困扰

尽管相关配套措施的相继出台为《慈善法》的顺利实施提供了有力依据，但亦不乏部分配套措施与《慈善法》相冲突的问题。例如，2016 年 8 月中共中央办公厅和国务院办公厅印发的《关于改革社会组织管理制度促进社会组织健康有序发展的意见》中，对可直接申请登记慈善组织的界定与《慈善法》中第三条关于慈善活动的定义不同，从而导致在实际操作层面对慈善组织的认定遇到一定困扰。

此外，即便《慈善法》的相关配套措施已经出台，但仍需制定进一步的操作规程，才能使法律得以真正落实。例如，尽管《中华人民共和国企业所得税法》和《中华人民共和国个人所得税法》都已根据《慈善法》进行修订，但对于慈善捐赠的税收扣除额度、扣除的程序等内容，还需要出台更为具体的操作规程，才能使法律真正得以付诸实施。

总之，尽管《慈善法》的内容十分丰富且配套措施相继出台，但这并不代表慈善政策体系已经健全，而是仍需不断完善相关措施，才能使《慈善法》全面落实，也才能为中国现代慈善事业发展提供全面保障。

（四）慈善组织监管面临挑战

尽管《慈善法》明确了民政部门作为全国慈善事业的主管部门，提出了建立第三方评估机构，实施行业自律，并通过信息公开加强社会监督，从而构建了一个立体式的全过程监管网络，但从当前慈善事业发展的实际来看，针对慈善组织的监管依然面临诸多挑战。①

1. 行政监管能力不足

由于《慈善法》取消了双重管理体制，符合法定条件的慈善组织可以直接向民政部门登记，由此前仅注重事前的准入监管开始转向事前、事中和事后的全过程监管。随着直接登记制度和“大慈善”概念的实施，慈善组织的范围和活动领域将显著扩展。然而，尽管《慈善法》赋予了民政部门监管职责，但执法人员不足、专业能力欠缺等问题，明显与对慈善组织进行全过程监管的要求不符。

2. 慈善财产监管制度不完善

为促进慈善事业发展，《慈善法》明确将房屋、有价证券、股权和知识产权等新型捐赠形态纳入捐赠标的，这不仅会增加慈善组织的财产规模，也会使慈善组织的财产结构发生变化。然而，当前法律对慈善组织财产的管理主要限于货币性财产，对于房屋、股权、知识产权等非货币性捐赠财产缺乏相应的法律规制。

3. 慈善行业组织发育不足

慈善行业组织作为维护慈善组织合法权益、加强慈善组织能力建设、推动慈善行业自律的重要主体，在慈善事业发展中发挥着重要的

---

① 胡小军.《慈善法》实施后慈善组织监管［J］. 学术探索，2018（4）.

桥梁功能。《慈善法》也规定慈善组织应依法成立行业组织，反映行业诉求，促进行业交流，提高慈善行业公信力。然而在实践中，我国慈善行业组织发育尚不成熟。一方面，相当部分慈善行业组织是依托政府部门成立，受政府相关部门干预较多，独立性不足；另一方面，慈善事业组织在会员组织中的认同度低，难以真正发挥行业代表的功能。因此，当前慈善行业组织还难以真正发挥行业自律的管理功能。

总之，慈善监管与慈善活动的有序开展密切相关，监管不足将直接影响慈善组织的公信力和整个慈善行业的健康发展。

四、中国慈善事业未来发展取向

尽管《慈善法》的颁布与实施是中国慈善事业从传统向现代转型的标志，但中国现代慈善事业发展尚不成熟。慈善组织发展不足、大众化的慈善参与氛围尚未形成、慈善政策体系尚不健全、慈善组织监管面临挑战等问题，又构成了中国现代慈善事业大发展的阻滞性因素。因此，要真正实现中国现代慈善事业的发展，有必要提升慈善组织能力，增强国民现代慈善意识，健全慈善政策体系，完善慈善组织监管机制。

（一）提升慈善组织能力

针对当前慈善组织发展不足的现实，有必要从以下三个方面予以完善。

1. 推动服务型慈善组织发展

对于服务型慈善组织发展不足的问题，政府应通过政府购买服务、税收优惠等政策扶持民间养老、抚幼、助残等服务型慈善组织的发展，使这类慈善组织享受与官办福利机构同等的拨款权利，从而调动民间力量兴办服务型慈善组织的积极性。总之，只有一定数量的服务型慈善组织存在，政府职能转移才有实现的可能；只有政府大力支持，才能真正激发民间力量投入服务型慈善领域的动力。

2. 提高待遇水平，培养慈善专业人才

一方面，提高慈善从业者的待遇水平，增强行业吸引力，把真正有能力、有潜力的人吸引到这个行业中。另一方面，加强人才培训、开展学历教育，推动国内大专院校开设公益慈善类学历课程以及通过慈善组织与高校合作，设计符合市场导向的课程体系，进而培养慈善组织所需人才；疏通慈善组织职业发展通道，加强慈善部门与其他部门之间的人才流动，实现慈善组织与政府、大学、金融机构等部门之间就业的良性循环。[①] 总之，慈善组织的专业化是以一定数量慈善人才的存在为基础的，而慈善组织不仅要吸引人才，更需要提升待遇并为其提供职业上升空间，进而真正留住人才。唯有如此，慈善组织的专业化水平才能真正得以提升。

3. 健全慈善组织内部治理机制

一方面，推动官方背景慈善组织去行政化改革，通过扶持和引导民间慈善组织增长，引入竞争机制，激发官方背景慈善组织的活力；同时，建立慈善组织退出机制，容许少量能力较弱、官方色彩浓厚的慈善组织被淘汰，从而构建开放有序的慈善组织发展格局。另一方面，按照《慈善法》的要求，慈善组织必须依法设立理事会、监事会、执行机构，并明确各自的权利，强化对管理者的有效监督，实现组织内部治理能力现代化。再者，根据《慈善法》的规定，强化慈善组织信息公开，要求慈善组织在法律规定的时限内通过法定的信息平

---

① 雷建华. 公益人才困境的解决之道［J］. 社会与公益，2012（9）.

台公布慈善组织募捐活动信息、接收捐赠信息、捐赠款物使用信息、财务信息等内容。总之，健全慈善组织的内部治理机制，推动慈善组织去行政化改革，强化慈善组织信息公开，是实现慈善组织内部治理现代化的必然要求。

（二）增强国民现代慈善意识

尽管《慈善法》倡导人心向善、鼓励人人心善，并为人们行善扫清了制度障碍，但当前中国尚未形成有钱出钱、有物出物、有力出力的大众化慈善氛围。究其原因，国民的现代慈善意识不足是其中的重要影响因素。因此，有必要进一步提升国民的现代慈善意识，具体包括如下几个方面。

1. 重视慈善教育，培养国民现代慈善意识

现代慈善事业是建立在自愿、平等的基础之上，并以自愿、平等为基本理念。一方面，国家应将慈善教育纳入全民教育的范畴，从小培养国民的慈善意识；另一方面，高等教育应开设相关慈善课程，在培养慈善人才的同时，注重国民现代慈善意识的培养。为此，针对《慈善法》规定的“国家采取措施弘扬慈善文化，培育公民慈善意识。学校等教育机构应当将慈善文化纳入教育教学内容，国家鼓励高等学校培养慈善专业人才”等内容，有必要尽快出台具体的实施细则，使得通过慈善教育培养国民现代慈善意识的措施得以真正落实。

2. 营造相应的舆论与社会氛围①

营造有利于慈善事业发展的舆论与社会氛围，有利于培养国民的现代慈善意识，也有利于现代财富观的确立，这需要全社会共同努

---

① 郑功成. 当代中国慈善事业［M］. 北京：人民出版社，2010：21.

力。其中，政府负有积极推动的责任，媒体应发挥宣传现代慈善意识与现代财富观的社会责任，学术界应倡导平等、博爱、公正等价值观念，富裕者更应积极投身慈善发挥表率作用。唯有如此，人人参与的大众化慈善事业才有真正大发展的可能。

3. 树立慈善榜样，激发公众参与热情

尽管慈善事业的发展离不开法律的规范，但其本质是建立在自觉自愿基础上的道德事业，因而特别需要发挥榜样的示范作用。在这里，不仅需要树立富裕阶层的慈善榜样，也需要树立平民阶层的慈善人物，因为慈善事业是一切有能力帮助他人者的共同事业，而不是少数富人的专利。因此，树立来自不同群体的慈善榜样，有利于调动公众参与慈善事业的积极性。

总之，通过慈善教育、营造相应的舆论与社会氛围并树立慈善榜样，有利于培养国民的现代慈善意识，并激发公众积极参与慈善事业的热情。

（三）健全慈善政策体系

由于《慈善法》是一部基础性和综合性立法，法律本身存在诸多原则性规定和规制不足等问题，从而需要进一步完善。

1. 全面贯彻落实《慈善法》

一方面，针对《慈善法》中的原则性规定，应尽快制定配套法规，从而使法律中的规制落实到具体的政策之中。例如，法律中提出的“国家对开展扶贫济困的慈善活动，实行特殊的优惠政策”，应进一步出台特殊优惠政策的具体内容，才能使法律得以落实。另一方面，对于配套措施与《慈善法》相冲突或存在规制不足等问题，应出台进一步的操作规程，从而使政策规定更明晰、更具可操作性。

2. 完善相关慈善法规

对于《慈善法》中未能全面规制的内容，则需要研究制定专门的法律法规。例如，在慈善服务方面，由于慈善组织作为未来慈善服务的重要提供者，有必要出台专门法规来对慈善服务的具体内容、慈善服务相关主体的基本权利与义务、慈善项目和慈善服务实施的一般程序与服务标准等进行规范。同时，研究制定遗产税、赠予税，构建完整的慈善税收体系，促使社会大众尤其是富裕群体树立现代财富观，积极投身慈善事业。

（四）完善慈善组织监管机制

针对慈善组织监管面临的挑战，有必要完善慈善组织的监管机制，具体包括以下几个方面。

1. 提升行政监管能力

尽管《慈善法》赋予了媒体、社会公众以及第三方评估机构等主体对慈善事业进行监管的权利，但民政部门作为慈善事业的行政监管主体，负有主要监管职责。因此，针对民政部门无法满足对慈善组织进行全过程监管的现实，有必要扩大监管部门的人员编制，培养专门监管人才，进而提升行政监管能力和监管服务的质量。

2. 健全慈善财产管理制度

为适应房屋、有价证券、股权、知识产权等新型捐赠形态的捐赠以及由此带来的慈善组织财产结构的变化，有必要根据慈善财产的属性和类别，制定不同类型的慈善财产管理制度，并建立从财产接收到后续使用的全过程监管机制。唯有如此，才能对慈善组织财产进行有效监管，也才能使股权等新型捐赠得以可持续发展。

3. 加强行业自律

对于慈善行业组织独立性不足的问题，首先需要明确其独立主体地位，赋予慈善行业组织自身开展工作的独立性，从而真正发挥行业组织维护自身合法权益，制定慈善行业规范与标准，规范慈善行业秩序等服务功能，进而推动慈善行业自律，提高慈善组织内部治理水平。

总之，中国现代慈善事业的发展需要以增强国民现代慈善意识，提升慈善组织能力，健全慈善政策体系以及完善慈善组织监管机制为基础，唯有如此，中国现代慈善事业才能真正获得大发展。